掌尚文化

Culture is Future

尚文化·掌天下

本书受贵州省社会科学院国家治理体系和治理能力现代化地方实践高端智库资助

2023

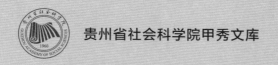

贵州省社会科学院甲秀文库

国家治理现代化贵州实践
优秀案例选编（2023）

SELECTED EXCELLENT CASES OF
NATIONAL GOVERNANCE MODERNIZATION PRACTICE
IN GUIZHOU (2023)

张学立 吴大华 ｜ 主编

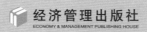

经济管理出版社
ECONOMY & MANAGEMENT PUBLISHING HOUSE

图书在版编目（CIP）数据

国家治理现代化贵州实践优秀案例选编.2023/张学立，吴大华主编.—北京：经济管理出版社，2023.10

ISBN 978-7-5096-9430-5

Ⅰ.①国…　Ⅱ.①张…②吴…　Ⅲ.①地方政府—行政管理—现代化管理—案例—汇编—贵州—2023　Ⅳ.①D625.73

中国国家版本馆 CIP 数据核字（2023）第 215357 号

组稿编辑：宋　娜
责任编辑：宋　娜
责任印制：张莉琼
责任校对：张晓燕

出版发行：经济管理出版社
　　　　　（北京市海淀区北蜂窝 8 号中雅大厦 A 座 11 层　100038）
网　　址：www.E-mp.com.cn
电　　话：（010）51915602
印　　刷：唐山昊达印刷有限公司
经　　销：新华书店
开　　本：720mm×1000mm/16
印　　张：24.75
字　　数：345 千字
版　　次：2023 年 11 月第 1 版　　2023 年 11 月第 1 次印刷
书　　号：ISBN 978-7-5096-9430-5
定　　价：198.00 元

贵州省社会科学院"甲秀文库"
出版说明

近年来，贵州省社会科学院坚持"出学术精品、创知名智库"的高质量发展理念，资助出版了一批高质量的学术著作，在省社会科学院内外产生了良好反响，提高了贵州省社会科学院的知名度和美誉度。经过几年的探索，现着力打造"甲秀文库"和"博士/博士后文库"两大品牌。

甲秀文库，得名于贵州省社会科学院坐落于甲秀楼旁。该文库主要收录贵州省社会科学院的科研工作者和战略合作单位的高质量成果，以及本院举办的高端会议论文集等。每年根据成果的质量、数量和经费情况，全额资助若干种著作出版。

在中国共产党成立 100 周年之际，我们定下这样的目标：再用约 10 年时间，将"甲秀文库"打造为在省内外、在全国社会科学院系统具有较高知名度的学术品牌。

贵州省社会科学院

2021 年 1 月

写在前面的话

2013 年，党的十八届三中全会首次提出了"国家治理体系和治理能力现代化"这一全新命题。在以习近平同志为核心的党中央的坚强领导下，以巨大的政治勇气全面深化改革，各领域基础性制度框架基本建立，许多领域实现历史性变革、系统性重塑、整体性重构，国家治理体系和治理能力现代化水平明显提高。2022 年，党的二十大明确提出，以中国式现代化全面推进中华民族伟大复兴。推进国家治理体系和治理能力现代化是全面改革的总目标，其实践原则和发展方向是中国式现代化特征的集中体现。

基于上述宏观的历史背景，结合学习贯彻习近平新时代中国特色社会主义思想主题教育，2023 年 6 月，贵州省社会科学院党委作出面向全省征集评选"国家治理现代化的贵州实践"优秀调研报告的决定，目的是站在国家治理体系和治理能力现代化提出十周年的历史节点上，将贵州各地各部门在国家治理领域的创新实践经验总结好、宣传好，为下一个十年再出发、再创新提供借鉴；同时希望推动学术研究机构和党委政府联合起来，形成合力，在实践中总结、在总结中实践，让鲜活实践促进"大地为论文提供土壤"和"论文写在大地上"相互融合、相得益彰。我们也希望，通过一年一度的征集评选工作，能持续激发专家学者在国家治理领域的研究动力、持续激发领导干部在国家治理领域的创新活力，进而以国家治理领域的创新带动其他领域的创新，让创新在黔中大地蔚然成风。

我们对评选出来的优秀调研报告，按年度结集成册，以《国家治理现代化贵州实践优秀案例选编》为书名连续出版。同时，我们每年还举办一次相关理论研讨会，面向社会发布国家治理现代化贵州实践年度十佳案例。我们相信，以我们这个小小努力、久久为功，一定能为中国式现代化的贵州实践尽一份心，出一份力。

贵州省社会科学院国家治理体系和治理能力现代化地方实践高端智库是 2019 年底经中共贵州省委宣传部批准设立的全省首批省级新型特色智库之一。由智库来牵头做这件事，既是职责所在，也是使命所在。我们乐意为之。

从优秀案例看 2023 年国家治理现代化贵州实践的新动向

张学立　吴大华

2023 年盛夏，贵州省社会科学院国家治理体系和治理能力现代化地方实践高端智库面向全省组织开展了国家治理现代化贵州实践优秀调研报告征集评选活动，最终评选出来 40 篇优秀调研报告。我们以《国家治理现代化贵州实践优秀案例选编（2023）》为名收录了这 40 篇调研报告，分为乡村治理、社区治理、数字治理、其他领域治理 4 个板块，从中我们可以看出 2023 年国家治理现代化贵州实践的一些新动向。

在乡村治理方面，值得关注的新动向有：2022 年 7 月，台江县台盘村的篮球赛突然爆火并延续至今；2023 年 5 月，同在黔东南州的榕江县三宝侗寨足球联赛也火爆全网。本书收录了 2 篇从基层治理的角度研究乡村体育赛事的报告，认为以"村 BA""村超"为代表的大型乡村体育赛事的成功举办，充分反映了基层社会治理的管用和有效，是观察基层社会治理的新窗口。湄潭县的"寨管家"、遵义市汇川区板桥镇的"管事小组"、雷山县农村人居环境整治"五注重五强化"举措、习水县温水镇村支书培养使用机制、凤冈县的"党群直议"制度、黔南州的新型供销社、安顺电力局结对帮扶助力乡村振兴的

"1+4"机制、紫云自治县"党建+大数据+乡村振兴"平台建设等，是近年来贵州基层治理涌现出来的微创新。比如，"寨管家"是基于湄潭县"两减两增三在村"的改革带来基层干部人数不足的新问题而作出的制度设计，明确"寨管家"职责为村内环境卫生管理、公益事业管理、政策宣传管理和综合治理管理。近年来，农村青年返乡就业创业，也为乡村治理带来了新鲜血液，有学者关注到这一新现象，并对贵州青年返乡参与乡村治理的动因、模式作了分析，也提出了工作建议。同时，学者们也关注到了退伍老兵、新乡贤等群体参与乡村治理的经验，如安顺市的"兵支书"工作机制、贵阳市的新乡贤回归工程、贵定县的"新乡贤+"模式等。民族传统文化也能在乡村治理中发挥积极作用，黔东南州民族乡村双语调解、百里杜鹃管理区大水乡箐山村彝族传统文化与乡村治理融合、安龙县大坡角民族村寨治理、雷山县乌瓦村赓续家风促乡村治理等，均是通过运用当地民族传统文化所蕴含的内生治理资源推动乡村治理。

在社区治理方面，值得关注的新动向有：贵州作为易地扶贫搬迁规模最大、人数最多的省份，如何做好"后半篇"文章，确保搬迁群众搬得出、稳得住、逐步能致富？晴隆县阿妹戚托小镇易地扶贫整乡搬迁安置区景区化治理、赫章县金银山街道银山社区易地搬迁集中安置点"党建+积分"机制、铜仁市碧江区灯塔街道易地扶贫搬迁安置区治理经验、贵阳市南溪苑易地扶贫搬迁社区民族互嵌社区精准治理等，从强化党建引领、做好就业帮扶、加强文化建设、激发内生动力、有效整合资源等方面探索创新易地扶贫搬迁安置社区的基层治理新模式、新方式。还有不少学者关注到多地社区通过新举措推动社区治理主体、治理规则、治理格局、治理领域发生转变，摸索新的社区治理模式，比如基层社会治理共同体建设的"川硐实践"、六盘水市的"党建+老旧小区改造"、黎平县社区治理"联席、联治、联调、联勤"机制、贵阳市城市社区韧性治理、六盘水市钟山区的"党建+积分"等。

在数字治理方面，值得关注的新动向有：贵州公共资源交易领域推进"区块链+"数据治理、开阳县检察机关推行数字赋能促耕地占用税征收等，展示了治理过程中的大数据力量。金沙县通过建成"网络犯罪大数据侦防中心"，形成"警情汇总、集中研判、统一指挥、集约打击"的强大工作体系，电信网络诈骗犯罪治理效果明显。贵州农村的数字治理"鸿沟"依然很大，但是不少地方也做了很多有益探索，比如黔西市化屋村用好国家级数字乡村试点的契机，探索"党建引领+大数据"乡村治理新模式；兴义市"党建引领+三治融合+数智支撑"助推乡村振兴；黔西市锦绣社区智慧治理，依托数字化、网络化、智能化技术，实现党建和村务管理、农村信息管理、乡村应急管理、便民服务等乡村治理。通过大数据技术的应用，实现了治理的智能化、便捷化和精细化。

在其他领域治理方面，值得关注的新动向有：近年来，多元主体立足实际，积极参与治理，提升治理能力，充分发挥作用，比如贵州省直单位以深化模范机关创建提升机关治理水平、桐梓县"两心"融合发展提升基层治理效能、全国市域社会治理现代化试点的铜仁实践、北京积水潭医院贵州医院党建文化引领高质量发展等。同时，也有学者关注到了一些特殊领域的治理，比如矛盾纠纷源头化解多元化解的"贵州样本"、从江县创新省际接边地区社会治理促进民族团结等，这些创新实践将本地的实际与治理需要相结合，效果显著。

本书的 40 篇优秀调研报告，既有贵州在"守正"中发扬传统治理智慧推动基层治理现代化的经验，又有在"创新"中"摸着石头过河"的尝试，涉及的领域和内容丰富多样，展现出了贵州在国家治理现代化实践中的担当和作为。希望这些做法和经验不仅能加快贵州治理现代化的步伐，也能为其他地区治理现代化提供有益启示，为我国国家治理现代化贡献贵州的智慧和力量。

目　录

乡村治理

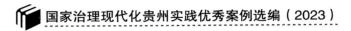

社区治理

数字治理

其他领域治理

乡村治理

"两江两村"体育赛事

——贵州民族地区基层社会治理的新观察窗口

2023年，贵州省的民族地区乡村举办了一系列备受瞩目的大型体育赛事，特别是台江"村BA"和榕江"村超"，不仅深受当地群众的欢迎，而且惊艳全网，尽展贵州和美乡村风采和蓬勃生机。"两江两村"的体育赛事，提供了更多机会让当地群众参与到体育活动中来，增强了他们的身体素质和健康意识；丰富了乡村文化生活，回应了基层群众追求深层次精神文化生活的需求；增强了乡村凝聚力，以群众喜闻乐见的方式唤起他们的认同感和归属感；吸引了众多的游客和商机，推动了当地经济的发展；汇聚了全社会力量参与基层社会治理，激活了基层社会治理的"神经末梢"。"两江两村"体育赛事充分体现了民主和文化的强大力量，为进一步推进乡村治理和乡村文化振兴提供了较好的典范，是贵州民族地区基层社会治理的新观察窗口。

一、为什么说"两江两村"体育赛事的成功离不开治理有效

台江和榕江地处黔东南州，拥有得天独厚的民族文化资源和运动历史。"两江两村"体育赛事看似迅速爆火出圈，实际均积淀超过八十年、跨越三代人的历史，有着深厚的群众基础和文化土壤。

据《台江县志》记载，台盘村举办村民篮球赛的历史可追溯到1940年。在当地的传统文化中"逢节必比赛，比赛先篮球"，每年

"六月六"吃新节，村民会在农忙过后，为预祝粮食丰收举办各种活动，篮球赛则是其中最热闹的一项。当地村民表示，几十年前乡里就已经有人在零散地举办比赛，随后规模慢慢壮大起来，渐渐演变成"从天亮打到天黑，又从天黑打到天亮"的"天亮文化"。2022年盛夏，这项赛事因火热的现场氛围和"接地气"的办赛风格，在网上成功"出圈"，被网友们誉为中国"村BA"的圣地。2023年仲春，贵州"村BA"再次燃爆全网，赢得国内外的普遍赞誉。6月初，农业农村部办公厅、体育总局办公厅联合下发关于举办全国和美乡村篮球大赛（"村BA"）的通知，将收获万千关注的"村BA"升级为全国和美乡村篮球大赛，并明确全国总决赛将于2023年10月在台江县举办，这不仅是对当地文化传统的认可，也是对当地举办大型赛事的能力和经验的肯定。

据《榕江县志》记载，20世纪40年代因战争动荡，当时的广西大学迁入榕江县，一并将足球运动传入这里。老百姓们渐渐看出了味儿，看入了迷，随后开始模仿踢起了足球，渐渐地榕江大坝掀起了"足球热"。20世纪80年代，足球运动在榕江兴起第一次小高潮，每当县里举办足球赛事，足球场边总是锣鼓喧天、人山人海。从20世纪90年代至今，足球赛事在榕江一直没有间断过。如今，这个曾经因足球热而闻名的小县城，再次走入大家的视野。2023年5月13日，"贵州榕江（三宝侗寨）和美乡村足球超级联赛"在榕江城北新区体育馆开幕，整个赛事持续到7月底。网友们参照"英超""中超"等命名规则，将其称为"村超"。此次"村超"参赛球队以村为单位，共有20支。比赛采取小组循环及淘汰赛制，安排在每周五到周日，周六被称作"超级星期六"，活动持续9个多小时，比赛中途穿插民族文化表演，形式丰富。

2023年3月下旬，"村BA"在台江县落下帷幕。3天的比赛，全县累计接待游客达18.19万人次，实现旅游综合收入5516万元。"村超"自 2023 年 5 月举办的一个月内，榕江县接待游客 107.37 万人次，同比增长 39.73%；实现旅游综合收入 12.41 亿元，同比增长 52.08%。两县的接待人数均超过了当地的户籍人口数量，对他们来说无疑是机遇，也是挑战。面对挑战，赛事何以走得远、爆得火？这得益于村民群众积极发挥主体作用：在赛事组织过程中形成民事民议的习惯，不断增强村民们的凝聚力，自治有序植根于当地文化和历史传承下来；这得益于社会组织发挥桥梁纽带作用：在活动中各组织发挥所长，凝聚认同共识和培育文化自信，持续扩大赛事影响力；这得益于党委政府发挥服务保障作用：参与不干预，为赛事有序安全奠定基础，为民众参与治理搭建舞台。众人拾柴火焰高，治理多元主体的共同参与迸发出巨大的力量，让赛事组织有力、基层治理有效。

二、"两江两村"体育赛事中的基层治理是如何做到有效的

（一）党委政府：到位不越位

在"两江两村"体育赛事中，两地党委政府遵循以人民为中心的原则，积极提供服务保障，做到赛前有准备、赛中有组织、赛后有优化，通过一套套组合拳让工作到位不越位，确保赛事的顺利进行和人民的利益最大化。

赛前，党委政府会围绕"两江两村"体育赛事审批，从可行性、安全性等角度进行研判分析，并制定配套的工作方案和应急预案。一是根据赛事需要不断完善照明设备、供电线路、观赛设施等基础设施；二是统筹公安、消防、医疗、电力等相关部门，针对赛事安全保障进行培训和必要的演练，有效应对可能出现的突发事件；三是围绕"让手机变成新农具，让数据变成新农资，让直播变成新农活"的理

念，积极谋划联动各级媒体对赛事进行宣传报道，通过电视、互联网等多渠道发布赛事信息，为比赛从预热到火热奠定基础。

赛中，党委政府提升治理能力，统筹做好全域的社会安全、全程的赛事安全、全体的人员安全，守牢安全底线。一是数字赋能现代治理，通过道路实时监控，做好车辆分流和引导，确保道路通畅；通过信息化手段，监控物价、房价，并要求经营主体在醒目位置明码标价，不得随意涨价，保障消费者的合法权益；通过网络舆情监控，有针对性地做好回应和解释引导，构建良性网络舆论生态，奠定良好全面的宣传氛围。二是加强各类安全保障，抓好"舌尖上的安全"，加大对食品安全检查和监管的力度，严把食品准入关；做好观赛安全，排查场内各类设施安全隐患，加大安保投入和引导，确保观看现场始终秩序井然；维护社会安全，适时调整巡逻路线，加强警力布置，做到白天见警车、晚上见警灯，切实提高见警率和管事率。三是做好精细化服务，做好应急处突准备，应急人员物资到位；抓实标语内容、张贴的监管；开通投诉举报热线，畅通民意反映渠道，提升服务质量；做好群众引导，例如榕江县发布了《致全县人民的一封信》，发出了"文明规范""文明出行""文明出游""文明用餐""文明经营""文明观赛"六条倡议。

赛后，党委政府及时总结赛事的经验，优化服务，以期更好地保障赛事的质量和影响力。一是持续完善公共服务。赛后积极走近民众，倾听民声，回应民需，例如榕江县用好"榕易谈"①、台盘村用好院坝会，解决了许多问题。同时，不断发现办赛中的不足，并采取措施加以改进，如台盘村增加了媒体采访接待间、运动员更衣休息间、小吃街等；"村超"赛场厕所不够，迅速在6号门新建；房间不够，帐篷、房车来解决；公交不够，县区联动来解决，小成本解决大问题。二是以"赛"为媒，融合发展。"两江两村"体育赛事立足地域特点和资

---

① "榕易谈"是指近年来榕江县创新开展的"访民情、听民意、与民商、大家谈、解众难"的农村基层议事协商治理新模式。

源禀赋，以比赛为媒介，以赛促健、以赛促文、以赛促旅、以赛促产、以赛促销，将赛事带来的人流、资金流、信息流和影响力转化为可持续的经济和社会效益。三是推动赛事可持续发展，巩固和保护"村IP"。"热运行、冷思考"，阶段赛事结束后进一步思考优化方向，专注球赛本身和办赛初心，将赛事从"一时"变为"一直"，确保赛事和热度的长期性，通过良性持续发展巩固IP。同时，打击恶意抢注商标等侵权行为，呵护好沾满露珠和乡土气息的"文化秧苗"和来之不易的"村IP"。

（二）社会组织：联动不盲动

在"两江两村"体育赛事中，体育协会、志愿者组织、文化艺术组织、媒体组织、球队等社会组织各展所长，做到赛前有分工，赛中有联动，赛后有推动，确保各社会组织联动不盲动，发挥好桥梁纽带作用，积极搭建群众参与基层治理的平台，引导群众参与基层公共事务和公益事业。

赛前，各类社会组织根据各自的专业领域和能力，整合资源，明确分工，提高整体效率和质量。例如，体育协会负责赛事的发动和组织，提供赛事的知识和经验，并充分听取各方意见确定赛程安排、晋级规则、观赛要求等，让赛事的形式和内容有"村"味，符合民众的期望；志愿者提供人力支持和服务，通过组织方招募、培训和安排志愿者，做好场内和场外的志愿服务，为比赛和游客提供优质的服务；苗协会、侗协会等文化艺术组织则通过协作，共同筹划特色展演，丰富赛场文化活动；村级球队会主动谋划球队动向，通过"四议两公开"① 的程序做好参赛的各项准备。

---

① "四议两公开"指对村级重要决策、重大事务、重点工作和重点工程建设资金等村级重大事务由党支部会议提议、"两委"会议商议、党员大会审议、村民代表会议或村民会议决议后，将决议结果公告，办理结果公示。

赛中，各组织间建立信息交流平台，紧密联动，通过信息共享、沟通交流和协同合作，确保各项工作无缝衔接，成为党委政府做好群众工作的重要桥梁。例如，体育协会和志愿者组织共同商量，根据赛事规模、预计观众人数等信息，共同制订和落实工作计划，确保志愿者的服务与赛事的需求相匹配；文化艺术组织和啦啦队共同配合，打造精彩的赛场表演活动；文化艺术组织与媒体组织可以共同策划宣传活动，找到宣传热点甚至爆点，提高赛事的知名度。

赛后，各组织及时对比赛进行反思总结，升级做法，共同推动比赛的可持续发展。体育协会持续收集各方意见和建议，一方面不断改进方法，提升办赛能力；另一方面发挥联动作用，共同解决协会职责外的"超纲"问题，例如面对"村超"赛场有限的承载力和潜在的安全隐患，榕江县足球协会持续升级观赛须知，并联动党委政府不断升级门禁安保措施，实现安检刷身份证入场观赛。各组织联动，有针对性地培养裁判员、教练员、运动员等，推动构建农村体育自学、自训、自赛的体育生态，在保持乡土气息的同时，不断提高赛事的质量和水平。文化艺术组织发挥文化推广的优势，把传统的"送文化下乡"变为"育文化在乡"，充分挖掘当地的体育文化、民族文化和乡土文化，开展相关的文化活动，丰富当地的文化内涵和活动体验。

（三）当地村民：添彩不添乱

在"两江两村"体育赛事中，充分尊重民众的首创精神，群众在台前当家作主，政府在幕后做好服务保障，让民众从旁观者变参与者、从局外人变家里人，做到赛前共商，赛中共营，赛后共享，民众添彩不添乱，用他们的温度点燃比赛的热度。

赛前，村民们对体育赛事的热爱，转化为办赛的热情，提高了村民参与村务的积极性。"有事好商量，众人的事情由众人商量"，村民们会积极通过"院坝协商"参与赛事筹备，共同商讨和解决赛事相关问题。例如，村民在赛前会主动捐资给球队，支持球队的各项活动。不少村民还积极加入啦啦队，制作美食给队员和现场观众，同时还排练节目，把球队的入场式变为展现良好村民面貌的大舞台，用村民的话概括为"自己办的赛事，没有村民不主动的，有钱出钱，有力出力"。这是"两江两村"体育赛事举办的真实写照，也是赛事举办的坚实底气。

赛中，除了参赛队伍所在村的村民，县域内的群众也共同营造良好的比赛氛围，做到人人都是宣传员、人人都是服务员、人人都是监督员。信息时代，流量为王，多群体主体的参与快速推动"两江两村"体育赛事形成全面、多维度的宣传矩阵，特别是榕江县有1.2万多个新媒体账号和2200余个本地网络直播营销团队，几乎每支球队都有自己的视频号。针对游客激增的情况，植根于全县群众内心的诚实、热情，让他们拿出最大的诚意去招待远道而来的游客，食宿没有明显涨价，出租车司机不绕路，订不到房游客在志愿者的帮助下，免费住到了村民家；喜欢热闹的村民主动礼让游客，在家看直播腾位置；赛场的安保人员、保洁人员、志愿者耐心细致地服务……这种人人都是服务员的真诚氛围最感动人心。当地民众还以高度的责任感和强烈的主人翁意识观赛，在赛场内外发现问题时，通过现场反映、电话反馈等各种方式与相关部门沟通，促进赛事和服务的不断改进。

赛后，村民群众共享赛事红利，凝聚了自觉维护赛事品牌的共识。"两江两村"体育赛事为村民群众带来了赛事经济，不仅餐饮、住宿、旅游等形势向好，农特产品、文体产品等也一路畅销，不仅让当地民众脸上有光，钱包也鼓了起来，共享了经济红利。村民群众通过深度参与体育赛事，看到了当地文化为数以万计的游客、网民所喜爱，增强了他们的文化自信和家乡认同感，共享了文化红利。"两江两村"体育赛事带来了"突如其来"的巨大"城市流量"，两地政府及时应对，不仅提升了政府的治理能力，也提供了更多平台让村民群众参与社会治理，共享了治理红利。切身可感的红利，让民众深刻地意识到了赛事品牌的重要性，让大家的思想高度一致，形成了维护赛事品牌、城市形象的自觉。通过他们的共同努力，让比赛的热度更加持久和深入人心。

三、"两江两村"体育赛事中的基层治理带来哪些经验启示

（一）顺应民意：以人民为中心推进社会治理现代化

习近平总书记指出，"我们要始终坚持人民至上。全面建成社会主义现代化强国，人民是决定性力量"。中国式现代化，人民是逻辑起点，人民是价值旨归，必须坚持人民主体地位，充分体现人民意志、保障人民权益、激发人民创造活力。"两江两村"体育赛事为何取得如此佳绩？根本原因是尊重了村民的主体性，以人民为中心推进社会治理现代化。每个地方都有自己的文化火种，让村民真正当家作主，才能探索出符合自身文化特色的发展之路，才能做到村民自发组织、自行决定、自行实施，才能促使人民参与治理与自我治理的有机结合，才能让全民参与、全民热爱、全民狂欢，提升他们的自豪感、获得感、幸福感。

（二）顺势而为：以资源禀赋为立足点提升社会治理优势

习近平总书记指出，"在五千多年中华文明深厚基础上开辟和发展中国特色社会主义，把马克思主义基本原理同中国具体实际、同中华优秀传统文化相结合是必由之路"。"两江两村"体育赛事的成功就在于将植根于乡土的文化资源和传统智慧转化为了乡村治理优势。运用"多一个球场，少一桌麻将"的智慧，让全民体育提高村民身体素

质，提升群众的精气神，增强农村凝聚力，促进农村精神文明建设。顺应时代发展，创新探索体育赛事与民族节日、民族歌舞等民族文化深度融合，以体育文化搭建民族文化、乡土文化与现代文化的沟通桥梁，重塑了村民的文化自信，培育了村民参与治理的信心。寨老乡贤发挥"智囊团"的作用，借体育赛事平台让村寨露脸，激励了一帮有想法、有能力的村民，为乡村治理注入新能量。体育赛事规则与村规民约结合、熟人社会情感与赛事共生情感结合共塑了村民的行为，形成了村中大事小事"商量办，齐心干"的自治基础。

（三）顺从其美：以多元共治为路径打造社会治理新格局

党的二十大报告中指出，"健全共建共治共享的社会治理制度，提升社会治理效能""建设人人有责、人人尽责、人人享有的社会治理共同体"，强调了共建共治共享的社会治理制度的重要性。体育和文艺能够将不同民族、不同地域的群众聚集在一起，对于不同群体的沟通和整合具有自然、亲和的推动作用。"两江两村"这样的大型体育赛事源于比赛，但已经远远超越比赛，顺"赛"之势，以"赛"促治，促进民众、社会组织和党委政府形成组织共同体、文化共同体和利益共同体，创新推动了治理共同体的形成。通过多元共治，有效激活乡村"沉睡"的各类资源，以体育之名，让文化唱戏，促经济发展，助乡村振兴，实现共建、共治、共享治理新格局。

作者信息：

史　渊　贵州民族大学讲师

张学立　贵州省社会科学院院长、二级教授

梅小亚　贵州省社会科学院社会研究所副研究员

朱　丹　贵州省社会科学院图书信息中心助理研究员

返乡与治乡

——贵州返乡青年参与乡村治理调查研究

乡村振兴，关键在人才。习近平总书记强调，要推动乡村人才振兴，就要把人力资本开发放在首要位置，强化乡村振兴人才支撑，打造一支强大的乡村振兴人才队伍。返乡青年视野广、知识丰、懂技术、会管理、带动强，不仅是乡村经济发展的生力军，还是乡村治理的重要参与者。随着农村基础设施建设的不断改善、各类"三农"政策的吸引、乡村发展机会的增多，为年轻人提供了更多实现自我价值的可能性，越来越多的贵州本土青年选择回到家乡助力乡村振兴。本文对贵州返乡青年参与乡村治理的动因和实践进行了全面调查，深入黔东南州台江县、榕江县、黎平县进行了典型调查，进而对这一问题做了深入探究，提出了相关政策建议。

一、贵州青年返乡参与乡村治理的动因分析

贵州青年愿意返乡参与乡村治理的原因是多方面的，调查发现，政策、平台、机制是青年人返乡的重要动因。

（一）政策支持，以暖心贴心服务增强返乡青年扎根农村的保障力

返乡青年的乡情实现得益于各类政策红利的不断释放，省、市、县和乡镇四级政府注重人才质量、人才服务、人才效能，前瞻性谋划、

高站位高标准推进，给予多方支持，促进青年人才回引、智力回归、技术回流。贵州省委组织部、贵州省乡村振兴局联合下发《鼓励引导青年人才返乡投身乡村振兴事业工作方案》，榕江县印发《榕江县鼓励支持有关人员到脱贫地区领创龙头企业或合作社巩固脱贫攻坚成果接续乡村振兴实施方案》等，为青年人才投身"四大行动"、助力乡村振兴、推动"四区一高地"建设提供政策保障。台江县采取提高村干部报酬的政策，"一肩挑"人员每月提高到4200元，专任干部提高到3600元，其他村干部提高到3200元，将村干部全部纳入城镇企业职工养老保险范围，在全州率先为村干部缴存住房公积金等举措，进一步激活了返乡青年想干事和扎根一线建功立业的内生动力。各类返乡政策红利的释放让愿意留在乡村、建设家乡的人留得安心，让愿意上山下乡、回报乡村的人更有信心，仅毕节市从复退军人和打工归来的青壮年农民中培养的村干部就占村干部总数的28.2%。

（二）平台支撑，以乡情为引激发返乡青年扎根农村的源动力

树高千尺不忘根，人人都觉家乡亲。黔才绘黔，黔雁归黔的磅礴力量源于千千万万的乡情汇聚。贵州省各级政府，特别是县乡政府以乡情为纽带搭建各类平台，增加返乡青年的情感黏性和归属感，激发人才反哺家乡、建设家乡、助力发展的热情。一是搭建座谈会平台。利用传统和民族节日返乡期间召开座谈会，向在外青年介绍家乡发展建设情况，征求发展意见，恳请他们当好家乡发展的"连心桥"。如近年来台江县共召开返乡人才座谈会16次，听取意见建议。二是搭建交流成长平台。坚持政府带动、青年互动、内外联动，搭建返乡创业孵化基地、返乡创业园和人才实践平台等。如榕江县成立的新媒体协会、网络人士协会、乡村振兴青年人才协会等平台，为各行业优秀青年提供了交流平台。三是搭建大学生实践平台。黎平县每年寒暑假召

开返乡大学生座谈会，动员大学生寒暑假期间"返家乡"开展社会实践活动等。

（三）机制支应，以情感为媒提升返乡青年扎根农村的吸引力

聚焦"找得到、引得回、成长快"目标，密切在外青年联谊交往。一是建立多级联动和信息动态管理机制。通过各级干部和人大代表深入找、党员群众齐推荐、以才荐才等各种途径打造各级各类"青年人才库"。黎平县落实党委（党组）领导班子成员联系服务、管理人才910人，建立县、乡、村三级党组织联系服务在外优秀人才机制，归集优秀人才信息1.1万余人。二是形成多方聚力多元引才机制。利用校友总会和以各种情感主题开展的企业家投资洽谈会、技能人才返乡创业联谊会、"青"字号品牌等建立常态化联系平台，并通过在常态化联系平台及时转发各类支持返乡青年创业就业的政策性文件，帮助在外青年快速掌握政策动态、抢抓发展机遇。三是通过"校地合作""导师计划""名誉村长"等机制。通过该机制帮助返乡青年提升参与基层治理、产业发展等能力。

二、贵州返乡青年参与乡村治理的主要模式

调查发现，贵州返乡青年参与乡村治理的形式是多种多样的。依据返乡青年的不同素质和兴趣，大致可以分为如下几种参与模式。

（一）擅长组织者：参与乡村政治生活

一是当好村官服务群众谋发展。不少青年在村（社区）"两委"换届之际返乡当起了村干部。曾经的工作经历让返乡青年对乡村振兴有更多的设想和期待，他们走村串寨，逐门逐户关心村民所急所困，

到田间地头检查春耕是否如期进行，到山林土地了解村民生产情况，努力从一个"门外汉"变成村里的"百事通"。榕江县共有 89 名外出经商人员、退伍复员军人、返乡创业青年人才及 206 名高校学子回乡担任村（社区）"两委"成员。黎平县共有 7 名退役军人、32 名大学生、91 名返乡创业致富能手担任村（社区）党组织书记。其中，茅贡镇额洞村返乡青年吴传奇回村担任"一肩挑"，创新开展党支部联网格、网格联党员、党员联农户、党员带头亮身份、亮承诺、亮业绩的"三联三亮"基层治理模式，使额洞村成为无黄赌毒、无网络诈骗、零酒驾示范村。二是主动作为积极参与建言献策。以小切口带动大民生，返乡青年积极参与村民会议、村务监督、村事决策，以院落自治、门栋自治、民情恳谈、"院坝协商"、"小板凳议事会"等丰富形式围绕重大公共事物决策深入参与协商、积极献计出力，形成"十户一体""一中心一张网十联户""民主评议团"等共建共参与的方式，推动"有事好商量，万事可商量"良好氛围的形成，推动乡村治理从"基层独唱"到"共建合鸣"。三是接力传帮带做好治理接班人。乡党政班子成员、村党支部书记及村干部对村级后备力量建立健全帮带联络机制，了解思想动态，传授工作经验。如台江县推行"1+N"结对培育模式，通过"导师帮带"、到村试岗锻炼、学历提升等方式加强跟踪培养，推动村级后备力量快速成长，推荐综合素质较高、协调能力较强、群众基础较好的后备力量担任村干部。新一代青年也接过父辈手中的接力棒，在生于斯长于斯的乡村大地闯出一片新天地。

（二）乡愁情深者：参与乡村文化治理

返乡青年通过积极推动乡村文化移风易俗、本土化诠释乡村文化、引领乡村道德风尚与文化交融等文化新探索参与乡村治理。一是"文化+化人"。推动移风易俗。返乡青年积极参与修订《村规民约》的同时，带头执行移风易俗规定、带头劝诫制止陈规陋习，对滥办酒席、厚葬薄养、铺张浪费以及建房贪大求阔等陈规陋习带头杜绝，成为倡导新风尚的主力军，真正实现了"送"文化到"植"文化、"育"文化的质变。黎平县顺化乡高泽村、口江乡岑仟村就文明办酒、"合约食堂"建设等形成村民操办酒席管理制度，有效遏制了不良习气。台江县南宫镇交宫村在返乡青年支书及其他返乡青年的带领下，形成了民族团结食堂和婚丧嫁娶彩礼的文明新规，是远近闻名的零上访、无纠纷示范村。二是"文化+文创"。绘就诗和远方。返乡青年通过短视频和文化传承实践，把精细华美的民族服饰、傍晚炊烟袅袅的村庄、远方的老黄牛变成人人向往的诗和远方。黎平县肇兴镇厦格村兰才生、兰愿芝、潘月引3名返乡大学生成立了兰厦格非遗扶贫工坊，共同研发插画、蜡染、刺绣等文创产品，打造厦格村艺术部落。返乡青年的文化治理实践将传统与当下结合，既展现了田垄阡陌、鸟语虫鸣的乡土味，也是一幅邻里关系和睦融融、兼容并蓄发展的新画卷。三是"文化+学术"。丰富乡村内涵。返乡青年学者回归乡土，通过人才、文化、科技等乡土嫁接为农村发展破题，通过经验和思考丰富乡村文化振兴内涵。榕江县忠诚镇乐乡村返乡青年龙跃波研究生毕业后，利用在中国农业大学的理论实践积累，带动高端学术力量聚焦家乡的社会与乡村发展，提供了"乡贤+研学"的新思路。返乡青年学者从乡土视野的再回归、美育传统的探索、文化修养的提高再造等方面，从学术角度形成城乡文化的互哺，补足了乡村文化建设短板。

（三）创新创业者：参与乡村经济治理

随着支持农业农村全面现代化的政策红利不断释放，农村一二三产业融合发展，返乡青年看到了大量的创业就业机会。一是创办企业，为乡村产业发展增添新赛道。在调研中我们发现，不少种植养殖大户是有在外工作学习经历的返乡青年，他们有想法、有激情、有干劲，为乡村经济发展探索出一条新路子。黎平县返乡青年吴国邦投身现代农业，创办的黎平县孺子牛种植养殖农民专业合作社目前已有600多头牛，直接拉动当地就业并惠及群众180余人。在黎平县永从镇顿洞村返乡青年吴立刚的带动下，村里30多户农户流转200多亩林地种植茯苓，带动28人增收。二是加盟企业，为村级集体经济注入新动能。返乡青年积极发展集体经济，通过订单农业、"返租倒包"和土地流转等方式实现规模化、标准化生产，增加农民收入，将资源、资金、资产、土地、技术、劳动力等入股村级经济组织，壮大村集体经济。息烽县小寨坝镇红岩村在返乡青年黄正菊的带领下，依托红岩葡萄专业技术协会，采取"党支部+协会+基地"的模式，扩大红岩葡萄种植范围，有力促进了村级集体经济发展换挡提速。三是智力转化，为传统产业带来新生机。以人才之驱"兴"产业，返乡青年"项目+人才""产业+人才"的经济参与，带动种植业等传统支柱产业实现蝶变，还有特色民宿、文化传承、乡土研学等新兴农业热点。独山县返乡青年杨安仁以科研作"犁"，回家乡发展传统油桐产业，从基础种植、前端育种、打造种质资源库，研发出全球唯一抗枯萎病油桐品种，形成油桐产业集群，探索出"油桐产业促进乡村振兴新模式"新路径，累计带动4000余户农户加入到产业发展中。作为农业农村现代化的生力军，返乡青年不仅补齐了产业人才短板，赋能增值了传统农业，还带火了闲置荒废的农田热土。

（四）热心公益者：参与乡村基层治理

一是"社会组织+公益志愿服务"助力乡村治理。青年带头参与公益慈善和事务，开展文明新风倡导、环境卫生治理、法治宣传、心理辅导等志愿服务，不仅优化了治理结构，还可以提效乡村资源配置、提质公共服务、赋值精神文明。晴隆县三合村返乡青年陆凤通过公益性岗位促进了整村环境的不断改善。二是"排头兵+多面手"奉献大型乡村体育赛事。高度的主人翁意识、不断强化的家乡认同感和对美好生活的向往让返乡青年积极汇集群策群力群智，助力家乡发展。在"全国叫好、国际点赞"的"两江两村"赛事中，很多返乡青年当起了"自媒体新兵"，各显其能助推家乡赛事火遍全网、火出国门，形成了大规模宣传，带动了各项产业的发展和升级。同时以返乡青年带头的群众积极建言献策，商议制定《台盘村篮球场管理村规民约》等，推动形成共建共治共享的良性局面，走通、走活、走赢了一条乡村振兴新路径。三是"多元共治+内生动力"重塑乡村公共空间。返乡青年通过自身积极参与乡村公共事务，带动村民提高责任意识，把个人发展与乡村发展紧密结合，形成了"有事好商量，众人的事众人商量"的公平意识、民主意识和法治意识，助推基层民主提升、协商议事能力不断提升，公共精神、公共诉求、公共生活的不断满足为乡村振兴提供了心理、情感和法治的三重保障。

需要指出的是，上述参与乡村治理的四种方式并不是固定的，而是因个人素质和兴趣爱好变化的。有的青年具备多方面的素质和才能，那么，他们参与乡村治理的方式就会有好几种。调研发现，返乡青年中的复合型人才越来越多。

三、进一步提升贵州青年返乡参与乡村治理的对策建议

进一步提升返乡青年参与乡村治理的能力，使其在农村的广阔天地大施所能、大展才华、大显身手，就必须将返乡青年人才工作与其他中心工作等量齐观，盘活人才资源"动能库"、打造人才"强磁场"、破解人才保障"中梗阻"，保障返乡青年的乡愁不愁。

（一）坚持人尽其才，为返乡青年参与乡村治理提供科学引导

提升返乡青年参与乡村治理的效能，就要充分盘活返乡人才资源，

对返乡青年人才的特长、优势、专业等进行精准的调查统计，将统计出来的返乡青年人才实行精准选派、精准分配、精准把控。从工作需要出发、从人才的实际情况出发，对返乡青年用当其时、用人所长，人尽其才、才尽其用。对经验足的"农创客"、懂技术的"田秀才"、有情怀的"带头人"、想传承的"归乡人"、懂市场的"新农人"、振兴乡村的"合伙人"等进行合理引导，切实将返乡人才用于农业产业发展、乡村治理等重点领域，促进他们归队归位、专职专用，精准发挥作用，打造"能创新、用得上、会干事"的返乡青年人才队伍。台江县和台盘乡党委政府在实践中识别和锻炼干部，尊重群众意愿，将返乡青年岑江龙吸纳进村委会班子，对办好"村 BA"起到了重要作用，就是将返乡人才用到正确合适的岗位上的最好例子。

（二）厚植产业沃土，为返乡青年参与乡村治理创造更大舞台

想要吸引外流青年悉数来归，首先要考虑如何栽好梧桐、筑好凤巢。以产业先行吸才，以筑巢之手"孵"才。以人才之力推动乡村产业从传统小农模式向企业化经营模式转变，更需要"一盘棋"的统筹，"一体化"的推进，根据实际情况先行规划产业，以产业链的发展"靶向引才"，才能更好地发挥人才的撬动效应，才能确保返乡人才助力乡村振兴的可持续性。同时在项目落地、资金筹措、精细服务、技术指导等方面为返乡青年服务乡村提供更好的保障，为返乡创业拓宽渠道，让返乡创业青年更快地适应岗位、提升本领，保障好返乡人才的创业热情，提升返乡青年回馈家乡的有效性，让农村的机会吸引人，让农村的环境留住人，也让在外青年看到乡村振兴的舞台充满希望和无限可能。

（三）优服务强保障，为返乡青年参与乡村治理营造良好条件

在制度机制创建、组织建设创新上为返乡青年深入参与乡村治理提供保障，确保相关保障及公共服务的可持续性，提升返乡青年的幸福感、获得感、归属感。政治上"高看一眼"。不断打开局面，完善人才服务乡村的激励机制，突破职业晋升瓶颈，通过打通职业上升通道和"可上可下、升降滚动"的差异化村干部薪酬增长体系等举措让村干部待遇有保障，发展有空间，同时建立容错纠错机制，允许摸着石头过河，消除干事创业失败的顾虑，激发人才的荣誉感、成就感和幸福感。思想上"关怀一分"。为年轻人"量身定制"多元丰富的公共文化产品和生活社交场景，打造乡村生活工作新样态，让返乡青年获得较好的学习生活体验，让乡愁真正看得见、摸得着、感得深。经济上"帮上一把"。切实落实安家补贴、科研经费、生活补助、创业担保贷款等优惠政策，实打实地激励。生活上"厚爱一些"。回应返乡创业人员具体诉求，在住房保障、配偶安置、子女入学、医疗保健等方面切实关心、关爱。

贵州返乡青年把所学的知识和经验、资金和技术带回家乡，润泽乡里，体现的不仅是反哺家乡、报答父老的质朴情怀，更是知重负重、扛责上肩的实干担当，通过返乡青年乡村治理实践，绘就了一幅幅富民兴村的"富村山居图"。

作者信息：

朱　丹　贵州省社会科学院图书信息中心助理研究员

史　渊　贵州民族大学讲师

遵义市汇川区板桥镇创新"管事小组"探索基层社会治理新路径研究

近年来，遵义市汇川区板桥镇坚持和发展新时代的"枫桥经验"，以推动市域社会治理现代化试点为抓手，依托"一中心一张网十联户"工作机制，创新探索"管事小组"基层社会治理机制，通过"民事民治、民事民办、民事民议"，推动形成党的领导和村民自治有机结合、组织网格和平安网格"双网融合"的治理体系，为经济社会高质量发展提供了坚实保障。

一、汇川区板桥镇创新"管事小组"的背景

板桥镇位于遵义市汇川区北部，紧偎娄山关山脉主峰，全镇辖6村3社区124个村民组，人口27204人。辖区多以山地为主，行政村的区域较大，小的村（社区）达3～5平方千米，大的村达10～15平方千米。长期以来，我们一直沿用以行政村为自治单位的基层治理模式。但随着社会经济的发展，以行政村为自治单位正面临着一系列的问题：村居规模大，民主议事难；服务半径大，矛盾调解难；利益联结少，村民参与难。

党的十九届四中全会就加快推进市域社会治理现代化作出重要部署，会议通过的《中共中央关于坚持和完善中国特色社会主义制度、推进国家治理体系和治理能力现代化若干重大问题的决定》提出"坚

持和完善共建共治共享的社会治理制度，必须构建基层社会治理新格局"。习近平总书记对推进市域社会治理现代化试点作出重要指示，鼓励基层大胆创新、大胆探索行之有效的治理方式，为我们探索基层社会治理体系提供了遵循、指明了方向。2020年以来，全省在实践中探索总结出"一中心一张网十联户""党小组（党支部）+网格员+联户长"的基层治理机制，取得了良好效果。板桥镇在深入推进"一中心一张网十联户"治理机制的过程中，网格长、网格员、联户长在基层社会治理中发挥着十分重要的作用，但因为网格长、网格员、联户长的职责局限于收集问题、宣传政策、简易纠纷调处等，其在基层社会治理中的管理服务职能职责未能全部激发。对此，板桥镇坚持和发展新时代的"枫桥经验"，突出"一张网"的治理抓手、"十联户"的神经末梢作用，创新探索"管事小组"的基层社会治理机制，优化村（居）民小组治理单元，在村（居）民小组内搭建"管事小组"，创新赋予网格长、网格员、联户长网格化管理服务"十二联"管事职责，延伸形成"指导员—管事长—管事员"的管事小组机制，夯实农村基层基础，最大限度地推动服务管理向末端延伸，畅通基层服务治理"最后一公里"，形成"小网格、微治理、大成效"的工作格局。

二、汇川区板桥镇创新"管事小组"的主要做法和成效

（一）构建管事体系，解决"如何管"的问题

一是精准划分治理单元。按照"人口规模适度、服务管理方便、资源配置有效"原则，优化区域面积大、管理难度大的村民组，整合人数较少、地域相邻、民风淳朴的村民组，对现有村民组宜合则聚、宜分则拆，保持人口在300人左右，优化整合形成最小治理单元的

"管事小组"。二是构建纵向指挥体系。突破以往"镇—村（社区）"联动模式，改变村民组管理服务力量单薄现状，建立"镇党委政府—职能部门—村（社区）'两委'—管事小组"四级联动网格组织体系，实行"镇领导包村（社区）—镇村干部包管事小组—管事小组联户"联动机制，形成党委政府领导、部门村（社区）负责、群众共同参与的纵向组织架构。三是构建横向管事体系。对精准划分的"管事小组"，创新采取"1+1+N"的管理模式规范组建组织架构，即"1名指导员+1名管事长+N名管事员"的组织架构，实行"指导员—管事长—管事员—群众"的村（社区）治理体系，指导员、管事长、管事员统一在村（社区）"两委"领导下开展工作。同时，将党员纳入"管事小组"，条件成熟的"管事小组"成立党小组。目前，板桥镇6村3社区124个村民组，总人口27204人，共整合形成68个"管事小组"，有"管事小组"的党小组共有30个。通过优化治理单元格，构建管事体系，实现了小组事务小组管。如娄山关社区长征组管事小组"优秀管事长"杨晓航、"优秀管事员"陈习武主动参与群众矛盾纠纷调解；板桥社区第八管事小组"优秀管事员"刘大贤积极主动帮忙辖区老弱病残群体；白果村马二湾管事小组"优秀管事长"刘应林经常帮助村民调解邻里纠纷，是群众口中的"热心肠""和事佬"；中寺村第二网格管事小组"优秀管事长"王祥才积极参与兰海高速复线炮损纠纷化解，维护村民合法权益；大沟村"优秀管事长"周成侨履职尽责，化解了多起子女赡养、土地、情感等纠纷。

（二）配强管事成员，解决"谁来管"的问题

一是精选指导员。原则上由镇党委、政府直接选派"指导员"，通过整合镇属部门、村（社区）干部、农村"致富带头人"等力量，建立"指导员"人才库，因地制宜选派"指导员"。如对矛盾纠纷、信访问题突出的，选派群众工作能力突出的干部作为指导员；对产业

薄弱、后劲乏力的，选派"致富带头人"作为指导员。目前，全镇共储备"指导员"人才146名，因地制宜选派"指导员"68名。二是优选管事长。"管事长"从管事小组中进行推选，按照"两推一选"［村（社区）"两委"推荐、群众推荐、所在管事小组会议推选］的方式，从村民代表、"两代表一委员"、退休返乡人员等群众公认、组织认可的人才中进行推选，且优先推荐"网格长、网格员"担任"管事长"。目前，全镇储备"管事长"人才110名，配备"管事长"68名。三是细选管事员。"管事员"根据管事小组规模设置，按照3~5人规模进行配备，统筹人民调解员、保洁员、管水员、护路员、护林员等成员担任具体的"管事员"，优先考虑由联户长担任，实行分片包户、一人多岗、多岗合一，承担"管事小组"内具体的职责任务。目前，全镇"管事小组"成员共有342人，配备"管事员"206人。通过选优配强人才队伍，实现了小组事务专人管。如娄山关社区新红组管事小组"优秀管事长"王永林、"优秀管事员"陈桥积极发挥群众优势，帮助社区股份经济合作社成功解决农户土地租用问题；板桥村龙井管事小组"优秀管事长"梁后继带领群众抗旱救灾，开展卫生整治，推进文明积分制活动，打造乡村精品民宿，每年吸纳省外避暑1000余人，带动了群众增收致富；长田村"优秀管事长"杨世平积极帮助发展村集体经济，特别是在发展马桑菌期间，积极协调土地及用水事宜、鱼塘清理等工作；汇塘河社区"优秀管事长"谢统开通过邻里互助，帮助推荐就业岗位，帮助居民稳定就业等。

（三）明确管事职责，解决"怎样管"的问题

整合村民议事小组、红白理事会等村民自治组织职能，制定《"管事小组"网格化服务管理"十二联"职责清单》（"十二联"是指集体事宜联商、社情民意联排、安全隐患联防、矛盾纠纷联调、重点人员联管、困难家庭联帮、邻里互助联动、政策法规联宣、乡风文明

联树、环境卫生联治、基础设施联护、致富项目联建），重点围绕"十二联"职责开展好社会治理工作。在细化分工上，"指导员"负责指导监督工作，对照村（社区）党总支职责进行履职，负责"管事长、管事员"能力提升、监督管理，统筹开展好"十二联"工作任务，定期组织"管事长、管事员"开展政策宣讲、隐患排查、纠纷调解、矛盾化解及卫生评比、文明创建等活动。"管事长"负责组织发动群众，对照村（社区）"两委"职责进行履职，负责"管事小组"治理单元内各项日常工作，动员群众参与村级自治事务，每月组织召开一次"管事会"，共同商议项目建设、产业发展等重点工作；第一时间处置、答复群众问题、困难、意见建议，对不能处理的及时分流上报。"管事员"负责联系联络群众，作为直接接触群众的"服务员"，分别联系 10~15 户群众，具体负责联户群众的收集社情民意、排查安全隐患、调解矛盾纠纷、宣传政策法规、引导文明乡风、监督环境卫生等工作，实行"苗头隐患及时报、常规工作半月报"。通过明确职责分工，实现管事小组能管事。如板桥社区第三管事小组"优秀管事长"周治刚经常牺牲休息时间入户安装反诈 App、调解纠纷、宣传政策，特别是"7.13"板桥突降冰雹，周治刚冲在一线，对老旧危房挨户排查，确保了群众的生命安全；板桥村花门管事小组"优秀管事员"袁发彬，不辞辛苦，多次上山寻找水源解决了群众饮水难题。板桥村坚持以村民自治示范点为基础，以管事小组为支点，广泛发挥民智。黄泥堡、何氏庙组先后被评为区、市级村民自治示范点，黄泥堡、何氏庙组管事小组召集村民自筹资金修建"振兴桥"，打通了黄泥堡组、何氏庙组与乡村振兴旅游发展的"最后一米"。黄泥堡、何氏庙组管事小组以会议决议的方式使用组集体资金对两个村民组内2.9 千米的联户路进行道路柔化，优化了村庄环境，吸引了避暑游客，增加了群众收入；汇塘河社区"优秀管事员"鲍庭贵积极参与政策宣传和安全隐患排查，小区下水管道经常堵塞，鲍庭贵总是冲锋在前疏通管道；柏杨村"优秀管事长"谭先益积极协助村委工作，为村委提供大量一手信息，成为村委发展的参谋助手等。

（四）建立管事机制，解决"常态管"的问题

一是建立联动联调机制。建立"镇党委、政府—镇属部门—村（社区）'两委'—管事小组"上下联动体系，管事小组对社情民意、反映困难及发现问题按照"红、橙、黄、蓝"四色分级联动处理，蓝色等级问题由管事小组自行处理；黄色等级问题为需在村（社区）层面解决的问题，实行管事小组—村（社区）两级共同处理；橙色等级问题为需职能部门层面解决的问题，实行管事小组—村（社区）—部门三级联动会商会诊；红色等级问题为需多部门共同解决的问题，实行管事小组—村（社区）—部门—党委四级联动合力化解。形成"巡查发现—问题上报—问题处置—结果反馈"的闭环工作机制。目前，各村（社区）管事小组排查纠纷累计 305 件，成功调处纠纷 290 件，全镇无赴省进京上访、越级上访情况发生。二是建立运行保障机制。实行村级自筹为主、镇级财政匹配补充模式，每个管事小组每年测算 1000 元运行经费，鼓励各村（社区）整合集体经济、群众自筹、社会捐助等相关资金，自行统筹分配用于管事小组务工补贴、考评奖励或活动经费等。同时，统筹整合生态护林员、人民调解员、管水员等公益性岗位，通过设置"一人多岗"，解决管事长、管事员劳务或误工补贴。三是建立考核激励机制。围绕"十二联"职责内容量化考核指标，由村（社区）"两委"组织考核，设置"好、较好、合格、不合格"四个等次，合格及以上给予一定经费奖励，不合格的视情况给予劝退、重组等相应处置。对作用发挥较好的"管事小组"成员进行表扬奖励，在村"两委"换届选举、后备人员培养中作为优先人选。目前，全镇已有 9 名"管事小组"成员进入村（社区）两委队伍、26 名作为后备人员。2022 年板桥镇召开表扬大会对 22 名优秀"管事小组"

成员和34个"管事小组"进行通报表扬,并给予"管事小组"27200元工作经费,"管事小组"成员11000元现金奖励、颁发荣誉证书。同时各村(社区)也自行开展了表扬大会,例如,娄山关社区给予了"管事小组"22000元工作经费,"管事小组"成员11000元现金奖励。通过完善制度机制,实现了管事小组会管事。如板桥村黄泥堡管事小组推荐评选,涌现出文明家庭葛志华、"四十余载护水井"贵州好人谭显发等好人好事。龙井管事小组开展文明积分评定活动。经群众推选、管事小组初审、村"两委"和驻村工作队实地核实,推选"明星家庭";汇塘河社区"优秀管事员"苏国仕极力倡导和谐文明家风,引导居民破除陈规陋习,进一步凝聚了社会正能量,培育了文明新风尚等。

三、汇川区板桥镇创新"管事小组"对提升社会治理质效的经验启示

"管事小组"具有响应速度快、动员能力强的特点,通过指导员、管事长、管事员组织和传播,将千家万户迅速动员组织起来,最大限度地调动人民群众的积极性,在全镇基层社会治理中焕发出新生机,为推动平安建设发挥了积极的促进作用。

(一)社会大局更加稳定

通过发挥管事长、管事员的熟人熟地熟事优势,及时排查和收集矛盾纠纷信息和不稳定因素,推广全国双模司法所"六心四解"工作法,发挥多元化解联动作用,将邻里纠纷、信访矛盾化解在管事小组,维护了社会稳定。一年来,全镇通过管事小组自行化解蓝色等级纠纷88件,联合处理黄色等级纠纷82件,协助处置橙色等级纠纷68件,联动解决红色等级纠纷18件,帮助化解信访问题21件。如汇塘河社

区"优秀管事长"王祥云、谢统开把群众的事情作为自己的事情来干，协助社区化解了多起矛盾纠纷"硬骨头"，实现了矛盾纠纷零激化、辖区人员零上访、刑事案件零发案、网络诈骗零发生、吸毒人员零新增、安全生产零事故的"六零目标"。

（二）内生动力更加强劲

管事小组把涉及群众利益的事情全部交给群众自己议、自己定、自己干，群众在管理上由"幕后"走到"前台"，在决策上由"配角"转当"主角"，发展意愿更加强烈、参与管理更加主动，激发了内生动力。如娄山关社区长征管事小组"优秀管事长"杨晓航，带领群众进行方竹林低产林改造并成功打开了方竹笋销售渠道、组织群众发展天麻种植产业，2022 年发展组级集体经济达 70 万元，户均分红7000 元。

（三）民生福祉更加殷实

管事小组通过"村居搭台，群众唱戏"的模式，以"五共"自治（决策共谋、发展共建、建设共管、效果共评、成果共享）积极落实党委政府的各项政策方针，建立"纵向到底、横向到边、协商共治"体系，共同书写美丽乡村振兴新篇章。通过建立管事小组社情民意信息直报机制，及时反映建设性意见、苗头性问题，并第一时间处理解决，改善了民生福祉。一年来，共收集群众对党委政府的意见建议 26条，为群众办理了一批好事、实事，人民群众的获得感显著提升。如娄山关社区在实施全省首批 23 个红色美丽村庄试点中，通过管事小组广泛发动群众参与项目建设和质量监督，有效盘活了中国航天 061 基地原 3267 厂闲置的 101 亩土地及 21 栋厂房，打造了娄山红·研学中心。同时，管事小组同社区股份经济合作社发动居民投工投劳参与道路硬化、娄山红·研学中心、娄山红剧场等多个项目建设，260 余名辖区居民获得劳务报酬 200 余万元，帮助 37 名困难群众实现就近就业，带动 100 余户群众发展乡村旅游、避暑旅游，群众真正成为红色美丽村庄的管理者、运营者、受益者。

（四）文明新风更加淳朴

在管事小组中倡导"以邻为善、以邻为伴、守望相助"的优秀邻里文化，实行"联户推、小组评、群众议、村委定"的评议程序，各管事小组开展"文明家庭、身边好人、道德模范、卫生评比、致富能手"等评选活动，凝聚了社会正能量，提高了群众综合素质，培育了文明新风。如近年来，板桥镇已成功创建全国文明村镇、全国卫生乡镇，9 个村（社区）被评为"市级民主法治示范村"，娄山关社区、汇塘河社区、板桥社区获"省级民主法治示范村"称号，板桥村获"第二批全国乡村治理示范村"称号。

作者信息：

张籍中　遵义市汇川区板桥镇人民政府镇长

蔡　涛　遵义市汇川区群众工作中心八级职员

王　伟　遵义市汇川区板桥镇综治中心主任

安顺市创新"兵支书"工作机制助力乡村治理的实践与启示研究

服役时，是军队栋梁；退役后，是社会脊梁。党的十八大以来，安顺深入学习贯彻落实习近平总书记关于退役军人工作的重要论述，统筹军地两方面资源，成功探索出享誉全国的"兵支书"经验，引导"兵支书"队伍在农村"大舞台"展现老兵风采。安顺市不断创新"兵支书"工作机制，引领退役军人建功新时代，成长为基层党建领头人、和谐稳定维护人、人民群众贴心人，成为乡村治理中的一支新军、铁军。当前，安顺市的"兵支书"经验得到王沪宁等党和国家领导人的肯定并在全国推广。

一、安顺市"兵支书"工作机制的提出背景

（一）是发挥优良作风、打赢脱贫攻坚战的必然要求

农村人口脱贫是"十三五"时期第一民生工程。脱贫攻坚能否顺利实现，关键在人，关键在干部作风。2017年底，安顺市贫困人口有18.69万人，贫困发生率为7.55%。脱贫攻坚已进入"攻坚期""深水期"，时间紧、任务重，最需要的是一支能打仗、能吃苦、能坚决执行中央和省委市委决策的村干部队伍。退役军人具有特别能吃苦、特别能战斗、特别能奉献的优良作风，正好契合了这一要求。

（二）是建强基层组织、推动乡村治理现代化的现实需要

没有乡村治理现代化，就没有国家治理现代化。脱贫攻坚期间，不少农村党组织面临着组织软弱涣散、村干部选任难、带富能力弱等共性问题，形式主义、官僚主义等问题比较突出。2018 年 1~5 月，安顺市纪委监委共查处民生扶贫领域问题 881 件，党纪政务处分 159 人。将对党忠诚、遵守纪律、熟悉党务、群众认可、办事公道的退役军人充实到农村基层组织中，有利于提升基层党建水平，夯实基层政权，推动乡村治理现代化。

（三）是营造尊崇退役军人社会氛围、加强国防教育的重要抓手

《中华人民共和国退役军人保障法》将退役军人工作放在党和国家工作全局中的战略位置，明确"坚持中国共产党的领导，坚持为经济社会发展服务、为国防和军队建设服务的方针"。因此，地方要发挥退役军人国家现代强军的"暖心炉"作用，宣传习近平强军思想，持续加强爱国主义教育和国防教育，营造尊崇军人、拥军优属、拥政爱民的浓厚氛围，引导退役军人服务地方经济社会发展。

因此，安顺市委市政府开始思考如何将党性强、懂经营、会管理的退役军人吸纳进村支两委，进而激发基层活力、推动脱贫攻坚、巩固基层政权。

二、安顺市"兵支书"工作的举措和成效

2018 年 4 月，安顺市出台了《安顺市"新时代农民（市民）讲习所军地实践中心"建设实施方案》，创建了全国首个"新时代军地实

践中心"，集中军地资源，引导退役军人扎根基层，在农村工作中作出新的贡献。"兵支书"活跃在社区、村寨、企业各领域，积极参与基层党建、产业发展、国防教育、维稳处突等，产生了良好的政治、经济和社会效益。

（一）党委领导，凝聚"兵"合力

一是建强组织"抓"。安顺市出台了《关于进一步发挥优秀农村退役士兵引领促进发展作用的工作方案》《关于进一步加强退役军人村干部队伍建设的意见》《关于深化拓展"兵支书"经验的实施意见》等文件，成立了由市委书记、市长任组长的双组长工作领导小组，明确了组织、统战、军民融合、退役军人事务、发改、民政等19家单位为领导小组成员单位，细化职责和任务，形成了全市上下齐抓共管的局面，为全方位推动"兵支书"工作扎实有效开展提供坚强的组织保障。二是完善制度"推"。建立动态研判调整机制，常态跟踪管理，全方位、全过程跟踪了解"兵支书"综合履职、群众满意度等情况。健全考核机制，按季度对"兵支书"履职情况进行考核评议，将考评结果与报酬待遇、表彰先进挂钩，激起担当作为"一池活水"，确保队伍始终保持蓬勃活力。对表现一般的，因人施策抓好教育；对不称职的，及时调整配强。三是军地协同"选"。从2018年起，安顺市按照"军地联选，选出精兵强将"的要求，重点从全市35岁以下、高中以上文化的退役军人中选派政治素质高、协调能力强、作风优良、善于做群众工作的到村担任村支书、村主任。目前，在村（社区）两委任职的退役军人共860人，其中党组织书记265人（支书主任"一肩挑"的256人），大专及以上学历143人，破解了基层组织"人难选、选人难"的难题。

（二）平台引领，激活"兵"情怀

安顺市坚持平台引领，构建起市县乡村四级"兵支书"服务体系，强化服务基础，优化服务保障，切实增强"兵支书"的荣誉感、归属感。一是搭建讲习平台，激活初心本色。安顺以宣讲为抓手，搭建"2+4"讲习服务平台，即兵支书之家、讲习资源中心 2 个讲习平台和贵飞民兵俱乐部、讲习文化轻骑兵、瀑乡军民集结号、塘约见习——致富夜校 4 个辅助平台，着力实现"学习、讲习、实习、见习""学、知、思、行"相统一目标。通过平台宣讲，创新组织"兵支书"瞻仰革命旧址、参观乡村振兴先进村、参加跟岗实训、观看红色专题片，激活"兵支书"战斗激情和服务意识，永葆初心本色。二是搭建暖心平台，打造温暖家园。安顺市级和 8 个县区都建立了集接待、宣传、服务、活动于一体的退役军人服务中心，全市 92 个乡镇（街道）和 1008 个行政村实现退役军人服务站全覆盖，把双拥工作做成"尊崇工程"，成为退役军人温暖的"家"。如安顺市 2022 年开展"为国戍边，荣归故里"迎接退役军人返乡活动，在火车站、高铁站设立退役军人返乡接待站，安排专车接送并送上免费停车券、夜郎洞门票以及服务锦囊，让退役士兵感到回家的温情和暖意。三是搭建排忧平台，切实解决诉求。安顺坚持"老兵问题、老兵化解"，搭建"退役军人之家""老兵议事会"和"连心室"等平台接待来访老兵。"兵支书"结合"法、理、情"有效解决退役军人纠纷，引导退役军人依法反映诉求，成为党领导下维护社会稳定的可靠突击力量。如平坝区"老兵议事会"累计接待来访老兵近 300 人，协调化解矛盾诉求12 件，努力为老兵们排忧解难。自 2018 年以来，安顺市未发生过一起涉军群体性事件。

（三）军地联育，锤炼"兵"本领

安顺市基于"兵支书"文化水平有待进一步提高、能力参差不齐的实际，依托新时代军地实践中心，从退伍回乡到任职村支两委，构建起全覆盖、多形式、分层次、精准化的培养体系。一是"全过程"

培养。按照军地联育方式，严把"征兵关、入伍关、退伍关"，围绕"应征入伍、部队服役、退伍回乡、培养成才"四个阶段，全环节、全流程、分阶段、递进式进行跟踪，培养"兵支书"。坚持将综合素质好的报名参军者作为预征对象入伍，协调军队加强对现役军人的分类培养，有针对性地培养退役后需要的相关素质。"兵支书"当选后，及时组织开展集训练兵，支书、主任每年集训时间不少于56个学时，委员不少于32个学时，推动退役军人由"兵"向"帅"转变。二是"学历式"培育。在学历偏低的村干部中实施"学历提升三年行动"，推荐优秀的"兵支书"免费参加学历提升班，提高"兵支书"队伍的文化水平。自2018年以来，已组织百余名"兵支书"参加学历提升班，如"高升专""专升本"，极大地提升了"兵支书"的文化素养。三是"体验式"培训。安顺市分批选派"兵支书"到平坝塘约村、西秀大坝村、平坝高田村等8个市级"领头雁"实训基地进行脱产跟岗培训，邀请陈大兴、左文学等优秀村支书进行指导，以"一对一""点对点"的方式教育提升培训效果。不少"兵支书"还被派到江苏华西村跟岗实训。通过面对面传、手把手教，有效提高了"兵支书"的实际履职能力。

（四）政策激励，激发"兵"斗志

向"兵支书"发放"大红包"，完善激励措施，形成收入有保障、干成有奖励、干好有荣誉的良好格局，让"兵支书"成为农村发展的带头人。一是精神经济红包，做实评先选优。自2018年以来，安顺市军地采取"固定工资+绩效补贴"的方式确定"兵支书"的待遇标准。积极推荐优秀"兵支书"参加表彰评选，对获得安顺市级以上表彰、连续两年获得县级表彰的给予副科级待遇。至2022年，共有77名"兵支书"获得县级以上表彰，124人次获得国家、省、市级表彰，不少优秀"兵支书"享受副科级待遇，形成了"激励一人、带动一批、示范一片"的良好氛围。二是产业扶持红包，扶持特色产业。通过整合资金、贴息贷款、技术培训，量身定制专项金融产品"兵支书 e 贷"，引导"兵支书"领办、创办合作社、村级公司等村级经济组织。当前，安顺市的"兵支书"所在的 560 个行政村，村村有合作社，扶持 121 名"兵支书"领办、创办合作社（村级公司）127 个，形成了开发区"十里荷廊"农旅结合、西秀区旧州镇"村企联盟"产业示范带、普定县靛山村"一主两辅"产业发展新模式等一大批"兵产业"集成示范带。三是政治待遇红包，拓宽成长通道。按照法定程序将优秀的"兵支书"推选为党代表、人大代表、政协委员，为信仰坚定、群众满意、实绩突出、办事公道的优秀"兵支书"拓宽成长通道。目前，安顺市共有 131 名"兵支书"被推选为"两代表一委员"。同时，用好定向村干部招录招聘政策，让"兵支书"有机会通过招考进入行政事业单位。

（五）建功立业，彰显"兵"价值

安顺市充分挖掘退役军人在脱贫攻坚和乡村振兴中的潜力，引导"兵支书"献身"三农"，着力打造安顺"兵支书"经验升级版。一是推出"兵校长"，传播强军思想。安顺针对性地推出"兵校长"计划，按照"一对一"形式，实行"点对点"联系，通过"资格认证、选拔任用、岗前培训、到校任职"，定期组织"兵支书"在辖区内中小学开展国防教育、爱国主义教育宣传宣讲活动，将"群众性学习教育"向辖区内青少年大中小学生延伸。截至 2023 年 5 月，安顺市 163 名"兵校长"共到学校演讲 365 次，从市直中小学到安顺学院、安顺职院等大学征兵"主阵地"，每天都有"兵校长"组织开展国防教育、爱国主义教育、征兵宣传等活动，涌现出"全国脱贫攻坚先进个人"肖正强等传播习近平强军思想的带头人。二是培育"兵经理"，助推产业兴旺。通过开展就业创业基础数据统计、完善承训机构目录，探索打造创业孵化基地、建立企业联系帮扶机制、实施企业家培育行动计划、实行税费减免支持、融资贷款支持等吸引更多的退役军人群体返乡创业，组建军创企业发展联盟。全市共有"兵经理"1466名，创办企业1355家，带动退役军人就业2125人，共创建"兵支书"示范引领乡镇6个、"兵支书"示范引领村32个。"兵支书"走村串户问民情、田间地头谋出路、石头缝里觅产业，带领群众搞经营、拔穷根，取得了很好的成效。2019年底，安顺市"兵支书"所在的309个贫困村全部实现脱贫出列，充分说明了"兵支书"的致富带动能力。如"兵支书"刘玉龙创立了安保公司，吸纳了贵州省8个地级市473名退役军人就业。三是担当"兵队长"，促进和谐稳定。在村级建立"退役军人+综治相关力量"工作模式，以"兵队长"为纽带，主动帮助化解矛盾纠纷，做到"小事不出村，大事不出镇，矛盾不上交，服务不缺位"，成为党领导下的一支服务民生、巩固基层政权的中坚力量。如"兵支书"胡玉文任职期间，对省访6件、市访2件、县访18件信访事件均全部按时完成办理，办理率为100%；镇级共排查矛盾纠纷18件，化解18件，共排查重点人员98人并安排落实了包保稳控，将各类重点人群、人员吸附在当地，确保了和谐稳定。四是变身"兵公仆"，贴心服务群众。"兵支书"从群众关注、关心的问题出发，用实际行动践行为人民服务宗旨，帮助群众办理民生实事，为群众解决了一大批急难愁盼之事，赢得了广大群众的充分肯定。如普定县41名"兵支书"所在村，先后受理群众问询、申办事件600余件，协调解决难点、热点问题120余件，代办民生民事400余件，代理群众需审批事项300余个，将服务真正做到了群众心坎上，群众纷纷点赞认可。2021年，安顺市群众安全感达99.69%、满意度达98.97%，涌现出了韦俊、肖正强、杨直东、胡波、褚代洋、黄恒礼、赵宇飞、林显才等一大批勤政为民的"兵支书"。

三、启示

安顺市"兵支书"典型经验已成为安顺市一张靓丽的名片，成为安顺形象、贵州名片、全国品牌，得到了上级部门的高度评价，持续传播"兵支书"好声音和正能量。2019 年，全国退役军人事务厅（局）长会议要求在全国推广贵州安顺的经验做法，遴选优秀退役军人担任"兵支书"。在中央宣传部、退役军人事务部、中央军委政治工作部联合发布的 2020 年度"最美退役军人"中，安顺"兵支书"脱贫攻坚代表队等 2 个先进集体和 18 名先进个人获得 2020 年度"最美退役军人"荣誉。这为贵州各地"兵支书"工作提供了有益启示。

（一）建强组织，精准选拔队伍

实践证明，"兵支书"是提升基层党组织凝聚力、战斗力和执行力的一支重要力量。我们要坚持党的领导，建立健全"兵支书"军地联选机制，坚持个人自荐、群众推选与组织推荐相结合，精准对接解决基层组织涣散、基础薄弱、产业滞后、技能缺失、矛盾复杂等实际问题，积极引导退役军人进入村支两委、集体经济组织中担任"兵支书"。建议军地联合对已经退伍回到地方的退役军人建立后备人才数据库，对有意向担任"兵支书"且符合条件的退役军人，由军队推荐，经组织部门考核培训合格后聘为"兵支书"，让退役军人从走出军营到迈上"兵支书"岗位实现无缝衔接。

（二）拓展渠道，精心教育培养

安顺市"兵支书"能够取得成效，关键在于通过严格选拔、科学培养、多岗锻炼，锤炼出一大批政治素质过硬、基层工作踏实的干部队伍，激发了基层治理活力。建议考虑借鉴部队管理制度，按照"缺什么，补什么"的原则拓展渠道精心培养"兵支书"。一方面，充分利用党校（行政学院）、职业院校、实训基地等平台，通过理论授课、现场观摩、理论考试、研讨学习、跟岗锻炼等方式，定期组织"兵支书"集中培训，提升"兵支书"综合素质；另一方面，引导"兵支书"通过法定程序参与村级经济组织、合作经济组织经营管理，在实战中培养一大批有情怀、有本事、懂政策、懂协调的乡村振兴带头人，带领群众致富。

（三）创新治理，搭建服务桥梁

实践证明，"兵支书"作用的有效发挥必须搭建好服务群众之"桥"。当前，一要搭建"组织桥"。探索建立村党组织领导下的网格化管理的乡村治理体系，形成党的领导与各种经济组织和农民衔接的机制和自治、法治、德治相结合的乡村治理体系，为"兵支书"履职村级管理奠定组织基础。二要搭建"服务桥"。要以主题教育为契机，大兴调查研究，深入农村基层，问计于群众，收集群众意见建议，定期协商、定题研判，解决群众热点难点问题。三要搭建"信息桥"。在农村产业发展中，普遍存在信息不对称、交易"两高两低"等突出问题。"兵支书"要发挥组织、联系和融通作用，当好"千里眼""顺风耳"，广泛收集市场信息，科学研判市场动态，宣传特色农产品，拓展销售通道，推动农业高质量发展。

（四）以点带面，坚持示范推进

安顺市"兵支书"的成功实践告诉我们，基层治理需要重视典型示范作用，善于总结先进典型的成功经验，剖析落后典型的问题症结，发挥示范引领作用。我们要用好"典型引领"工作法，开展"最美兵支书""最强党支部""贵州省最美退役军人"等典型选树，善于发现、培养、选树、宣传一批先进典型，全面带动"兵支书"干事创业的积极性，形成"激励一人、带动一批、示范一片"的良好氛围，让以"兵支书"元素为引领的兵模范在社会各领域中走前列、作表率。

作者信息：

罗　强　安顺市委党校科研部负责人、副教授

李　娜　安顺市委党校讲师

董　旭　普定县委党校正高级讲师

周进荣　安顺市委党校一级调研员

雷山县"五注重五强化"推进农村人居环境整治的实践经验研究

一、雷山县创新农村人居环境整治的背景

改善农村人居环境，是以习近平同志为核心的党中央从战略和全局高度作出的重大决策部署，是实施乡村振兴战略的重点任务，事关广大农民根本福祉，事关农民群众健康，事关美丽中国建设。为此，国家和贵州省分别出台了《农村人居环境整治提升五年行动方案（2021-2025年）》《贵州省农村人居环境整治提升五年行动方案》等文件。雷山县作为国家乡村振兴局定点帮扶点，创新性通过了"注重顶层设计，强化高位推动；注重生态优先，强化环境保护；注重宣传评比，强化全民参与；注重民生改厕，强化破解短板；注重建章立制，强化长效管理"的"五注重五强化"工作方式，推进了全县农村人居环境整治，用实际行动践行了"千万工程"的经验，取得了良好的成效。

二、雷山县通过"五注重五强化"推进农村人居环境整治的举措和成效

（一）注重顶层设计，强化高位推动

雷山县注重和强化了环境整治的顶层领导与策划，将人居环境整

治纳入全县重要工作来部署，做到科学规划、高位推动。

一是以联席会议制度推动工作。建立了以县政府分管领导为召集人，农业农村、住建等部门主要负责人为副召集人，教科、财政、自然资源等 10 个部门负责人为成员的雷山县农村人居环境整治行动联席会议制度，原则上每季度至少召开一次会议统筹调度工作。

二是成立专项工作组抓实工作。成立农村"厕所革命"、生活垃圾治理、生活污水治理、水环境治理、道路环境整治、废弃物整治、村容寨貌整治、督导调度、宣传报道 9 个专项工作组，各司其职、各负其责扎实推进全县农村人居环境整治工作。

三是坚持规划引领强化工作。集中编制实用性乡村规划，优化布局乡村生活空间，严格保护农业生产空间和乡村生态空间，注重传统村落保护，成立传统村落保护中心，统一编制村庄建设指导图集，指引群众按图建房，努力让乡村留住"乡愁"。同时出台了《雷山县农村人居环境整治提升五年行动方案》《雷山县农村人居环境整治工作推进方案及考核办法》等政策文件，为有序有效推进人居环境整治工作奠定了坚实基础。

（二）注重生态优先，强化环境保护

雷山县充分发挥政府主导作用，以环境整治为重点，实施了美化、绿化、亮化和净化工程，致力于创造一个宜居、宜游、宜业的环境。

一是建立了损害环境赔偿制度。坚持"谁污染、谁赔偿"以及"谁污染、谁治理"的原则，落实水生态环境损害赔偿制度。雷山县成立了生态保护法庭、生态保护监察科、生态保护公安分局等生态保护机构，坚决打击违规排放污水、非法捕捞、破坏水生态环境的行为。

落实农业污染损害赔偿制度。坚持生态立县，多规合一划定生态保护红线、永久基本农田、城镇开发边界 3 条控制线，实行环境影响评价，对农业项目设置"绿色门槛"，对生态环保不达标的农业项目实行"一票否决"。

落实工业污染损害赔偿制度。坚持绿色雷山拒绝污染，探索建立企业排污损害赔偿机制，对因能耗高、废气处置不达标严重影响生态环境的企业，坚决予以处罚并责令其停业整改；对涉及重化工、重金属、工业固体废弃物的企业，坚决予以关停。截至 2022 年底，雷山已永久关停两家铁合金污染企业，涉及矿渣清理生态赔偿资金约 730 万元。

创新碳汇认购模式。雷山县出台《关于建立司法碳汇补偿机制的意见》，实行碳汇自愿认购，变"被损害"为"可保值""再增值"。2022 年以来，已办理认购"碳汇"案件 2 件，引导群众自愿认购了 2.19 万元的林业碳汇量。

二是落实了生态补偿机制。作为首批国家生态综合补偿试点县，雷山县牢固树立生态优先、绿色发展理念，不断释放国家生态综合补偿试点政策红利。雷山县出台了《雷山县国家级公益林生态效益补偿基金管理办法》。截至 2022 年底，全县累计发放公益林补偿资金 7068.78 万元，覆盖全县 8 个乡镇 154 个行政村，惠及农户 1.77 万户共 7.08 万人。

强化退耕还林补偿机制，统筹生态领域转移支付资金，建立绿色发展财政奖补机制，将退耕林地列入森林抚育林业补贴政策。全县累计完成退耕还林 2.79 万亩，兑现退耕还林补助资金 2099.12 万元，惠及农户 1.19 万户共 5.27 万人。

实施森林管护酬金补偿。根据管护林地面积大小、难易程度以及管理成效等情况发放酬金补偿，激发群众参与生态保护的内生动力，全县发放森林管护酬金 3745.91 万元，惠及全县 2002 名就业困难劳动力。

探索集中式饮用水水源地环境保护补偿。通过"以工代补、以工代偿"的方式，因地制宜吸纳水源地群众参与水源地保护项目建设，通过担任水源地巡护员，激发水源地群众保护集中式饮用水源的积极性。全县已累计投入集中式饮用水源保护资金 880 余万元，覆盖水源保护地 86 个，受益群众 7.7 万余人。

三是实施了美化亮化工程。将改善人居环境与实施美化亮化工程紧密结合起来，由住建、农业农村、交通运输、林业等部门牵头，在全县范围内大力实施美化亮化工程。到 2022 年底，农村串户路硬化率为 100%，安装太阳能照明设施 1.34 万套，30 户以上自然村寨照明设施建设全部完成。

通过以上措施的实行，雷山县生态环境得到明显改善，截至 2022 年底，村庄绿化覆盖率达到 46.2%，森林覆盖率达到 72.8%，被授予贵州省"森林城市"荣誉称号。区域河流断面水质达到 Ⅲ 类以上地表水标准。集中式饮用水源地水质达标率为 100%，县城环境空气质量优良天数率达 99% 以上。

（三）注重宣传评比，强化全民参与

雷山县以开展"文明在行动·满意在贵州"和黔东南州和美城乡"四大行动"为契机，将农村环境卫生整治行动作为实施乡村振兴的第一抓手，强化环保和卫生知识宣讲教育，增强群众的环保卫生意识。

一是多形式开展宣传。全县各行政村充分利用"村村响"喇叭、微信平台、鸣锣喊寨等形式对人居环境整治内容进行持续宣传。同时将群众喜闻乐见的内容制作成宣传标语或宣传画、宣传单，提高广大村民的认知度，引导村民积极参与到人居环境整治的大潮中来。截至 2022 年底，发放各类宣传手册、倡议书超过 10 万余份。

二是持续开展文明卫生评选。为进一步引导人民群众革除陈规陋习，形成"人人关心动手、户户参与争创"的氛围，全县 9 乡镇（街道）积极组织开展"卫生文明家庭"等评选活动，增强保护环境的荣誉感和主动性，积极营造"保护环境，人人有责"的浓厚氛围。

三是让"红黑榜"成为有效抓手。各村设置卫生"红黑榜"专栏，按月开展检查评比、公示，卫生好的上"红榜"，并以流动红旗的方式授予"文明卫生家庭"红旗，环境卫生差的农户则在"黑榜"专栏公开曝光，有效促进了精神文明创建和农村环境卫生改善。西江镇麻料村潘寅学家因房前屋后堆放杂乱、室内卫生差，被列入"黑榜"在村口的公示栏公示。第二天，驻村工作组便接到潘寅学的电话："我家环境卫生整治好了，欢迎你们来检查……"工作组过去看时，卫生环境焕然一新。当村里修建便民桥时，村民龙渊自主捐助 5 斤大米给施工的农民工煮粥吃，被列入"红榜"作为楷模供全村村民学习。如今在西江镇，"红黑榜"成为村民们热议的话题。

四是将农村人居环境整治纳入村民积分制管理，并根据积分给予相应的精神鼓励、物质奖励或者惩罚。如郎德镇南猛村从 2022 年试行积分制管理，将村集体经济收入分红的方式转变为"赚红"的方式，建设励志超市。《南猛村村民贡献度积分管理试行办法》明确了 28 项积分事项，其中生态环境作为一项重要指标，规定门前公共区域、入户步道、厨房、客厅、卧室整洁各积 1 分。农户利用房前屋后空地打造"小花园、小果园、小菜园"，整洁美观的，积 5 分。不整洁 1 项扣 1 分，有两违建筑的扣 5 分。2022 年南猛村经过村民民主评议向余正席等多名积分高的村民兑现了冰箱、洗衣机、彩电等奖品。通过积分制管理，部分村民摒弃了"等靠要"思想，从"不愿干"转变为"抢着干"，大大提高了村民参与农村人居环境整治的积极性。

2020 年以来，通过强力宣传和全民参与，雷山县 166 个村居（社区）中有 158 个获得县级及以上文明村居（社区），占比 95.18%；全县 9 乡镇（街道）均为县级及以上文明乡镇（街道），占比 100%，在黔东南州 16 个县（市）中位居前列。

（四）注重民生改厕，强化破解短板

为深入推进乡村振兴战略，雷山县认真贯彻落实习近平总书记对深入推进农村"厕所革命"作出的重要指示精神，在农业农村部、国家乡村振兴局、贵州省委省政府的大力支持帮助下，以创建国家乡村振兴示范县为契机，将实施"厕所革命"作为提升旅游品质、破解乡村旅游可持续发展的"短板"来抓，以农村改厕"小切口"，推动乡村建设和乡村治理"大改革"。

一是提高"小厕所大民生"的认识。将"厕所革命"作为基础工程、文明工程、民生工程来抓，精心制定《雷山县"厕所革命"工作实施方案》，明确责任主体，细化任务目标，确保"厕所革命"项目得到强有力的推进。

二是纳入民生实事项目落实。雷山县连续多年将实施农村"厕所革命"作为"10件民生实事"之一来抓，按照"因地制宜、群众自愿"的原则，结合乡村振兴建设，积极统筹和争取上级补助资金，探索安装便捷、干净整洁的适合农村的改厕模式。

三是以点带面分类实施。采取以奖代补形式充分发挥群众参与改厕的积极性，推行适合农村实际、安装便捷、干净整洁的改厕模式，坚持以点带面、整村推进、逐年实施。整合东西部对口帮扶资金290万元和阿里巴巴集团帮扶资金57.9万元，完成了辖区内朗德镇南猛村全部厕所改造以及相应的污水管网和终端污水处理设施。逐步提升全县户用卫生厕所普及率、粪污无害化处理率和资源化利用率，促进群众观念意识从"要我改"转变为"我要改"，增强了人民群众的幸福感、获得感，深受百姓欢迎。

四是优化技术创新应用。依托农业农村部的技术指导，结合雷山山区特色地形地貌和居住条件，采取"化粪池+庭院消纳模式""联户集中处理+大田利用模式""联户处理+坡地利用模式""集中处理+达

标排放模式""农家乐模式"五种创新技术模式，强化厕所粪污无害化处理和资源化利用。

五是完善设施夯实基础。整合资金完成 94 个行政村的污水治理工程，建设污水收集管网 338 千米。农村生活垃圾"村收集、镇转运、集中处理"的处理模式实现行政村全覆盖，农村生活垃圾得到有效治理。

截至 2022 年底，全县已完成农村户用卫生厕所新建、改造 21332 户，占全县总户数（35420 户）的 60.23%（剩余 14088 户还需改造）。2023 年 2 月，由农业农村部举办的全国农村人居环境整治提升培训班、农村改厕技术培训班赴雷山县实地考察观摩，来自全国 31 个省份和新疆生产建设兵团的农业农村部门有关负责同志、农业农村部定点扶贫县相关负责人深入部分镇村，学习、借鉴、推广"黔东南经验"。2023 年利用好厕所革命"提质年"的契机，通过在雷山县召开的黔东南州农村厕所革命技术培训暨乡村庭院美化行动现场推进会，巩固拓展摸排整改成果，全面提升改厕质量和实效，务实推进农村厕所革命，有效将农村"厕所革命"工程办成人民群众的实心事、满意事、暖心事，文明如厕新风尚逐步形成，人民群众的幸福感、获得感进一步提升。

（五）注重建章立制，强化长效管理

为确保人居环境整治工作久久为功、常抓不懈，雷山县着力推进建章立制工作。

一是建立健全整治工作机制。全面落实责任领导、牵头单位工作职责和联络员制度，健全完善领导小组牵头抓总、牵头领导抓部署落实、牵头单位协调成员单位推进工作的长效机制。

二是建立督查考核机制。建立农村环境卫生专项督查组，定期不定期深入村、组、户开展督查指导。2021 年以来，全县开展督查 540

余次，及时督导整改发现问题 352 条。同时，充分发挥村民自治作用，指导各村将环境卫生治理纳入《村规民约》，纳入乡镇、村年终目标考核体系，确保整治工作长期有效开展。

三是构建全员参与的多级联动机制。压紧压实 297 名乡村振兴驻村干部及 460 余名村"两委"干部的工作责任，着力提升驻村干部和村"两委"干部抓环境卫生整治意识，引领群众增强内生动力，形成抓好环境卫生整治的自觉性、主动性，齐心协力做好村容村貌干净整洁、基础设施升级提质、美丽乡村宜居宜游。

三、雷山县通过"五注重五强化"推进农村人居环境整治的经验启示

（一）坚持政治引领，确保人民利益

在推进农村人居环境整治工作中，要深入学习"千万工程"经验的精髓要义和理念方法，牢固树立和践行"一张蓝图绘到底"、一年接着一年干的政绩观，深入基层调研，着眼于基础，着眼于长远，紧密结合地方实际，听取群众呼声，谋划实施有针对性的政策举措。

雷山县在产业基础薄弱、财政收入很低的情况下，切实对历史负责、对人民负责，千方百计争取资金支持，努力改善农村居住环境，切实提升生活品质，增强人民群众的获得感和幸福感，减少蚊虫孳生和疾病传播风险，更好地促进群众身体健康。"政之所兴在顺民心，政之所废在逆民心。"认真听取群众意见，了解群众所思所想、所期所盼，自觉将人民群众高兴不高兴、满意不满意作为推动农村人居环境整治的工作准绳，更好地体现人民意志，更高效地推动工作。切实发扬求真务实、真抓实干的作风，因地制宜开展工作。具体问题具体分析，尽力而为，量力而行，不片面地追求"高大上"和"一刀切"。

（二）坚持资源整合，确保投入到位

农村人居环境整治工作是一项长期的系统工程，涉及面广，项目类别多，资金需求量较大。各级政府应科学规划，将农村人居环境整治经费列入年度预算，同时将住建、水务、环保、农业等部门相关专项资金整合起来，提升资金使用效率。积极拓宽资金来源渠道，通过推行损害环境赔偿制度、工业污染损害赔偿制度、创新碳汇认购模式、落实生态补偿机制等方式筹措资金。争取向金融机构寻求信贷支持，鼓励各类企业积极支持农村人居环境整治项目，引导有条件的地区将农村环境基础设施与特色产业、休闲农业、乡村旅游等有机结合，实现农村产业发展与人居环境改善互促互进，让"绿水青山就是金山银山"在现实中落地生根。

（三）坚持群众参与，确保整治成效

群众的热情和参与是做好农村人居环境整治的重要前提和保障。习近平同志在《之江新语》中指出："要坚持以人为本，遵循客观规律，尊重农民意愿，推进包括整治村庄环境、完善配套设施、节约使用资源、改善公共服务、提高农民素质、方便农民生产生活在内的各项建设。"通过学习"千万工程"的经验，把改善民生福祉作为根本出发点，在尊重群众意愿的同时充分发挥群众主体作用。

在具体工作中要积极创新宣传载体，利用宣传车、村级广播、短视频、官方微博、微信群、钉钉群、宣传栏、横幅等载体，多渠道、多形式地宣传环境整治的重要意义，使广大群众从思想上真正地认识到人居环境的重要性，激发广大群众的主人翁意识，让广大群众自愿投入并踊跃参与人居环境整治，把"干部干、群众看"转变为"干群一起干"。要将精神鼓励和物质奖励相结合，通过开展文明卫生评选、"红黑榜"、积分管理制度等方式，激发村民主动参与建设美丽家园的内生动力。通过精神鼓励和物质奖励的示范带动作用，让村民从思想自觉到行动自觉，自发参与到公共区域、房前屋后、室内室外的人居环境治理中来。

（四）坚持文化建设，确保观念转变

农村人居环境整治工作要实现久久为功，关键是农村发展理念的变革、发展方式的转变，必须要改变村民一些落后的思想观念。要将培育文明健康的生活方式作为重要内容，提高村民的文明卫生意识和建设美丽家园的"主人翁"精神，提升参与人居环境整治的自觉性、积极性、主动性，使优美的生活环境、文明的生活方式成为农民内在的自觉要求。要注重文化传承和创新，以乡情乡愁为纽带，挖掘和弘扬农村优秀的传统文化和民俗风情，加强乡村文化建设，提升农民的文化素养和审美意识，吸引和凝聚各方人士支持家乡建设。同时，要积极推广现代文明生活方式，引导农民养成良好的卫生习惯和环保意识，促进农村文明进步和可持续发展。

作者信息：

陈应武　贵州省社会科学院党委常委、副院长

贺　雷　贵州省社会科学院图书信息中心科长

湄潭县"寨管家"助推乡村社会再组织化的实践经验研究

2020 年，湄潭县委出台的《推行"寨管家"加强农村基层社会治理的指导意见》将"寨管家"定位为"县指挥、镇（街道）领导、村（居）为主、寨自治的农村基层治理体系"，由此党的全面领导和国家权力嵌入乡村自治组织，"寨管家"乡村自治组织获得了深度参与乡村治理的合法性，进而实现了乡村社会的再组织化。"寨管家"乡村自治组织建立后，充分挖掘了乡村社会已有的自治资源和德治资源，提升了基层政府的基本公共服务供给能力，改善了湄潭县的乡村治理状况，助推乡村治理有效，是新时期乡村治理的一种有益探索。

一、湄潭县推行"寨管家"的背景

（一）湄潭县推行"寨管家"的历史背景

1994 年中央实施分税制改革，以农业经济为主的地区财政变为短缺型财政。地方政府在解决财力短缺问题的过程中，导致了农民负担过重，进而引发了诸多乡村治理问题。湄潭县是国务院在 1987 年批准设立的首批 14 个全国农村改革试验区之一，担负着探索农村改革的责任。面对农民负担重的问题，湄潭县开始积极谋划改革。在农业税取消以前，村干部的工资收入来源于向农民收取的"三提五统"，减轻农民负担的一种办法是合并行政村。通过减少行政村的数量来减少农村脱产干部数量，最终达到减轻农民负担的目的。2001 年 9 月，湄潭县撤销了 48 个管理区，对 369 个行政村及 22 个居委会进行了整合；湄潭县"撤区并村"之后，将行政村数量压缩为 120 个，居委会减少到 20 个，行政村数量直接减少了 2/3。"撤区并村"之后，湄潭县领取固定工作补贴的村干部由 1746 人减少到 518 人。

湄潭县还实施了与"撤区并村"相配套的"两减两增三在村"措施，即减少村民小组的数量，减少农村脱产干部职数，增加机关干部到村工作职数，增加村组干部报酬，并建立干部工作在村、生活在村、考核在村的工作机制。2004 年 5 月开始全面实施"两减两增三在村"政策后，行政村的数量进一步减少到 118 个，村民小组的数量由 3201 个减少到 993 个，村脱产干部由 484 名减少到 276 名。"撤区并村"在减少脱产干部职数的情况下，一定程度上减轻了农民负担，但随之而来的一个问题是行政村的地域面积和人口规模过大，难以有效开展村民自治工作。因村两委工作人员数量有限，也难以向行政村内数量众多的村民提供基本公共服务。"撤区并村"后不仅行政村数量减少，村民小组的数量也大为减少，一个村民小组可能是由过去的几个自然村重组而成。在此情况下，即使是在村民小组内部，村民与村民之间也从过去基于地缘关系和血缘关系形成的熟人社会转变为半熟人社会，甚至很多村民因长期缺乏交往互动的机会而成为陌生人，乡村治理又面临许多新的问题。

（二）湄潭县推行"寨管家"的现实因素

脱贫攻坚时期，为了补齐农村基础设施建设短板，农村新建了大量公共基础设施。这些公共基础设施要能够持续发挥作用，需要很多人员对这些设施进行管理和维护。2018 年 9 月，湄潭县顺利通过了国务院第三方评估脱贫验收，正式退出贫困县。湄潭县的脱贫攻坚任务完成后，由上级政府下派的驻村干部数量也随之减少。湄潭县历史上进行的行政村合并造成了行政村所包含的人口数量和地域规模太大，而村两委成员人数有限，难以对脱贫攻坚时期大量新建的公共基础设施进行有效管护，无法为村民提供便利的基本公共服务，成为困扰湄潭县乡村治理的一个难题。2019年初，西河镇党委政府为了改善人居环境和提升为村民提供基本公共服务的能力，开始尝试将过去在乡村社会中负责操办红白喜事的"总管"纳入乡村治理体系。这些负责操办红白喜事的"总管"主要是具有一定权威的退休干部、老党员和乡贤寨老，鼓励他们参与乡村公共事务，管护脱贫攻坚时期新建的大量基础设施，能有效解决管护人员不足的问题。

西河镇党委为了加强党对"寨管家"乡村自治组织的领导，由镇党委政府下派一名工作人员作为指导员。这些指导员既发挥监督管理的作用，也负责将"寨管家"成员在日常运行中遇到的困难和诉求反馈到镇党委政府，再由镇党委政府出面协调解决。行政村下派一名村干部作为包保员，负责具体指导"寨管家"的日常活动。通过村民大会选举出寨长及"五大员"，分别承担乡村道路管护、环境卫生、巡河、护林、饮用水基础设施管理，还负责各寨的矛盾纠纷化解和政策宣传工作。西河镇党委政府首先探索实践的"寨管家"乡村自治组织，有效解决了农村公共基础设施管护问题，提升了基层政府向村民提供基本公共服务的能力和水平，尽量将村民之间产生的矛盾纠纷化解在基层。2019年末，"寨管家"的发源地西河镇石家寨村被中央农村工作领导小组办公室、农业农村部、中央宣传部、民政部和司法部五部门确定为全国乡村治理示范村。

二、湄潭县推行"寨管家"的主要做法和成效

（一）"寨管家"的主要做法

一是重构乡村治理基本单元。在乡村治理实践中，乡村治理基本

单元既不能太小，也不能太大。湄潭县行政村合并后导致乡村治理基本单元过大，难以落实村民自治，自上而下发挥作用的行政力量无法及时回应村民诉求。如果基本单元太小，因村民数量过少，很难找到合适的村民负责乡村日常事务，也没有能力向村民提供基本公共服务。"寨管家"的运行以村民组织为基础，所管辖范围的划定综合考虑其历史沿革、居住相连、地域相邻、人文相近、利益相关等因素。按照便于组织、管理、服务的原则确定寨子规模，人口较多的村民小组可以划分为一个或是多个寨子。目前，湄潭县的118个行政村划分为1112个寨子，寨管家成员4000余名。"寨管家"乡村自治组织的定位是镇、行政村党组织和村委会领导下的村民自我管理、自我服务、自我监督的组织，"寨管家"的职责不能过多，更不能向行政化演变。湄潭县委结合实际情况，将"寨管家"的职责明确为四个方面：村内环境卫生管理、公益事业管理、政策宣传管理和综合治理管理，明确了"寨管家"乡村自治组织中每一位成员的具体职责。

二是构建"寨管家"组织架构。2020年3月，湄潭县委经过大量调查研究之后，正式出台了《推行"寨管家"加强农村基层社会治理的指导意见》（以下简称《指导意见》），将起源于西河镇的"寨管家"乡村自治组织向全县推广，并将"寨管家"乡村自治组织总结为"3+N"模式。"3"即镇里派出一名干部、村里派出一名村两委成员、寨子里选出一位寨长。"N"即副寨长和保洁员、水管员、护路员、安全员、护林员等。以湄江街道的东南社区为例，东南社区共有7个村民小组，划分了8个寨子。其中，轿顶寨共有89户396人，党员7名。湄江街道下派一名镇级指导员，东南社区的党总支书记担任村级指导员，由既是退伍军人又是老党员的一位村民担任寨长。在寨长下设有保洁员、水管员、护路员、安全员、护林员、医疗卫生员、信息情报员。轿顶寨"寨管家"实际运作过程中，又根据地域相近、人文相近的原则将89户村民划分为3个管理片区，每个管理片区设置1名联户长。

三是建立"寨管家"运行保障机制。人为设计出一套允许和鼓励农民参与乡村治理的组织体系并不难，困难之处在于如何让这套人为设计的组织体系能够持续运转。因为，任何组织的运行和可持续发展都需要相应的资源做支撑。湄潭县委为了让"寨管家"乡村自治组织可持续运行，所出台的《指导意见》建立了"寨管家"的运行保障制度，要求各个镇要充分整合原来的生态护林员、养护工、水管员、安全员、就业援助岗和公共服务岗人员的财政补贴资金，以这些财政补贴资金作为"寨管家"乡村自治组织成员的工作经费。县、镇财政共出资450万元，每年以2∶1的比例分担，以每个户籍人口不少于9元的预算安排服务群众的专项经费，这部分资金主要用于支付寨长、副寨长的误工补贴。湄潭县委还要求各村（居）可以结合自身实际情况，探索整合集体经济、群众自筹、社会捐助等相关经费支持"寨管家"乡村自治组织的可持续运行。

（二）"寨管家"取得的成效

一是完善了乡村治理的组织体系。行政村人口数量和地域面积过大造成村民自治难以取得成效是一种较为普遍的现象，2014年的中央一号文件提出"开展以社区、村民小组为基本单元的村民自治试点"。乡村治理单元下沉使得以自然村为边界的社区社会组织兴起，为村民提供了更多平等参与和民主协商公共事务的空间。湄潭县委向全县推广"寨管家"乡村自治组织后，重构了基层自治基本单元，实现了乡村自治单元下沉，顺应了国家政权建设的新趋势。2020年初，东南社区乡村部分开始建立"寨管家"乡村自治组织，公共基础设施维护、矛盾纠纷化解、政策宣传、疫情防控、村规民约的执行等工作由"寨管家"成员具体负责，村寨事务从过去的政府包办转变为真正的村民自治。东南社区轿顶寨的7名党员构成了一个党小组，组长由寨长担任。农村基层党组织嵌入到"寨管家"乡村自治组织体系中，加强了基层党组织对乡村自治组织的全面领导。在社区党支部的坚强有力领导下，东南社区的 8 个"寨管家"乡村自治组织运转良好，2021 年入选湄潭县法院评选的"无讼村"，2023 年入选贵州省第七批"省级民主法治示范村（社区）"。

二是以"群众身边的组织"服务群众。党的二十大报告强调："完善网格化管理、精细化服务、信息化支撑的基层治理平台，健全城乡社区治理体系，及时把矛盾纠纷化解在基层、化解在萌芽状态。"湄潭县把人口数量和地域规模较大的行政村划分为多个寨子，依托网格化管理，向村民提供精细化服务。湄潭县全面推行"寨管家"乡村自治组织后，"寨管家"成员以寨内村民的需求为导向建立志愿服务清单，1 个"寨管家"成员牵头 1 个志愿服务项目，并参与多个志愿服务项目，突出"寨管家"在乡村治理中的主导地位并明确"四管"职责。当前，满足村民生产生活需求和建设文明乡风是乡村治理的重点工作。湄潭县根据实际情况，确立了乡村振兴的政策宣传、教育服务、产业发展、乡风文明作为志愿服务项目，以寨长包寨、寨管家成员和其他志愿者包户的方式推进志愿服务项目落地落实，确保了与村民生产生活紧密相关的寨务和乡风民风问题有人管、管得好。自推行"寨管家"乡村自治组织以来，湄潭县在乡风文明治理方面取得了突出成就，有效治理了过去乡村社会长期存在的陋习，有力惩治了滥办酒席的现象，乡村居民普遍接受了"车不过十、礼不过百"①的做法。

三是为老年人参与乡村治理搭建了组织平台。目前，中国乡村已经存在较为严峻的人口老龄化问题，乡村治理组织体系的构建也必须适应人口老龄化的现实情况。湄潭县的乡村也普遍面临着乡村人口结

---

① "车不过十"指的是村民在购买家用汽车时价格不超过 10 万元，"礼不过百"指的是村民办各类酒席时随礼不能超过 100 元，目的是避免村民在日常生活中的盲目攀比和恶性竞争，以此重塑文明乡风。

构失衡和老龄化加剧的问题，"寨管家"乡村自治组织更多的是动员年龄较大的村民参与乡村治理。年龄较大的村民大多已经完成家庭再生产任务，子女结婚之后家庭负担已经大为减轻，他们有充足的时间和精力为村民提供服务。除此之外，老年人更为熟悉农村的生产生活状况，在调解民间纠纷、进行党和国家的政策宣讲时比年轻人更有优势。"寨管家"主要吸纳年龄较大的村民参与其中的做法，充分挖掘了老年人在乡村治理中的潜力，是一种结合地方实际情况推动乡村社会再组织化的有益探索。以东南社区的轿顶寨为例，村民选举出来的寨长既是老党员又是退伍军人。其拥有的多重身份，是他能够充分利用自治资源和德治资源开展乡村治理的前提条件。"寨管家"能够在乡村治理中发挥广泛作用，实现乡村社会生活的再组织化，是乡村治理单元下沉后为基于血缘关系和地缘关系形成的自治资源、德治资源发挥作用提供了空间，特别是为老年人参与乡村治理搭建了组织平台。

三、湄潭县"寨管家"助推乡村社会再组织化的经验启示

乡村空心化直接体现为乡村组织不振，大量青壮年人口长期离开村落，村落逐步丧失社会再生产和自我调适能力。而乡村组织不振又造成留守村落的老人、妇女、孩子生活在原子化状态之中，国家难以向村民有效提供公共服务解决乡村居民生产生活中遇到的困难，乡村治理面临很大挑战。解决新时期的乡村空心化问题和实现乡村善治，关键在于乡村组织振兴，将分散和个体化的农民重新组织起来，实现乡村社会的再组织化。2019年6月23日，中共中央办公厅、国务院办公厅印发了《关于加强和改进乡村治理的指导意见》，要求建立以基层党组织为领导、村民自治组织和村务监督组织为基础、集体经济组织和农民合作组织为纽带、其他经济社会组织为补充的村级组织体系。

湄潭县自 2020 年在全县推广"寨管家"乡村自治组织后，完善了乡村组织体系，实现了乡村社会的再组织化，推动了乡村治理的有效性。

湄潭县委在全县推广"寨管家"乡村自治组织时，基于历史沿革、居住相连、地域相邻、人文相近、利益相关等因素划分"寨管家"管辖范围，重构了乡村治理基本单元。在乡村治理基本单元内，充分挖掘村民基于血缘关系和地缘关系形成的自治资源和德治资源构建"寨管家"乡村自治组织体系，依靠"群众身边的组织"将村民重新组织起来。"横向到边"的"寨管家"乡村自治组织与原有的村党组织、村民委员会、村务监督委员会、村集体经济组织共同形成了"新型复合型农村社区组织体系"。湄潭县探索形成的"寨管家"能够切实解决乡村治理难题，在于国家视角的乡村治理契合了农民的日常生活需求，行政村获得了向村民精细化提供公共服务的能力，尽可能地解决村民在生产生活中遇到的困难。湄潭县"寨管家"乡村自治组织的形成原因和实践过程表明，要想在乡村振兴战略实施过程中实现乡村治理有效，需要寻找到规模适度的乡村治理基本单元，为村民提供更多平等参与和民主协商公共事务的空间，特别是为老年人参与乡村治理搭建组织平台。

作者信息：

李文钢　贵州财经大学副教授

张　引　中共贵阳市委党校教授

安治民　贵州理工学院教授

汪光玲　贵州财经大学公共管理学院行政管理专业在读博士

黔南州新型供销社推动乡村基层组织治理能力提升的实践经验研究

　　新型供销社是以高效的流通体系和供应链网络为基础集生产合作、供销合作、信用合作于一体的为农服务的经济组织，是充分激发农村市场活力、持续优化营商环境的重要载体。新型供销社通过网络节点创新增强基层组织建设能力，推动乡村产业多样化、融合化发展；通过网络经济链创新打通内部服务体系，优化为农服务体系建设，引领供销社向集群化、数字化方向进化，发挥保供稳价优势提升农产品流通效率、农村地区供应链安全水平。新型供销社网络纵横发展为提升乡村基层组织治理能力提供内生发展动能，为进一步提振市场信心、全面推进乡村振兴提供了实践经验参考。

一、新型供销社推动乡村基层组织治理能力提升的研究背景

　　党的二十大报告提出："发展新型农业经营主体和社会化服务。"新型供销社是发展新型农业经营主体的有力推手，新型供销社自有的农资、农技经营服务渠道为深化多种产业合作发展、供给综合性社会化服务提供坚实保障。2023 年中央一号文件强调"支持建设产地冷链集配中心""坚持为农服务和政事分开、社企分开，持续深化供销合作社综合改革"。2021 年中央一号文件提出："深化供销合作社综合改

革，开展生产、供销、信用'三位一体'综合合作试点，健全服务农民生产生活综合平台。"从《政府工作报告》以及历年中央一号文件不难看出，新型供销社对提升乡村基层组织治理能力、促进农业农村高质量发展，实现农业提质增效、农村和美繁荣、农民持续增收具有重要的战略意义。

乡村基层组织指村级各类组织，基层组织不但包括村民委员会、村党委组织等组织，还包括供销合作社、专业合作社等经济组织以及老年人协会、联合会等社会福利组织。我国自推行家庭联产承包责任制以来，农业农村发展主要依靠小农户家庭经营创造效益，但小农户承包的土地以及相关资源规模较小且不够集聚，不同农户生产的农产品品类多达几十种甚至上百种，农业生产经营方式和品类选择较为随意，无法精准匹配大市场下新消费趋势的较高要求，同时，每一个小农户都有自己的打算，很难实现"一村一品"的乡村治理格局，整体来看较少具备全局发展的战略眼光和长远规划的布局能力。因此，本次调查以新型供销合作社这一新型农业经营主体为调研对象，探讨新型供销合作社能否有效提升乡村基层组织治理能力，进而助力全面推进乡村振兴。

贵州省黔南州社在推进乡村基层组织治理能力提升的进程中具有较高的典型性，黔南州社有 3 家基层供销社入选 2017 年中华全国供销合作总社基层社标杆社，分别是贵州省黔南州福泉市金山供销合作社、贵州省黔南州三都水族自治县三合供销合作社、贵州省黔南州瓮安县玉山供销合作社。黔南州社为进一步健全基层服务网络出台制定《关于进一步加强基层供销合作社恢复重建和改造提质工作的指导方案》《黔南州供销系统基层供销社恢复重建和改造提质标准》等政策文件，是贵州省以基层供销社提升乡村基层组织治理能力的代表性范例地区。黔南州社始办于 1951 年，为不断提高为农服务能力、完善组织体系建设，适应新时代市场经济发展环境，在《中共中央、国务院关于深化供销合作社综合改革的决定》《黔南州供销社关于推进乡村供销综合服务社建设的实施方案》等文件的指引下，黔南州社积极落实生产合作、供销合作、信用合作的"三位一体"新型供销社网络组织体系建设，积极打造"网上供销社"新型发展模式，逐步成为振兴乡村的重要组织力量。

二、新型供销社推动乡村基层组织治理能力提升的主要做法及成效

（一）新型供销社网络节点创新——基层组织建设

1. 环状吸附式组织融合共生

一是环状网络节点独立运行模式。新型基层供销合作社积极组织小农户以及中型、大型家庭农场参与其中，"吸附"各类规模农户融合发展，形成以基层供销社为指导核心的环状吸附式组织融合形态，具备组织合理的独立运行节点逐步形成涉农产品生产端供应链，最大限度降低小农户以及初具规模家庭农场的经营风险，优化原有农村"一买一卖"单一经营服务模式，并逐步转型为规模化、专业化、产业化综合服务模式，使得网络节点得以高效运转。二是节点有效链接线上线下消费模式。黔南州社下属基层社以"互联网+农业""订单农业""超市+农业"等服务模式建立农特产品线上线下销售网点，强化产加销对接工作，如瓮安县雍阳供销社通过建设东西部合作数字中心、直播基地成功与县域企业建立 10 个劳保用品展示柜台，并在"扶贫832""拼多多""淘宝""一码贵州"等线上平台设立农特产品、土特产产品店铺，在 2021 年上半年实现全平台销售总额 88.47 万元，携手县域企业探索"供销社+互联网"全新发展模式，构建线上交易、门店体验、线下配送的高效能产销对接运行体系，提升节点自我造血

能力实现内生发展。三是新型供销社的双重性质。新型供销社具备经营性和公益性的双重特点，兼具公平和效率。黔南州社组织县级社节点积极承接政府部门公益性经营项目，搭建农产品集散物流中心和农贸批发交易市场，完善县域涉农物资流通服务经营体系。同时，黔南州社全体系组织 8 家企业开展农产品"入户"项目，进入 20 个社区、73 所学校、121 家机关单位、医院、军营等组织，累计销售农产品3498 万元，在周边环状辐射区域内以公益性社会服务模式促进乡村经济平稳向前。四是促消费扩内需专项活动。黔南州社积极协助政府部门组织开展黔南州"绿博黔南·助商惠民"系列促消费活动，面向全州零售、餐饮行业，以大型商超、商业综合体、夜经济商圈为重点，指导商贸企业及会展行业协会持续举办"绿博黔南·助商惠民"普惠消费券发放、夜经济商圈暨美食促销、家电数码通信商品促消费、车展、美食展、农特产品促销等活动。截至 2023 年 3 月，黔南州"绿博黔南·助商惠民"消费券活动结束，参与商户共计 118338 户，发放消费券 984135 张，总交易笔数 778004 笔，总交易金额 19868.37 万元，总优惠金额 3389.94 万元，政府侧补贴金额 3087.65 万元，核销率79.05%，整体乘数效应为 6.43，全州内开展促消费活动 150 场，拉动消费 5 亿元左右。五是汽车补贴专项供给活动。黔南州汽车促消费活动截至 3 月 31 日，共销售汽车 3777 台，其中价格在 20 万元以上的汽车 378 台，10 万~20 万元的汽车 2217 台，10 万元以下汽车 1182 台，共计发放消费券 33899 张，发放金额为 677.98 万元；实际核销政府消费券 32569 张，实际核销金额为 651.38 万元。拉动消费 4.8 亿元，拉动率达 1∶71。

2. 横向多主体联合打破限制

一是拉动社会资本做强节点。黔南州社积极协助州级党政主要领导谋划产业布局，先后跟随州主要领导赴上海、北京、江苏等地开展招商引资工作，接洽徐工集团、中核汇能、北京中科数遥、上海电气、中能硅业、上海景升控股、南通江山股份等一批优质企业，登门展开项目接洽共计 81 次，已成功签约江苏美思德、菏泽石炭纪科技、厦门厦钨新能源等一批优强企业投资项目。二是横向联合打破地域限制。黔南州社将市级社、县级社、基层社的平级组织强强联合，以参股控股、授权合作等多种形式促使资源要素高效流通，尝试打破地理空间限制和条块割裂格局，实现整体合作效益最大化。宝山供销社以工会福利为切口与 60 多家机关单位取得合作关系，并整合区域农产品加工制造企业，进一步拓宽农特产品的销售渠道，现已累计采购 150 万元以上。三是以金融服务链接多主体利益。独山县社聚焦农村金融服务领域，与贵州营山农牧发展有限公司、贵州雨虹蔬菜种植农民专业合作社、独山县佳宝果品蔬菜产销农民专业合作社、独山县农资经营企业等 70 余家农业生产性企业组建合作伙伴关系，协调涉农、养殖企业调剂股金 7656 万元，助农增收超过 320 万元，在满足多方利益主体诉求的同时拓展了新型供销社的生态宽度，助力实现乡村振兴。

（二）新型供销社网络经济链创新——为农服务体系

1. 纵向链状打通内部组织体系

一是组织链联通。黔南州社打通供销社上下级内部利益分配与产权归属关系，以组织链优化管理最大限度地降低农业生产、管理成本。黔南州社指导小农户生产作业环节，为农户提供农产品统购服务，在长期的合作关系中与小农户建立起较为稳固的产销对接关系，将分散的资源要素规模化、集约化，提升农业产业资源配置效率，进一步降低生产成本。二是流通链革新。黔南州社农业产业流通链的创新管理组织起分散经营的小农户，构建农业产前、产中、产后等全流程一体化管理体系，以利益分享、风险共担的经济组织联合体应对不确定性较强的外部生存环境，提升供销社农产品保供稳价能力。黔南州社在州级、县级供销社设立配送营业中心，建立分销集散中心，确保打通乡村流通"最后一公里",赢得终端市场。三是运营服务链创新。2017年黔南州社以"一体两翼"战略布局为乡村人才、组织振兴奠定基础,一体即"三位一体"+"贵农网"经营服务新模式,两翼中一翼是做强社有企业,另一翼是继续发展供销农村合作金融新业态。黔南州供销社推动运营服务改革进程,州委深改会制定《黔南州关于深化供销合作社综合改革推进"三位一体"新型基层社建设方案》,组建黔南供销集团系统,设立黔南州供销社"三位一体"电商综合服务中心,现已建成贵农网县级综合运营服务中心11个、贵农网节点服务中心118个,入驻电商数量达319个,创新发展数字化为农服务体系运营模式。新型供销社按照中国特色经济合作制优化基层社运行结构,规范运行新型供销社体制机制,即社员代表大会、理事会、监事会的"三会"运行管理机制,整合资源、技术、人才等层面相关主体构成新型供销社为农服务体系。新型供销社为农服务体系如图1所示。

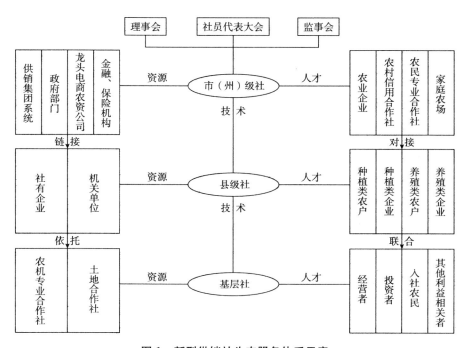

图1　新型供销社为农服务体系示意

2. 层级联盟式组织融合系统

一是以"数字供销""社有企业+"等新模式推进生产、供销合作。黔南州社推进"一体两翼"，其中一翼即继续做强社有企业战略，以"社有企业+"模式拓宽国家级、省级电商平台提振乡村经济，整合全州164家供应商入驻"832平台"，在供销e家上架绿壳鸡蛋、刺梨汁等766种黔南州农特产品，2022年实现销售额2840.48万元。同时，以合作联盟、开放办社等形式开发"云起龙骧""平塘有货""这山独好"等9家区域性电商平台，携手黔南州内23家电商企业和180个涉农经营主体，2022年累计电商销售额达9.59亿元，实现同比增长7.45%。二是以合作金融业态助力供销社信用合作。积极落实"一体两翼"的另外一翼即继续发展供销农村合作金融新业态战略，在龙昌镇、道坪村等地依照其自身特点开展"龙头企业+合作社+农户"发展方式，探索"双公司+双订单+双保险"产业合作模式推进"村社合一"。在罗甸县开展信用农户、信用商户、信用村组、信用园区创建工作，以建档评级授信为群众提供"一次核定、余额控制、周转使用、随用随贷"免抵押担保的信用贷款服务，解决小农户融资难问题。新领办农民专业合作社115个，培育"三位一体"新型基层供销社23个，实现土地流转面积达10955.77亩，将不同产业中的生产、服务、供应、融资等模块加以整合构成立体式、多层级经济发展联盟。三是助力政府部门推进"双千百场"招商行动。黔南州社配合政府相关部门推进"千支队伍千次对接"大规模招商部署行动计划，围绕现代化工、生态农业、现代能源、新型建材等重点产业领域打造包括生态特色食品、农业光伏发电、磷酸铁锂等包装项目77个，协同相关部门开展黔南州年货节招商推介会，独山县轴承产业发展座谈会等产业招商活动共计8场次，开展"引进来、走出去"招商活动共计274次，成功签约福泉市厦钨年产10万吨三元前驱体、瓮安县年产1万吨精细化学品、龙里县青蒿素系列原料药生产建设、贵定县东方希望生猪养殖等一批重点招商项目。

三、新型供销社推动乡村基层组织治理能力提升的经验启示

（一）推进基层社提质增效发展，重点培育典型规模工业企业

基层社应继续深化合作经济的基本属性，继续优化其与农民群众的利益联结机制，强化基层社联结工农、链接城乡、紧密联系党和政府与农民关系的纽带作用。同时，稳住新形势下工业发展形势，靶向培育企业入规入统，突出重点社有企业靶向培育原则，建立"规模社有工业企业重点培育库"，对库内社有企业逐企建档立卡，实行州、县两级包联帮扶培育制度。力争规模工业社有企业实现中高速增长态势，持续完善长效培育机制，推动大能级社有企业技改扩能增产，围绕现代化工产业、现代能源、装备制造产业等现有优势产业基础开展重点招商行动，不断推动产业的"差异化、专业化、协同化"发展，充分发挥其经济支柱作用。

（二）深化为农服务体系革新进程，项目导向联结多主体利益

新型供销社持续优化为农服务体系，明晰产权归属制度，完善乡村基层组织利益分配机制，在现有基础上调整监管治理结构，整合供销合作系统供应链涉及的资金、物流、信息要素，搭建农村供应链金融服务模式，发挥新型供销社乡村流通网络优势，与社有企业协同破解乡村农特产品流通成本高、农户融资难等困境。同时，以项目为导向强化帮扶服务力度，聚焦黔南州风能光伏、新能源电池材料及七大

工业产业，强化与州直有关部门的工作协同，抓好项目建设土地、资金、能耗、服务等要素保障，优化项目调度，精细项目跟踪，逐步形成新的经济增长点，实现"开工一批、建设一批、投产一批"滚动式发展。

（三）增强系统性金融合作主体权力，增大服务产业有效供给

赋予新型供销社等农业经营主体开拓系统性合作金融的主体权力，制定金融合作政策法规、落实合作细则以最大限度降低系统性风险。依托贵州省大数据算力优势将内部成员授信服务网络扩面外引，打造内联外合的农村信用服务体系，进一步落实新型供销社"三位一体"综合为农服务体系功能。同时，依托黔南州的环境优势和气候资源积极布局康养、旅游产业，按照全省"四新""四化"的目标要求增大服务业专题招商活动，谋划建设养老小镇、康养产业集聚区等项目，以运动健身、康复保健、休闲养生、温泉康养、医疗理疗等业态为重点，发展旅游养生、"候鸟型"养老等优势产业，打造一批主导产业突出、产业链条完整、服务功能完善的示范产业园区和产业基地，助力黔南州提升乡村基层组织治理能力、全面推进乡村振兴。

作者信息：

王　超　贵州财经大学教授，科研处副处长

崔华清　贵州财经大学科研助理

郭　娜　贵州财经大学科研助理

李　玥　贵州财经大学科研助理

新乡贤参与乡村治理现代化的
黔南实践研究
——以贵定县为例

"乡贤"作为中国传统社会中联结统治者、治理阶层与乡民百姓之间的桥梁纽带，起着上通下达、任务经纪、代理保护等作用，为"国家—乡民"的中介在传统基层社会治理中起着极其重要的作用。

中华人民共和国成立后，国家力量重塑了乡村社会，传统"乡贤"已然成为历史。改革开放以来，乡村社会由于新的生产与组织方式产生了一批新的同本乡本土有联系，有知识，有能力，依靠较高的道德素养和感召力，对乡村振兴建言献策、出谋划策，为乡村发展作出重要贡献的社会贤达和精英，即"新乡贤"。

21世纪以来城乡二元结构剧烈变化，导致乡村社会产业、规模、人口等方面萎缩，也导致治理要素不全、治理动力不足、治理效能差等问题，愈发成为高质量发展的短板。为此，各地推动"先行先试"的"新乡贤助力乡村建设"实践与政策文件引导。近年来，中共中央、国务院、全国人大出台了各项"新乡贤"文件或解释材料，为新乡贤参与乡村建设提供了政策支持。尤其是2016~2018年中央一号文件都明确指出"培育新乡贤文化、发挥新乡贤作用"。新乡贤作为一种治理资源，链接各种市场、组织资源，不断丰富和拓展着村治现代化的实践和边界。

一、黔南州新乡贤参与乡村治理现代化的背景

黔南州不断探索"新乡贤+"模式，进一步激活新乡贤活力，引导新乡贤在乡村振兴、基层治理、社会公益、民族文化、非遗传承等方面发挥组织参谋、沟通协调和引领示范作用。尤其是 2021 年以来，中共黔南州委、黔南州人民政府以新乡贤为基层统战工作抓手，2021 年 12 月，中共黔南州委、黔南州人民政府印发了《黔南州关于推进新乡贤助力乡村振兴实施意见》，该意见是在深化改革探索的基础上通过文件方式进一步向全州推进。成立了由党委、政府有关部门组成的黔南州关于推进新乡贤助力乡村振兴工作领导小组，各县（市）也成立了领导机构，制定了措施，形成了部门、县市联动的新乡贤工作格局。新乡贤组织建设逐步健全，全州共建立乡贤会 583 个，密切联系新乡贤代表 26015 人，涵盖多个行业领域。

以贵定县为代表的全州十二县（市）逐步探索建立新乡贤会会员管理、财务管理、联谊交友、激励关爱等工作机制，夯实了新乡贤会阵地，为新乡贤工作搭建好组织平台、找准工作抓手，不断推动新乡贤工作，选树一批德行善举有威望、贡献大的新乡贤人士积极参与产业发展、乡村治理，营造全社会"用贤、尊贤、重贤"的良好环境。

二、黔南州新乡贤参与乡村治理现代化的主要做法和成效

（一）搭平台，多重渠道选新贤

一是着力搭建三级新乡贤组织。构建"县、镇（街道）、村（社区）"三级新乡贤统战工作网络，形成县委领导、政府支持、统战部

门牵头协调、各部门和镇（街道）密切配合的新乡贤工作格局。在县级成立贵定县乡村振兴新乡贤会总会、在8个镇（街道）成立新乡贤分会、在95个行政村全覆盖成立新乡贤会。优化新乡贤会入会程序，建立健全县镇（街道）村（社区）乡贤会理事会职责、新乡贤会工作职责、新乡贤会财务管理制度以及新乡贤会会长、副会长、秘书长联系会员等制度，明确乡贤会会员代表大会及会员的权利和义务，着力规范各级新乡贤组织运行。二是建立健全新乡贤人才库。大力摸排贤能人士，坚持村级一月一摸排、镇级一季一汇总、县级半年一审查，将"听党话、感党恩、跟党走"作为政治标准，将"口碑好、品行好、威望高、有才智、善担当"作为行为标准，通过各镇（街道）推荐、媒体宣传挖掘、新乡贤组织寻找、个人自荐等多种方式，从成长于乡村，愿奉献于乡里的贤达人士中推选新乡贤，经政法、纪检等部门审查后，向社会进行公示，正式确定为新乡贤，按照经济、道德、教育等类别"一人一档"进行分类造册，建成县、镇（街道）、村（社区）三级新乡贤人才信息库。截至2023年6月，全县共明确新乡贤1865名，全县共选派乡村振兴特派员100名，乡村振兴顾问296名，志愿者589名，涵盖离退休老干部、改任非领导职务干部、年轻干部和在外成功人士等。

（二）强管理，建章立制育新机

一是建立关心关爱工作机制。印发《贵定县选派到村寨担任乡村振兴"特派员"新乡贤干部管理办法（试行）》，建立工作报告、督查暗访、谈心谈话、选树典型等制度机制，设立新乡贤人才服务专线，每年至少开展1次新乡贤"特派员"培训，着力解决新乡贤的实际困难和问题。每月为新乡贤"特派员"发放800元生活补助，为新乡贤"特派员"购买100万元保额的人身意外伤害保险和30万元的突发重大疾病险。每年年底集中对工作表现优秀、实绩突出、群众公认的新乡贤进行表彰奖励。对符合条件的新乡贤在选拔任用、职级晋升、岗位聘用、职称评审时优先考虑，着力提升新乡贤的政治待遇、社会待遇、生活待遇。健全完善协商交流机制。二是建立"村'两委'+新乡贤会"协商交流机制，明确村级重大决策必须征求本村新乡贤代表意见，村级重要会议必须邀请新乡贤代表列席，新乡贤会所提合理意见必须及时研究解决，进一步完善统筹协调、各负其责、合力推进的工作机制，将新乡贤的个体优势与村"两委"的政治优势有机结合，凝聚乡贤助推乡村振兴的强大合力。截至 2023 年 6 月，贵定县新乡贤通过会议参事、服务参事等参与村务决策 261 次，提出合理化意见建议 396 条，深入挖掘和宣传贵定县"仁忠拍客"罗仁忠等 30 余个新乡贤典型。通过深入挖掘新乡贤故事，集中展示新乡贤风采，推动新乡贤"上网""上镜""上墙"，营造敬贤、爱贤、颂贤的浓厚氛围。三是建立健全考核评价机制。建立由中共县委组织部、中共县委统战部、选派单位、镇（街道）党（工）委四方共同管理新乡贤"特派员"的工作机制，明确由镇（街道）党（工）委负责日常管理，每月至少调度 1 次新乡贤到村寨的工作开展情况，经常了解新乡贤到岗到位、作用发挥、廉洁自律等情况；围绕德、能、勤、绩、廉等方面的具体表现，采取半年考核、年度考核相结合的方式，按照"优秀、合格、基本合格、不合格"四个等次综合评定新乡贤"特派员"。

（三）促发展，各展所长开新局

一是注重政策支持，促进产业发展。充分发挥乡贤丰富的人脉网络、物质条件等资源优势，开通新乡贤回归"绿色通道"，鼓励和支持离乡新乡贤回乡创业，形成资金回流、项目回归、人才回乡的良好格局。截至 2023 年 6 月，全县共吸引回乡创业新乡贤 1300 余名，为各类新乡贤发放创业补贴 160 人 82.09 万元；新乡贤争取项目资金 800 余万元，修建完成"产业路"1300 米，建成农业产业供排水、污水处理池等配套设施 6 个；新乡贤引入发展茶叶、茭白、澳洲龙虾等多种特色种养产业，领办加工企业 3 个、农民专业合作社 11 个、家庭农场 13 个，带动农户 1326 户 4719 人、人均年增收 3000 元。二是关注民生事业，用心反哺家乡。通过宣传发动、示范带动、政策推动，有效激发了全县新乡贤活力，在全县上下形成了新乡贤助推乡村振兴的热潮，构建了全社会全力支持乡村振兴的格局。如盘江镇红旗村太平寨积极发挥新乡贤力量，捐资捐物近 30 万元修缮连户路和文化广场；昌明镇都六村新乡贤詹国华个人捐资 7 万元改造家乡进寨路、修建休闲凉亭；昌明镇良田村新乡贤龙纯斌利用自身优势，积极引进服装加工厂，为昌明镇易地移民搬迁安置小区鑫明小区群众提供 50 余个就业岗位；盘江镇狮扑村画家陈明显，利用自身绘画优势，用画笔为家乡旅游发展积极助力等。三是广聚新乡贤力量，共创文明乡风。在全面整合本土新乡贤、外出新乡贤、新的社会阶层人士、非公有制经济人士、网络代表人士等各类新乡贤资源的基础上，围绕乡村振兴、基层治理等工作，成立县新乡贤志愿服务总队、8 个镇（街道）新乡贤志愿服务队，创建新巴镇"隔空传爱"、云雾镇"一见青心"、沿山镇星溪村"古韵星溪·文明旅游"等多个新乡贤志愿服务项目，为家乡村容村貌提升、农旅产业发展、项目创建、矛盾调解等贡献力量。如组织"头雁讲堂""新乡贤课堂"等巡宣讲，邀请新乡贤进行贵定县历史讲解、文旅宣传、政策解读等，积极组织和发动新乡贤开展各类志愿服务活动，着力发挥新乡贤传承文化、教育乡民、涵养乡风的作用。截至 2023 年 6 月，共开展宣讲活动 40 余次，志愿服务活动 500 场（次），服务群众 8 万余人，新乡贤共化解群众矛盾 1600 余件次。让新乡贤成为乡村治理的"好帮手"。

综上所述，贵定县新乡贤深度参与乡村振兴，融入人才、产业、组织、文化、生态等多重振兴，推动形成新乡贤助力黔南村治——"党建引领，乡情铸基，制度赋权，内外联动，善治富裕"——的黔南乡村治理现代化探究路径。

三、黔南州新乡贤参与乡村治理现代化的经验启示

（一）新乡贤助力黔南村治需坚持党建引领

新乡贤与乡村治理现代化的核心要义是必须坚持"党建引领"，坚持新乡贤队伍建设"听党话""感党恩""跟党走"的"政治标准"。新乡贤助力黔南村治探索伊始，黔南州就从州级层面印发《关于进一步推进新乡贤助力乡村振兴的实施意见》《黔南州党建引领基层治理推进乡村振兴工作指引》《关于做好 2023 年全面推进乡村振兴重点工作的实施意见》，自上而下建立州级统筹、县（市）负责、乡镇（街道）主抓、村（社区）落实的党建引领工作体系。其中提出"深入推广组织带动、书记带领、党员带头'三带'做法"。黔南州三都县《中共三都县委办公室 三都县人民政府办公室关于印发〈关于凝聚乡贤力量巩固脱贫攻坚成效助推乡村振兴的实施意见〉的通知》中明确指出"坚持'党委领导、政府支持、社团运作、助推发展'的原则"。

在基层治理探索过程中，中共贵定县委、贵定县人民政府印发了《进一步加强社会治理网格党小组建设的实施意见》，明确指出"充分发挥党小组在社会治理服务网格中的堡垒作用""党员在服务网格化、基层治理中的模范带头作用"。例如，在推动基层网格"多网合一"，共建共享协同治理过程中，党建引领，以"一中心一张网十联户"为抓手，划分千余个村寨网格、配备千余个网格员，做实"党小组+网格员+联户长"的网格治理"铁三角"，积极构建"村党组织+寨（组、社）管委+新乡贤会（寨老会）+十联户"的基层治理模式，党建引领"有事好商量"的组寨议事机制，组建寨（组、社）管委会等

自治组织，充分发挥乡贤寨老参与基层治理作用。

（二）新乡贤助力黔南村治需以"乡情铸基"

新乡贤作为乡村社会的精英群体，其身上附着的经济资源、技术能力市场渠道、社会关系、道德引领示范能力对于乡村社会而言，兼顾了乡村社会的治理资源和组织资源，如黔南州平塘县克度镇前进村安纳组的新乡贤创立了"恩德基金会"，由新乡贤每年捐资不断扩大基金，专门奖励本村品学兼优的孩子，用于资助家庭贫困的孩子。截至 2023 年 6 月该基金总额已近 15 万元，获得该基金奖励的人员已达 60 余人，共计 10 余万元。荔波县利用新乡贤示范点"瑶陶工艺坊"，定期举办公益性培训班，先后对 260 多名瑶族学生进行陶瓷手工艺培训，有效发挥了示范带动作用。州委统战部打造了"基层统战　爱心助学"品牌，2021 年动员了 2000 多名新乡贤参与捐资助学，筹措资金 380 余万元，资助了 9600 多名农村学子。黔南村治深挖乡情纽带，以亲缘、学缘、地缘等情感因素铸牢乡村社会治理基础，用活乡村社会的亲缘关系、师生学缘、故土乡情等柔性治理资源，不断扩大新乡贤群体，铸牢村治基础。

（三）新乡贤助力黔南村治需进一步探索"制度赋权"

新乡贤助力村治，是传统文化资源治理要素的释放。而传统文化资源治理要素总是辩证的，更需要制度赋权和规约。首先，州、县（市）、乡镇（街道）各级党委、政府出台新乡贤相关文件、方案，释放基层新乡贤活力，丰富乡村治理动力、资源、产业等各类要素。如中共黔南州委、黔南州人民政府印发《黔南州关于推进新乡贤助力乡村振兴实施意见》《关于规范村级权力事项运行的若干措施（试行）》《关于健全村集体利益分配激励机制的指导意见（试行）》，这些制度是在深化改革探索的基础上通过文件方式印发、规范、激励黔南州新乡贤群体干事创业的行为、动力，并成立党委、政府有关部门组成的黔南州关于推进新乡贤助力乡村振兴工作领导小组。贵定县也印发《贵定县选派到村寨担任乡村振兴"特派员"新乡贤干部管理办法（试行）》。全州十二县（市）成立了领导机构，制定了相关措施，形成了部门、县市联动的新乡贤工作格局；各县（市）建立工作报告、督查暗访、谈心谈话、选树典型等制度机制。

（四）新乡贤助力黔南村治需"内外联动"激活乡村治理资源

一是"在地新乡贤"与治理服务主体之间内在的"内外联动"，打通新乡贤参与服务乡村治理渠道。如黔南州独山县在 2022 年春节前后的疫情防护工作中，在基层充分利用"新乡贤会"积极传递抗击疫情正能量，助力疫情防控，为乡村振兴营造稳定环境，"新乡贤"潘文春、刘子江、杨启付、莫远胜等积极为政府捐赠防疫物资共计 3 万余元，起到了示范带动作用；各镇"乡贤会"成员配合公安、医护人员、基层干部在一线执勤疫情防控卡点，对过往车辆、行人进行登记、测温、扫码，配合村（居）工作人员入户登记，为全县的人民群众建立起一道安全屏障。二是在地新乡贤、治理服务主体与在外新乡贤之间的内外联动。通过互联网、即时通信软件 QQ 群、微信群等新媒体紧密联系，进一步扩大新乡贤群体服务参与治理的程度，广纳治理良策，培育基层民主。

（五）新乡贤助力黔南村治需坚持"善治富裕"一体推进

一是制度先行，以良法引领善治。在新乡贤助力黔南州贵定县的村治探索中，出台了《黔南州关于推进新乡贤助力乡村振兴实施意见》《关于规范村级权力事项运行的若干措施（试行）》《关于健全村集体利益分配激励机制的指导意见（试行）》《贵定县"一中心一张网十联户"治理网格工作制度》《进一步加强社会治理网格党小组建设的实施意见》等系列文件，理顺了工作机制，为治理工作提供了制度依据。二是以乡村振兴为契机，推动产业、人才、文化、组织、生态等方面振兴，发展乡村生产力，扩大乡村共同富裕群体，做大乡村富裕同心圆，在"人民为中心"的治理观上实现良法善治与共同富裕一体推进。

"新乡贤"与乡村治理现代黔南探索，本质上是对传统中国治理资源——乡贤的一次再挖掘和实践探索，同样也是马克思主义与中华优秀传统文化在新时代的新结合。深入发掘"新乡贤"这个传统—现代的治理资源，并以"乡情"为铸基，坚持党建引领、制度赋权、村治主体资源内外联动，实现乡村"共同富裕"与"良法善治"一体推进、互为表里。

作者信息：

王　伟　黔南州社科联研究所副所长

王友俊　铜仁市第三十三小学高级教师

姜洁宇　荔波县人力资源和社会保障局工作人员

张贵群　铜仁市第二十一小学一级教师

赓续家风促振兴的乡村治理
实践经验研究
——以雷山县乌瓦村为例

扶贫先扶志，振兴先振心。《国务院关于支持贵州在新时代西部大开发上闯新路的意见》赋予了贵州建设巩固拓展脱贫攻坚成果样板区的战略定位，提出了明确要求。迈向新征程，进一步巩固拓展脱贫攻坚成果，激发内生动力，接续推进乡村全面振兴的强大势能尤为必要且十分迫切。雷山县乌瓦村作为已脱贫的原深度贫困村，认真贯彻落实习近平总书记关于注重家庭家教家风建设的重要论述，依托"苗家的好书记"余金才的家风事迹，强化精神引领，通过"五心"（决心、信心、细心、民心、初心）实践，在育人才、兴产业、利生态、创和美、促振兴方面发挥积极作用，在中国式现代化的贵州实践中树立了村级样本。

一、雷山县乌瓦村家风实践背景及概况

（一）实践背景

习近平总书记十分注重家庭家教家风建设，作出了一系列重要论述。2021 年 3 月，《习近平关于注重家庭家教家风建设论述摘编》出版，为推进新时代家庭家教家风建设提供了根本遵循。作为贵州省原

9000 个贫困村之一的乌瓦村，立足基础弱、底子薄、潜力大的实际，赓续传承优良家风，依托老县委书记余金才、驻村第一书记余秀文"一个家庭、两代人"坚守初心、践行使命、廉洁自律，一心为党为民，甘于奉献，直至生命最后一刻的优良家风，强化精神引领，打造教育基地，激发村民群众的内生动力，有效提升了村级综合治理效能。

（二）村情概况

乌瓦，苗语意寓天上之水，位于贵州省雷山县西北部，距郎德镇 12 千米、雷山县城 27 千米、州府凯里市 32 千米，处于州府 1 小时经济圈范围。总面积 5.2 平方千米，平均海拔约 1000 米，有 6 个小组 152 户 580 人。乌瓦村立足"三多三少两滞后"（人多地少、山多田少、坡多平少，基础设施滞后、产业发展滞后）的具体实际，在党委、政府的指导和帮扶单位的支持下，苦干实干，实现脱贫摘帽。

乌瓦村重视家教家风，是远近闻名的家风示范村。该村有一位一生勤勉为公、鞠躬尽瘁、积劳成疾、病逝于工作岗位上的老县委书记余金才，被《人民日报》誉为"苗家的好书记"，是干部群众心中"雷公山下的焦裕禄""草鞋书记"；其子余秀文赓续家风，担任驻村第一书记，一心为民，事必躬亲，任劳任怨，倒在了脱贫攻坚岗位上，是"优秀共产党员"，干部群众的"好儿子""好大哥"。以余金才家风为代表的优良家风，激励和影响了世世代代的乌瓦人。2022 年 9 月，雷山县实施乡村振兴区域规划，将乌瓦村确定为精神引领村，列入全县乡村振兴省级实践教学基地。乌瓦村还入选了第二批中国传统村落名录，荣获黔东南州文明单位等各类表彰及授牌近 60 次。

二、赓续家风，促进乡村治理的做法及成效

2021 年 6 月 30 日，中宣部、中央文明办等七部委联合印发了

《关于进一步加强家庭家教家风建设的实施意见》，贵州省同步出台了实施方案。党中央和贵州省委关于 2023 年乡村振兴工作部署，明确要"注重家庭家教家风建设"，为乌瓦村纵深推进家庭家教家风建设，以"五心"实践赓续传承好家风，巩固成效促进乡村治理提供了支撑。

（一）定决心、育人才

1. 育小：学前教育给力

乌瓦村非常重视学前教育，访谈村民得知，世纪之初，为抢在开学前建成校舍，全村干部群众齐心协力，靠人拉肩扛，3 个月内修通一条长约 600 米、宽约 4 米的陡崖公路——学子路，受到上级部门赞誉。乌瓦村适龄幼儿多，但部分幼儿随父母外出季节性务工，人数不稳定。该村长期坚持教育优先发展，特别是 2021 年实施乡村振兴以来，积极争取资源，完善幼儿园软硬件设施，让适龄幼儿就近入学、平安上学；每逢春季、秋季开学及六一儿童节、教师节等节日，组织蛋糕分享及交流活动，增强师生互动、村校联动，丰富了学前教育实践，让孩子们在欢乐的环境中苗壮成长。

2. 助考：高考资助用力

党的十八大以来，乌瓦村统筹村籍老乡、帮扶干部、爱心企业及人士等资源，成立助学会，仅驻村工作队、村"两委"从外部争取的资助就超过 7 万元。通过持续开展高考、中考资助，受益学生超过 50 人，极大减轻了学生家庭的经济负担。在发放助学金时，注重仪式教育，通过"鸣锣三敬"仪式，让学生、家长及村民懂得感恩、加倍努力。精神引领和必要的物质支持，影响了一届届学生、一个个家庭，在当地形成了示范，得到了中央媒体的关注点赞。

3. 学鉴：交流学习发力

2021 年以来，乌瓦村自发组织产业带头人赴遵义、毕节、黔南、黔东南 4 个市（州）学习交流种植养殖产业、文化建设工作 30 余次，参加有关单位组织的省内外培训学习考察，有效拓展了村干部和产业带头人的视野，为乡村振兴奠定了基础。

4. 引领：人才格局合力

通过"走出去"和"请进来"联动，构建人才大格局。挖掘本土人才潜能，创新开展乡村振兴之产业、人才、文化、生态、组织振兴带头人，民主法治先进个人、民族团结进步先进个人等选树；统筹高校、科研院所、帮扶单位资源，创新开展高级顾问、荣誉村长聘任，在规划、项目、文创、治理等方面建言献策，提供智力支撑，相关实践得到县、镇的肯定和推广。

（二）强信心、兴产业

1. 集体经济支持

围绕家风推动集体经济发展。动员在外发展的养殖产业带头人余秀权（余金才书记的四儿子）回村发展，发挥示范引领作用。村"两委"、驻村工作队与产业带头人共同努力，通过学习考察、技术培训、精细管护、研判分析等，积累养殖技术和经验，厚植产业发展基础，村集体收益显著提升，为乡村治理提供了重要保障。

2. 首位产业支撑

坚持种植养殖、主辅业、长短期"三个结合"，精准分析研判产业发展的重点与路径，以市场化方式推动产销对接取得实效。乌瓦村土鸡品质享誉县内外，奠定了首位产业培育、发展的基础；开展羊肚菌种植试点并取得成功，村集体经济实现树口碑、上规模、延链条和滚动发展，养殖规模、出栏量"双提升"，迈入万羽级，村集体经济收入、首位产业收入实现历史性的"双翻番"。

（三）抓细心、利生态

1. 古树保护示范

乌瓦村核心区有一棵屹立数百年的古檫木，周边农户子女勤奋尚学，通过考公务员考大学、创业经商成功者较多，形成了带动和示范作用。村民群众口耳相传，古檫木居正位、佑苍生，是全村的起源树、护村树、平安树、团结树、励志树、英雄树、人才树、幸福树、感恩树。依托家教家风，通过东西部协作资金和村民群众自筹资金，合力开展古檫树保护；依托历史事实与发展实践，提炼出《古檫记》文宣资料，形成古树保护点。古树经保护后焕发生机活力，枝叶更加浓密。古树保护点成为东西部协作、佛黔协作村企结对村级示范点，乌瓦村生态文明实践集成点，得到州、县相关部门的认可和推广。

2. 生态管护到位

乌瓦村植被及森林覆盖率高，地形地势梯度布局，大山大岭与小河小溪组合分布，加上地理位置相对靠近乌瓦河上游，历史上林木资源保存较好，"一人合抱而抱不全"的古树就有近 20 棵。为此，乌瓦村积极发挥护林员作用，常态化开展绿植绿化、营林护林，生态环境得到有效管护。

3. 生态文明引领

村民形成立碑撰文约定林木保护机制，对村寨近 300 亩集中连片分布的护村生态林进行保护，成为乌瓦人践行"绿水青山就是金山银山"生态文明理念、教育子孙后代爱家爱村、兴家荣村的例证。依托古树保护及生态文明实践，积极整合资源，种植桂花树、月季、蔷薇、爬山虎等，推进村庄庭院美化，一系列措施有效地提升了村民群众的参与感、幸福感，进一步发挥了生态文明实践的引领作用。

（四）合民心、创和美

1. 典型农户示范

挖掘家庭家教家风潜能，引导农户提炼"吾家言"，系统征集家风家训，群众积极主动参与，形成晒家训、亮家风、促实干、创和美的良好氛围。通过农户自荐、村级汇总公示，形成了余金彰的"忠孝立业、耕读传家、自律和善、自强不息"、杨通武的"孝亲敬上、齐家教子、睦邻正理、仁让自强"等典型示范。创新制作家风牌入户上墙，在雷山县乃至黔东南州起到了较好的示范带动作用。家风牌集合了乌瓦村家教家风文化、传统芦笙文化和生态文明实践"三张名片"，以一块小木牌彰显了文化大格局。选树励志典型，如乡村振兴五类带头人、好妈妈、好孩子等；挖掘身边励志故事，如文啊相女士"一拖三"，一心一意将三个子女抚养长大，全力支持子女上高中、考大学；越战老兵杨正权等在各个方面都发挥了示范引领作用。

2. 家风教育集成

依托《人民日报》及省、州媒体关于"苗家的好书记"余金才的报道，访谈亲属，深入老书记工作过的地方，对接共事的同事，系统收集提炼余金才、余秀文的家风事迹，形成《草鞋书记》《红色印记》《打铁要靠本身硬》等40多个故事并配套相关实物，组织家风教育故事展，推动家风集成示范。乌瓦村"余金才故居"先后获得了"雷山县党员家风教育基地""黔东南州烟草系统党员家风教育基地""黔东南州国资系统家风教育基地""中建四局贵州分局家风教育基地"等授牌；树立家风石，增强村民赓续优良家风、爱家兴家的意识；形成"四个定制"，即村干调整、高考助学、上级调研、重大节庆，必到"余金才故居"考察学习交流，让好家风激励身边人。

3. 文明新风倡导

通过小组会、专题座谈、访谈交流等，拉家常、话家风，用家风家训引导村民树立文明新风。通过民主协商，将家教家风条款写入村规民约，营造良好氛围。拓展"家风+"功能，农户入户信息集成收纳盒、干部群众"心连心"第一卡等实践，在县内外具有突出的创新性、引领性和示范性；研究制定家风促振兴指数，推动定性与定量、物质与精神、激励与鞭策"三结合"，引导村民自我管理、自我教育、自我服务和自我监督。文明新风润物无声，村民农业生产器具堆放整齐，公共区域卫生得到根本改观，生态环境持续向好，村庄呈现新气象。

（五）守初心、促振兴

1. 邻里关系和善

乌瓦村老百姓淳朴善良，勤劳敬业，邻里关系和善，未发生刑事案件等情形。农户之间偶有纠纷，通过家庭、村级协调即可解决，在镇、县、州起到了示范作用，获黔东南州民主法治示范村、民族团结进步示范村等荣誉。

2. 敬老爱老和谐

注重用好苗年、妇女节、重阳节等节庆节点，通过入户交流、专题座谈、慰问支持等方式，常态化关心关注关怀老年人、老党员、老村干，把敬老爱老护老、爱村兴村荣村有机结合。"光荣在党50年"纪念章获得者、老村干杨正科等老一辈乌瓦人在乡村振兴中发挥余热，示范引领，激发村民群众不等不靠，活到老、干到老的内生动力。

3. 传统芦笙和美

乌瓦传统芦笙文化有着深厚的家教家风传统，以公善略保等组成的乌瓦高排芦笙队，享有盛誉。据不完全统计，芦笙队参加各类比赛26次荣获第一名。2022年，芦笙队队员通过参赛人均获得收入500元；定期召开芦笙文化座谈会。2023年，村"两委"向38名芦笙文化传承人颁发聘书，这是乌瓦村芦笙文化发展史上的第一次，也是县内外的首次尝试；积极协调资源，努力推动物质上"吃得饱"、文化上"传得好"，以芦笙传家风、创和美。

4. 文旅融合和谐

聚焦家风主题，找准定位、细化措施，强化与全国重点文物保护单位——上郎德村及南猛村等村落联动互动，以差异化、非对称优势和村际联动深度融入乡村振兴示范带。一系列措施让乌瓦村在县内外形成示范引领，开启了周边村落"家风+"模式；省州县相关部门、企事业单位到乌瓦村开展主题党日、廉政教育、共建活动，推动精神引领转化为生产生活的不竭动力；省内外大学生、研究生社会实践，科研院所、田野调查以及直播团队等到乌瓦村开展交流，推动了创新与开放。乌瓦村成为远近闻名的实干村、产业村、振兴村。

5. 精神引领和顺

通过走访高龄老人、寨老口述等提炼《乌瓦人民挖炸弹》《两岸一家亲》《路在脚下》《饮水思源》等家风故事，强化精神引领。从报德村通往"三乌"地区的公路，全长约5.6千米，是乌瓦人在极其艰苦简陋的条件下，自筹经费、投工投劳，通过手工测量设计、分组到户，在农闲时用手推车、钢钎、竹编制品等工具，历时十载修建而成，极大便捷了周边村落。这条路被誉为"团结路""开放路""民心路"，是乌瓦人发扬首创精神的例证、乌瓦人民勤劳智慧的结晶、新时代乌瓦精神的生动写照。"团结进取、开放创新、苦干实干、善作善成"的新时代乌瓦精神，激励着村民爱家爱党爱国、爱村兴村荣村。余炳权、余炳福、余春花、余秀忠等有一技之长的"能人"，在老一辈乌瓦人引领和新时代乌瓦精神的激励下，带着使命返乡担任村干，用行动践行初心，办成了许多难以办成的实事儿和久办不成的大事儿，广大村民在参与中、发展中也得到了实惠。

三、赓续家风，进一步促进乡村治理的建议

贵州建设巩固拓展脱贫攻坚成果样板区，离不开精神引领，更需要发挥群众的主体作用和调动农民的积极性、主动性、创造性。雷山县乌瓦村通过"五心"实践，发挥了基层群众的首创精神，夯实了乡村治理基础，丰富了新时代贵州的精神内涵，形成了贯彻落实习近平总书记关于家庭家教家风建设的村级样本、中国式现代化的贵州实践生动案例。乌瓦村立足"十四五"乃至更长时期的发展需要，坚持贯彻落实习近平总书记关于家庭家教家风建设的重要论述，推动家风教育及成果应用，提升村级治理能力和治理水平，结合乌瓦村"五心"实践，以文化振兴推进乡村治理和全面振兴，需突出"四聚焦、一合力"，进一步支持、推动乌瓦村强化精神引领促振兴，做足、做好、做优精神引领这篇大文章。

1. 聚焦打造集成家庭家教家风教育三大主题的生动案例，更好推进家风建设、应用及示范

余金才、余秀文父子两代人传承"草鞋精神"，一心为党为民，无怨无悔，倒在工作岗位上，在黔东南州、贵州省乃至全国都具有代表性、传承性和示范性。要进一步挖掘潜力，强化精神引领，推进新时代家庭家教家风建设取得新成效。

2. 聚焦打造宣传党领导的民族地区团结进步的生动案例，更好推进家风建设、应用及示范

贵州省是多民族融合省，通过苗家先进人物事迹和接续奋斗实践，有助于深入贯彻落实习近平总书记重要讲话精神、中央民族工作会议精神，铸牢中华民族共同体意识，助力原生态民族文化守正创新，更好地推动新时代党的民族工作高质量发展。

3. 聚焦打造发扬基层首创精神重视基层干部的生动案例，更好推进家风建设、应用及示范

余金才文化程度低，但红色印记深刻，为人勤奋好学，发挥首创精神，是"山旮旯里走出来的焦裕禄式的县委书记"，以此案例可引导脱贫地区群众"听党话、感党恩、跟党走"，激发苦干实干、勤劳致富的动能，杜绝"等靠要"的依赖思想。

4. 聚焦打造物质文明精神文明建设协同互动的生动案例，更好推进家风建设、应用及示范

促进乡村治理、推动乡村振兴，尤其需要文化浸润。要进一步推动宣传、组织、纪检监察、妇联、民宗、农业等相关部门和帮扶单位上下联动、部门协同、形成合力，积极创造条件，加大支持乌瓦村打造家风特色品牌力度，完善"余金才故居"教育基地软硬件设施，争取省级乃至国家部委相关领域授牌，发挥更大、更可持续、更高质量的示范引领作用，在国家治理现代化的贵州实践中进一步丰富家庭家教家风村级实践内涵，不断增强村级治理能力，提升基层综合治理效能，实现乡村物质文明与精神文明协调、文化振兴与产业振兴协同，以文化引领更深层次、更大范围、更持久稳定的乡村振兴。

作者信息：

魏　霞　贵州省社会科学院区域经济研究所研究员

潘　一　贵州省社会科学院区域经济研究所助理研究员

袁　昕　贵州省社会科学院区域经济研究所助理研究员

余炳权　乌瓦村村支书、村主任，雷山县人大代表

贵阳市推进新乡贤回归工程研究
——基于息烽、清镇的调查

中共中央、国务院印发的《乡村振兴战略规划（2018－2022年）》提出要"积极发挥新乡贤作用"。2021年7月，《贵阳贵安关于鼓励实施新乡贤回归工程试点的指导意见》（以下简称《指导意见》）明确指出重点支持清镇市、息烽县开展新乡贤回归工程试点，其余区（县）可选择1~2个乡（镇）开展试点，探索形成贵阳贵安推进乡村人才振兴的经验做法，明确要合理界定新乡贤范围，制定甄选程序与流程，创新搭建服务平台，鼓励支持干部返乡、市民下乡、能人回乡、企业兴乡，通过加强政策引导、落实配套措施、健全规章制度、营造浓厚氛围，在搭建平台、政策支撑、要素供给等关键环节先行先试，促进智力回乡、资金回流、技术回暖、人气回聚。《指导意见》出台两年来，作为试点的息烽、清镇两地实施情况如何？在乡村振兴和乡村治理中取得了哪些成效？存在什么问题和不足？亮点工程、典型案例有哪些？对贵阳市其他地方推进新乡贤回归工程研究的借鉴意义如何？等等，一系列问题都需要本文着重回应。

一、贵阳实施新乡贤回归工程的背景

新乡贤是指爱党爱国爱家乡，遵纪守法、有德才、有成就、有声望，热爱家乡、热心公益、为民办事、群众认可的深受本地民众尊重的人士，能充分反映当代社会贤达良好的道德品质和时代风尚，对当地干部群众具有较大的引导、教育、激励、示范作用。为贯彻落实中央、省委、市委农村工作会议精神，加快推进人才振兴，围绕新乡贤助力乡村振兴，鼓励各区（市、县）结合本地实际，突出党建引领和改革探索，组织开展新乡贤回归工程试点，中共贵阳市委农村工作领导小组办公室制定《指导意见》，加强对新乡贤的思想引领和组织引领，促进乡贤回归，激发乡贤活力，实现巩固拓展脱贫攻坚成果与乡村振兴有效衔接，为贵阳贵安"十四五"期间全面推进乡村振兴探索新路子、创造新模式。

息烽、清镇两地作为新乡贤回归工程试点，在新乡贤回归政策支撑、要素供给等关键环节应做到先行先试，试点任务包括：一是明确新乡贤范围和标准，确定新乡贤甄选程序；二是创新新乡贤服务平台，推进新乡贤人才会聚；三是鼓励支持干部返乡，推进乡村治理现代化；四是鼓励支持市民下乡，实现城乡要素流动；五是鼓励支持能人回乡，发展乡村经济促进农民增收；六是鼓励支持企业兴乡，推动农村综合发展。《指导意见》已出台两年，作为试点的息烽、清镇两地在新乡贤回归工程中取得了一系列成效，也形成了一系列可复制、可借鉴、可推广的经验做法。

二、息烽、清镇新乡贤回归工程的主要做法和初步成效

息烽探索"1+3+N"计划，即建强一个组织，形成县、乡、村三级乡贤会组织体系；健全三个库，即人才库、智慧库和项目库；探索N条路径，即新乡贤参与家乡建设发展的N条路径，为新乡贤的资金、技术、知识、人脉等资源回归和作用发挥搭建平台。同时开展"百名新乡贤助乡村"行动，依托五大平台（产业发展平台、生态引领平台、文明共创平台、乡村治理平台、致富带动平台）推动实施

"产业强乡""和谐安乡""教育兴乡""文明育乡""生态立乡"五项行动，鼓励新乡贤发挥示范引领带动作用。清镇市明确了"组织搭台、乡贤唱戏"的原则，从精准推选新乡贤的源头抓起，完善新乡贤联系、沟通、激励等工作机制，激发新乡贤在民主协商、区域发展、农村自治、生态维护和文化传承等领域的活力，同时推出"金候鸟"新乡贤品牌，在各乡（镇、街道）精心选择2~3个基础条件优、推进成效好、经验亮点足的村作为"金候鸟"示范点，推选表彰一批党建先锋员、文化传播员、产业引领员、诚信慈善员等新乡贤典型。息烽、清镇两地通过创新不同形式的新乡贤回归工程，在助力乡村振兴、促进乡村秩序再生产上取得了一系列成效。

（一）促进乡村公共秩序再生产

整合乡村公共资源的关键在于协调乡村内部资源与乡村外来资源。以息烽县为例，息烽县流长镇鼓励乡贤积极参与到乡村振兴、农村"五治"等工作中来，协助镇党委政府做好群众思想引导、矛盾纠纷化解等基层治理工作，充分发挥了新乡贤在推动基层治理方面的独特优势和作用，形成了全民参与社会治理的共建、共治、共享良好格局。如息烽县流长镇2023年以来共排查化解矛盾纠纷64条，乡贤参与化解25条，参与率达39%，化解率达100%。

（二）引导乡村经济秩序再生产

息烽县充分发挥新乡贤会的组织引领作用，发动会员出资50余万元打造新乡贤农特产贸易中心，注册"雁还乡"（寓意大雁南归，衣锦还乡）品牌，形成产业联盟，截至2023年4月已帮助销售本地农产品90余万元。清镇市精心甄选新乡贤人才，以"乡土、乡情、乡愁"为桥梁，引导新乡贤围绕招商引资、文化发展、创新创业、精准扶贫、乡村治理和社会公益等方面发挥"金候鸟"助推作用。

（三）推动乡村文化秩序再生产

打造"乡贤文化"品牌，展现本土乡贤人才新风采，在乡村文化秩序再生产上取得了一系列的成效，主要包括注重阵地建设，积极打造具有贵阳特色的新乡贤文化阵地，例如息烽县级第一批新乡贤黄丹在"半边天"文化发祥地堡子村附近建成的娘子庄园新乡贤馆，在开展新乡贤文化传播的同时，也为当地百姓搭建了农特产品销售平台，并成立了"新乡贤服务站"。

（四）重视乡村精英再生产

息烽县大力实施"1+3+N"计划，创建聚贤引贤用贤新机制。一是建强新乡贤会组织。拟定乡贤会登记工作流程及要求，截至目前，已发展镇级新乡贤会会员 337 名，较 2021 年新增 60 名。清镇市也下发了《关于印发〈清镇市试点甄选农村新乡贤打造"金候鸟"品牌实施方案〉的通知》，有步骤、有重点、有目标地试点开展"金候鸟"新乡贤工作。聚焦品行好、有威望、有能力、热心公益事业等标准，以村为单位认真组织摸清外出务工返乡人士、国家工作人员、优秀退役军人、致富带富人等乡贤能人，现储备新乡贤共计 1197 名。

三、贵阳实施新乡贤回归工程的经验总结

作为非正式制度的新乡贤的作用主要体现在激活乡村社会政治、经济、文化与自治领域的内生能力，具体表现在协助村务、经济带动、文化认同和自组织规章等实践运作，通过一系列非正式制度运作，实现乡村资源整合与村民再组织；作为正式制度的新乡贤的作用主要体现在体制性组织运作，以建构秩序嵌入乡村，由此实现新乡贤回归的实效，见图 1。

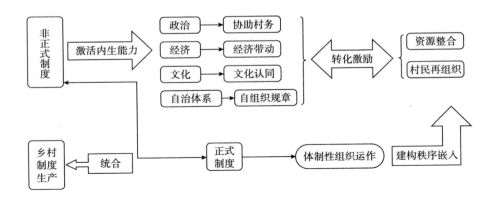

图 1　新乡贤回归示意

（一）协助村务，推动村民自治委员会转型

清镇市坚持"组织搭台、乡贤唱戏"的原则，创新服务载体和工作方式，让新乡贤始终在党的引领下建言献策、开展工作、发挥作用。坚持新乡贤服务团与村级党组织之间"辅"和"主"、"谋"与"断"的定位，不断强化基层党组织的领导核心作用，保障新乡贤回归工程方向明确、服务有力。息烽县以促进乡村治理有效为目标，探索建立"村支两委+新乡贤"乡村治理议事模式，构建基层治理新途径，动员新乡贤利用自身优势和特长，以开阔的思想观念、丰富的学识经验和特有的人脉资源参与乡村治理。

（二）规范引导自治理，激发行动的内生性

新乡贤组织通过制定自治章程规范成员行为，确保成员集体行动的执行力，这是比较常见的自治理形式。以息烽县《息烽县新乡贤会章程》为例，业务范围比较广泛，集中在第 3 章第 10 条，包括助力"产业强乡"、助力"和谐安乡"、助力"教育兴乡"、助力"文明育乡"、助力"生态立乡"等，多为任意性规则（如第 10 条第 7 款"广

泛凝聚各方资源，挖掘弘扬新乡贤文化，以乡情乡愁为纽带，积极引智引才引资"），主要包括乡村互助合作事业、基础设施建设与公共服务、乡村政务服务、乡村公益事业、乡村文化事业等方面。

（三）增强文化认同感，强化乡村共同体意识

新乡贤回归对于重塑乡村文化价值、增强乡村共同体文化认同感至关重要。贵阳市实施新乡贤回归工程，通过弘扬中华优秀传统文化，传承中华民族饮水思源、反哺故土、回报社会的传统美德。清镇市结合农村乡贤自身喜好和文化禀赋，大力提供各类资源支持、资金帮助和指导服务，创办知识传播、精神塑造的阵地，开启农村文化建设的新局面。息烽县精心打造"乡贤文化"品牌，以讲习所、乡贤讲师团等为载体，积极宣传新乡贤文化，在各乡（镇、街道）营造敬乡贤、学乡贤、做乡贤的浓厚氛围，目前，已在养龙司、流长、青山苗族乡3个乡镇设立新乡贤讲习所，累计开展农技推广、创业技能推广等宣讲活动10余期。

（四）创新贷款管理办法，推动新乡贤经济的发展

新乡贤的经济带动作用主要体现在新乡贤经济活力的迸发和资金能力的盘活。为此，息烽县以农村商业银行股份有限公司为牵头单位，出台了《贵州息烽农村商业银行股份有限公司乡贤产业贷贷款管理办法》，向符合条件的乡贤发放用于满足生产经营资金需求的贷款。清镇市也给予新乡贤较大力度的创业扶持权，新乡贤在实施经市级认定的项目时，可以根据其在推动乡村振兴、带动百姓增收致富上的实际效果按国家税收减免政策执行；按照其对当地的贡献度、结合其诚信星级标准享受不同等级的银行贷款利率优惠，但不得低于基准利率；在项目实施过程中享有相关业务优先办理权；结合就业创业资金相关规定给予创业扶持。

（五）体制性组织再运作，实现资源整合和村民再组织

从新乡贤的来源（是否涉及体制内因素）上进行划分，新乡贤的构成包括体制内新乡贤与体制外新乡贤。体制内新乡贤在乡村制度生产中的作用主要表现在正式制度运作中通过体制性组织再运作，实现资源整合和村民再组织。贵州省《面向脱贫攻坚中表现优秀的村干部、大学生村官、第一书记和驻村干部定向招录乡镇公务员》，将在推进脱贫攻坚与乡村振兴中作出突出贡献的体制外新乡贤纳入体制内的举措，息烽、清镇两地积极响应政策，为新乡贤的体制性组织运作提供了制度基础。

四、完善新乡贤回归工程的几点建议

以息烽、清镇为试点的贵阳市新乡贤回归工程取得了一系列成效，也提炼了诸多经验，但仍然存在一些问题，例如，新乡贤主体认定缺乏统一标准，对"新乡贤""新乡贤会员"，乡贤"人才库""智慧库"等新乡贤主体概念，彼此之间的区别、认定标准不明确。[①] 又如，新乡贤回归存在权利义务不对等的现状。当下仍是以提供服务、无偿奉献等义务性功能为主，在实质性权利的分配上仍有不足，相对于物质利益激励而言，在实施新乡贤回归工程中存在精神利益激励不足的问题，等等，下一步应继续完善新乡贤组织运行机制，构建权责明确

---

① 课题组在对清镇市诸多乡镇进行实地走访、调研时发现，很多村民将新乡贤和老乡贤混同，统称"乡贤"。此外，以息烽县第一批新乡贤为例，2021 年 4 月，中共息烽县委、息烽县人民政府授予了息烽县第一批新乡贤称号，王永琼等 9 名同志获得"息烽县第一批新乡贤"称号，息烽县第一批新乡贤涉及产业发展类、社会治理类。也就是说，这 9 人是官方认定的"新乡贤"。然而在新乡贤回归工程中，还有其他种类的"新乡贤"，包括各个乡镇发展的"新乡贤会员"，以上案例共同反映出一个问题：乡贤"人才库"与"智慧库"是否属于"新乡贤"主体范畴，很显然也存在认定标准混同的问题。

的新乡贤治理结构，具体包括以下几点：

一是设置参议机制。新乡贤（会）应当成为介入村级治理的重要力量，要根据各地实际情况，探索不同形式的"村'两委'+新乡贤（会）"等自治范式，新乡贤或新乡贤组织成员可列席村民代表会议或村"两委"相关会议，对于村中重大事项，赋予充分的知情权、表决权、执行权、监督权。在日常运作中，新乡贤组织按照"村事民议、村事民治"的要求，通过民意调查"提"事、征询意见"谋"事、公开透明"亮"事、回访调查"审"事、村民表决"定"事、全程监督"评"事，按照合理的程序参与村级事务的决策与协商，形成一套独特的参议机制，不断迈向规范之治。

二是设置监督机制。通过人员遴选选出具备新乡贤主体资格的成员，可实行岗位目标责任制，以书面或口头形式公开履职承诺，在每年定期召开的成员总结大会上由组织成立专门机构评议成员的履职情况，可将乡镇（街道办事处）综治中心人员纳入评议成员，对不作为或消极履职成员给予警告，严重者由大会宣布撤换，并向所在乡镇（街道办事处）备案。同时，乡镇（街道办事处）有权直接撤销违背党委和政府政策方针和法律的新乡贤组织。对于以发挥经济职能为主的新乡贤组织，可建立健全规范化的财务管理制度，并对资金的运用进行年度（或季度）公示，规范新乡贤创收、捐赠或社会捐赠、捐助的各类资金，接受村两委和村民的审查和监督。

三是挖掘乡贤文化。以新乡贤组织为载体，充分挖掘本土优秀的乡贤文化，从历史文化脉络中寻找新时代新乡贤文化的契合点，激发新乡贤主体的当代社会责任感与使命感，发挥德治引领功能，形成崇德向善的社会风尚，让乡贤文化资源在促进基层（乡村）社会秩序生产中焕发出新的生机与活力。因此，可由新乡贤组织牵头，编写村史、村歌、乡贤故事、善举汇编等，也可设立"功德银行""功德史册""乡贤榜"等不同形式的"道德档案"，将成员的乡村贡献或乡村作为等先进事迹记录下来，作为组织运行中不可或缺的一部分，融入考核评价机制。

　　四是完善其他机制。如决策机制、考核机制、帮扶机制等，根据各地的不同情况选择设置，归根结底是优化新乡贤（组织）治理结构，在一般规则指导下建立和完善组织运行常态，从微观视角切入在自发秩序与建构秩序之间实现新乡贤治理的资源挖掘。通过完善组织运行机制建立权责明确的新乡贤治理结构，以相应的制度和规范整合新乡贤的权力、资本、文化、地方性知识等资源，在很大程度上有利于丰富和创新村民自治、激活乡村社会的秩序生产能力。

作者信息：

尹训洋　贵州财经大学副教授

叶洪刚　息烽县委组织部部务委员

席　月　省纪委监委派驻贵州医科大学纪检组纪检监察员

李蕴硕　贵州交通职业技术学院助教

黔东南州民族乡村双语调解的
实践经验研究

作为民族乡村社会治理的实践探索，双语调解有力地促进了社会秩序的稳定运行。双语调解是民族乡村纠纷调解的常见选择，是为了化解社会矛盾、达到和解和谐的治理目的，以少数民族语言+汉语两种语言进行调解的工作方式。在双语调解过程中，调解人随时可能切换语言，保证调解观点说得清、让人听得懂，且调解结果还能得到当事人的认可。双语调解通常由乡镇综治中心牵头推进，法庭、司法所和其他站所的干部会不同程度地参与调解，包括村干部也是重要的调解力量，必要时，寨老、族老等社会力量也会发挥调解作用，当然，也可能是单一力量参与调解，不论调解群体多与少，前提是必须有人同时懂双语。黔东南州少数民族村寨多、少数民族人口多，双语调解是当地干部参与乡村矛盾调解的基本方法，在工作中打通了"只会一门语言"的调解障碍，也为民族乡村纠纷调解提供了一定的参考经验。为能深入了解民族乡村双语调解的实践行为与经验启示，在此，以黔东南州黄平县、台江县民族乡村双语调解做法为例展开分析。

一、民族乡村双语调解的重要价值

（一）丰富乡村调解方式

调解必须依赖于多元化的手段。乡村矛盾纠纷调解关乎社会的长治久安，在乡村治理现代化进程中，应不断深化、创新调解方式，更好地服务于乡村振兴战略。乡村地区简约式调解、折中式调解、劝和式调解等做法促进了社会秩序的良性运行，实现了化繁为简的治理转向。民族乡村以双语方式开展矛盾调解化解，是区别于其他乡村治理的典型做法，此举不仅可以推动民族乡村在矛盾调解中形成共识，还将丰富乡村协商治理的形式。中共中央办公厅、国务院办公厅印发《关于加强和改进乡村治理的指导意见》明确指出要"丰富村民议事协商形式"，相应地，民族乡村双语调解明显拓展了乡村调解的内涵与形式，顺应了民族地区社会治理的需要。

（二）有效化解民间矛盾纠纷

双语交流可通情理、达人心，是双语调解的基础。民族乡村少数民族语言使用频率高，在传统村落，部分人仍不会说汉语；当事人一方可能不懂少数民族语言，个别调解干部同样如此，在此情况下，纠纷调解不可避免地会使用双语。当好当事人之间的双语"传话筒"，干部能从中了解当事人的真实想法与期待，在应对矛盾纠纷时，双语交流迎合了民族乡村的调解之需，能促进当事人之间达成和解共识，营造良好的共治氛围。此外，部分调解干部既懂少数民族语言又懂汉语，在调解期间坚持看场合、看对象，把握语言分寸与适用情况，注重语言表达的生动性，立足当事人当好中间人，能加快纠纷化解进程，推动社会治理效能的提升。

（三）增强干部与群众的信任关系

干部是民族乡村纠纷调解的关键力量，干部调解必须确保方法能取能用。民族乡村纠纷调解期间，有的干部会直接使用少数民族语言交流，或让懂得双语的干部参与调解，在现场扮演"翻译员"，让当事人感受到干部的关心程度。对于干部而言，如果能用少数民族语言交流，基层社会矛盾调解将变得更加顺畅，因为群众乐于接受这样的交流方式。使用少数民族语言交流可以减少私事的外传，还能表达出"地道风味"，无形中可拉近干群距离。干部参与处理矛盾纠纷时，不排除会宣讲法律法规，或让懂双语的干部转译为少数民族语言，保证群众能听懂也愿听下去，这便是干群互动的切入点，也将巩固双方沟通、信任的基础。加之，有的干部不一定懂少数民族语言，需要借助双语交流来强化感情关系。

二、黔东南州民族乡村双语调解的实践探索

民族乡村积极开展双语调解工作，有效化解了本地矛盾事务。调查发现，民族乡村纠纷调解往往会根据需求情况使用双语调解方法，而且，出现频率比较高，包括鸡毛蒜皮的纠纷调解也不例外。其中，山林纠纷调解、邻里纠纷调解、婚姻纠纷调解和补偿纠纷调解有其代表性，在此，围绕有关做法展开讨论。

（一）双语调解山林纠纷

山林纠纷大多体现为边界纠纷，确切地说，是边界划定不清引发的争议，比如，边界以某棵树为界，双方就会争议树木的归属，或以某块石墩为界，但以石墩的中间、左侧、右侧还是哪个点为界都难免出现争议。调查发现，在台江县排羊乡，曾有两村民组出现过山林纠纷，双方就边界在水沟左右侧各执一词，认为边界应在对方区域内，都指责对方的不是。于此，当地干部参与调解，终以水沟为界。调解时年轻人、老年人都有参与，针对年轻人提出的问题，主要按照法律条款进行调解，也会使用汉语宣讲。同时，使用苗语翻译一遍，让老年人心中有数，并强调"倒水"（排水沟）是分界线，因为老年人不知是何指代，需要用苗语解释缘由及其重要性，指出山林中雨水往哪

里流，哪里就划为边界，经过双语调解大家明白并认可了新边界，调解得以顺利结束。可见，双语调解不仅架起了沟通的桥梁，而且促成了社会矛盾的化解。

（二）双语调解邻里纠纷

邻里关系面临不同因素的困扰，如有人因屋基占地起争议、有人因喝酒闹事起争议、有人因双方积怨起争议……调查发现，台江县九摆村同样面临有关问题，经过开展"苗语+汉语""苗歌普法"等活动，借助社会力量的参与优势，组织编写苗汉双语歌词，推动调解队在议事长廊、村委会等地开展法治宣传教育。其间，歌师用苗歌劝导、调解员用双语劝导，缓解了群众之间的矛盾纠纷。近年来，苗歌调解已成为有效的实践方式，其中，本地编写的关于《邻里要和谐》的歌曲就有这样的歌词（原文本为双语）："俗话说得好，远亲不如近邻，邻里要和谐，社会才稳定。民法典说了，相邻关系中，必须尊崇……莫要去争吵，坚持和睦友善，互利共赢，相互为对方着想，做团结友爱的大家庭"，传递了向善行善的正能量。目前，台江县已将苗歌普法活动在全县推广，其他乡镇以此开展调解工作，同样取得了较好的成效。为了强化社会治理效果，全县还举办了2023年普法苗歌系列活动，进一步推动了文明新风的构建。

（三）双语调解婚姻纠纷

在夫妻关系中，有的因性格不合难以维系，有的因对方不持家（如赌博）不愿维系。当然，还有的与深层的复杂问题有关。调查获知，黄平县一镇某女士与外市某男士双方已举办婚礼但并未领结婚证，其后，男士因个人行为问题受到处罚。接下来的一段时间，女士私下与其他异性朋友交往，很快发展为男女朋友关系，甚至到了谈婚论嫁的地步。男士知道有关情况后，找到女士家中讨要说法，直言要要回

3万元彩礼（当初彩礼为6.6万元）。刚开始，女士及其家人表示分文不给，男士认为双方关系没法延续，应返还一定的彩礼费。女士一方系少数民族（苗族），其家人难以用汉语沟通，男士只能与女士保持沟通，沟通效果不理想。本地干部调解期间用苗语+汉语，指出虽然婚姻无法维系，男士付出不少，应设身处地为其想一想，男士提出的要求并不高，且女士改变选择在先。同时，尽可能做男士的工作，指出双方感情无法维系，让其宽心并降低返还费用标准。经过一番调解，双方终以返还2万元达成和解意见。用双语进行调解，能让交流变得更加顺畅，最关键的是，解决了矛盾纠纷。

（四）双语调解补偿纠纷

如前所述，如果当事人之间有一方系外地人，纠纷调解就需要使用双语。调查发现，本地人与外地人之间曾出现过补偿纠纷。多年前，镇远县到台江县交界处（台江县内段）拓修公路，施工方占地超出支付期限后，仍未向群众支付补偿款，工程接近尾期时，群众让施工方付款且不支付就不让动工，双方因此产生矛盾。调解发现，施工占用田土、砂（石）场、山林都有补偿，此前已派多方参与丈量了占地面积。施工方拿出账目清单，指出相关经费已投到项目上。干部既要为老百姓着想，又要推动复工，施工方为外地人，群众又都是苗族人。为增加亲近感，当地政府让懂苗语的干部与群众打交道，群众也乐于用苗语沟通，增加了亲切感。干部用苗语解释修路造福于众，施工方也面临发展难题，试着让群众支持项目，争取让施工方尽早兑现补偿款。同时，积极向施工方做工作，希望对方想办法化解困难，向老百姓补偿费用，最终，根据调解意见，双方均认可了调解补偿方式，施工方很快支付了补偿款。部分本地人无法用汉语交流，外地人不懂苗语，选用双语进行调解，补偿纠纷随之化解。

三、黔东南州民族乡村双语调解的经验启示

（一）推动民族乡村双语调解工作必须加强党的领导

领导干部以党的民族政策为指引，深入群众开展民族工作，参与民族乡村群众纠纷调解，采用双语讲党章、讲国法、讲道理，讲出了实效。干部深入群众中，用群众想听、能听懂的语言宣讲党的指导思想，强化语言表达方式，劝导群众从大局出发、为他人着想，奋力参与和美乡村建设，确保民族乡村社会治理有方有力有效。结果表明，干部调解与引导推动了社会秩序的稳定运行，并在双语调解中深化了党的民族工作。讲双语促和解，更要推动理论宣讲，新时代领导干部必须以过硬的政治本领，参与民族乡村双语调解工作，以党建引领推动建立民族乡村社会治理同心圆。

（二）组建调解队伍是民族乡村双语调解的重要支撑

双语调解队伍是民族乡村纠纷调解的支撑力量。民族乡村为便于开展调解工作，结合调整工作开展之需，组建了一支社会治理双语人才队伍，推动社会治理实现就地取"才"用"才"。虽然民族乡村内部交流语言多为少数民族语言，但在利害或纠纷面前，或多或少都会运用双语，在此期间，干部紧紧围绕治理之需，吸纳寨老、理老、歌师等群体参与，包括双语普法志愿者队伍的培育，都是乡村双语调解队伍的组成群体，他们的参与壮大了民族乡村纠纷调解的力量，并在纠纷调解中发挥了主力作用。如果双语调解人员不足，或调解人员不懂少数民族语言，就难以保证调解效果。当然，要确保民族乡村纠纷调解的有效转向，必先建强双语调解队伍，不然，双语调解就会受到人手不足的困扰。

（三）民族乡村双语调解机制创新是对一线工作法的深度延伸

在一线工作中要用好一线工作法，更好地探索创新一线工作法，民族乡村调解工作离不开特色性的塑造。比如，台江县九摆村以苗族飞歌等文化为底色，策划举办苗歌调解、苗歌普法活动，推动建立移动调解庭，以此激发群众学歌唱歌、学舞跳舞、学法用法，奏响了乡村普法教育的新乐曲。尤其立足法治内容的转译与宣传，在乡村地区为群众开设了生动的法治宣讲课，夯实了乡风文明、法治乡村建设的基础。双语调解属于一线工作法，双语调解并非一成不变，基于苗语+汉语的苗歌双语调解方法，是对一线工作法的创新探索。由此可见，民族乡村可从民族民俗文化层面，深度延伸一线工作法，创新或深化一线工作法，如在刺绣、戏曲、民歌中融入治理元素，以喜闻乐见的方式促进善治理念入耳入心入行，打造民族乡村社会治理的亮点。

（四）语感代入已成为民族乡村双语调解的发力点

通过使用双语能让彼此在沟通中形成共识。调研发现，多地都曾举例说明"三尺巷"的故事，引导群众和睦相处，相互之间不必斤斤计较，而应弘扬"和为贵"的社会理念。在调解工作中，干部结合群众的真实想法，使调解结果"来得去得"，甚至用"退一步海阔天空"之语句来讲通道理。很多干部参与调解期间，首先情系民心，赢得对方信任后再打开"话匣子"，否则，对方可能不服从调解行为。调解时没必要一开始就强调谁对谁错，彼此或许都不服气，必要时可与其称兄道弟，再剖析各自行为的是与非，工作做通了怨气也就散了。习俗是乡村治理的影响因素，调解期间不仅要用好双语调解工具，还要了解当地的民族习俗，做到以语服人、以理服人，调解当传递团结强音。

四、面向民族乡村深化（推广）双语调解工作的建议

（一）坚持党对民族团结进步事业的领导

坚持以党的指导思想为引领，强化双语人才政治素养，提升双语调解人才的工作技能。持续引导群众团结奋斗，以双语调解来求解最大公约数，打造共建共治共享的社会治理新格局，进一步铸牢中华民族共同体意识。双语调解是民族乡村纠纷调解的常见选择，运用双语开展民族乡村纠纷调解工作，不仅要求干部能说能干，更要把党的领导贯穿全过程。在双语调解中唱响和谐主旋律，干部必须把党的指导思想宣讲到位、把群众工作开展到位、把调解方式运用到位；必须坚持党对民族工作的全面领导，着力提升民族工作能力和水平。在应对民族乡村矛盾纠纷时，深入运用双语调解方式，促进民族大团结，推动党的民族工作高质量发展。

（二）挖掘民族乡村双语调解人才活力

双语调解离不开双语人才的参与，开展民族乡村双语调解工作必须保障有人同时懂双语。民族乡村需大力开发双语人才资源，既要赋能乡村人才振兴，又要盘活双语人才资源，以便在团结互助、互帮互爱中扮演"和事佬"的角色。开展双语调解技能培训，重点培养一批民族乡村法律明白人，为和美乡村建设提供人才保障。优化双语调解方法，促进工作经验丰富的干部、志愿者等群体发挥传帮带作用。深度支持民族团结进步示范区示范单位创建，支持推选表彰双语调解人员，激发其参与社会治理的活力。推动双语调解人才深入群众开展讲解、调解、和解工作，宣传分享双语调解经验，真正为民办事、为民解忧。加大对双语调解人才的引导力度，促进双语人才解疑答难劝和，当好群众的贴心人。

（三） 创新民族乡村双语调解工作方式

双语调解既要突出双语调解的治理效能，也要拓展双语调解的场景与覆盖面。调查发现，苗族乡村借助双语调解活动还实现了业务的拓展，创新了苗歌调解等做法。民族乡村双语调解工作有其不易之处，于此，表达"接地气"的语词就很重要，这很容易增强调解结果的认同感。考虑搭建双语议事长廊或调解室，优化双语调解工作机制，开展民族乡村趣味文娱活动，提升群众在集体活动中的参与激情，聚心关注乡村公共事务。深入挖掘传统文化资源，运用双语讲好社会治理的典型故事，推动民族乡村干部群众有学有用、能学能用。聚焦民族乡村议事组织的构建，深化双语调解工作机制，为调解工作创造良好的条件。

（四） 提升民族乡村干部双语调解能力

民族乡村不仅要强调双语调解方法的运用，也要强调双语调解能力的提升。如果沟通不到位，或表达有分歧，都将影响调解的结果。基层干部需要站在人民的立场，以双语调解为突破口，讲出群众想听愿听的知心话。作为调解人要用好双语调解优势，用通俗易懂的话语阐明道理，围绕干群连心联欢活动，加强干部与少数民族的沟通与互动，在调解中用真诚的语言打动人、感染人、说服人。乡村组织编写更多的好歌词、好说词、好剧本，以歌曲、快板、小品、舞蹈等形式融入纠纷调解，避免双语调解形式化、概念化。干部要开展大调研大走访，熟悉民族乡村工作情况，练就一线工作真本领。根据工作需要，开展民族干部工作技能培训，交流民族干部一线工作经验，将双语调解经验转化为民族乡村调解工作的参考之方。

作者信息：

何永松　贵州财经大学公共管理学院副教授

农村党组织书记培养使用机制创新实践研究

——以习水县温水镇为例

习近平总书记指出，农村基层党组织是党在农村全部工作和战斗力的基础。实现乡村振兴，关键在党，关键在发挥农村基层党组织书记（以下简称村支书）的作用。村支书是农村各项方针、政策的宣传者和执行者，又是农村各项工作的领导者和组织者，是党密切联系群众的桥梁和纽带，对实现乡村振兴起着至关重要的作用。加强村支书队伍建设，是当前农村基层干部队伍建设的重中之重，是推进农村基层组织建设改革创新的首要任务。贵州农村要实现乡村振兴，为中华民族伟大复兴贡献贵州力量，必须有大批带领群众发展能力强的村支书，发挥先锋模范和领导作用，带领农村群众共同致富。调研发现，习水县温水镇党委通过"抓好'领头雁'，促堵点难点破解""抓好能力提升，促'领飞'群众本领增强""抓好监督执纪，促政治生态风清气正""抓好待遇保障落实，促活力激发"等举措创新村支书管理，培育了一批有思想、有能力、有经验的村支书队伍，形成了"头雁领群雁高飞"的新气象，为温水镇乡村振兴注入了新活力。

一、温水镇创新农村党组织书记培养使用机制的背景

温水镇隶属贵州省习水县，位于习水县东部黔渝交界处。全镇辖

12 个村，3 个社区，52321 人。课题组在温水镇 12 个行政村调研期间，通过与广大的党员干部和群众交流座谈，包括与部分有代表性的村支书的交流，发现在实施村党支部书记能力提升工程之前，温水镇村支书队伍存在以下几方面的问题。

一是选拔机制不健全。首先选择面过于狭窄，难以选出带领群众发展的村支书。大量年轻人通过读书、参军、打工、经商等方式外出，长期留守在村里的多是妇女、儿童和老人。具备村支书候选资格的人员少，选出来的人带领群众发展的能力也不强。其次是缺乏系统的后备力量培育规划，村支书青黄不接。温水镇各村党支部虽然配备了后备干部，但基本都是重使用轻培养，未制定后备力量发展规划，甚至有极少数村支书担心后备力量成长起来会影响自己连任，几乎不重视后备干部培养。

二是破解发展本领不足。首先是缺少带领群众一起发展的本领。部分村支书党龄长，党性修养高，有要为群众干事创业的抱负，但由于视野不宽，文化层次低，发展经济能力弱，难以带头致富，也不能带领村民群众共同致富。其次是个别村支书存在躺平现象。个别村支书年龄偏大，安于现状，缺乏上进心、责任心和敢闯敢干的拼劲。镇党委政府直接安排的工作，就看一看、干一干，不主动向上面争取政策和项目，等着上面下派项目、资金。

三是培训针对性不强。首先是培训不够精准。温水镇的培训没有从村支书的年龄结构、文化层次、产业发展、维护稳定、党的建设等方面分类细化，没有按不同类别制定相关培训措施。其次是授课内容不接地气。安排培训方式时主要以讲授式为主，理论说教多，实践操作少，对村支书在乡村振兴、产业发展、社会治理等实践方面"怎么干、干什么"的能力提升效果不明显。

四是监督效能发挥不充分。首先是多头分管，监督职责分散。组织部门对村支书负责的党建、党员等工作进行监管，纪委监委部门对村支书的党纪政纪进行监管，民生部门在工作领域中也对村支书进行管理。多部门围绕自己工作的监管，实质是监督弱化。其次是微腐败现象依然存在。大量的扶贫项目和资金下放到农村，由于监管不够严厉，依然存在村支书微腐败现象。自党的十八大以来，温水镇有三个村的村支书被处理，2012年大水村原党支部书记杨贞龙等虚报种羊养殖情况骗取国家资金2.24万元，2013年典足村村支书余洪其违规发放津补贴1.474万元，2017年罗汉村原党支部书记刘焕文违规发放津补贴1.2万元。

二、温水镇创新农村党组织书记培养使用机制的实践探索

温水镇从创新村支书选拔任用、教育培养、考核管理和激励保障四个机制入手，打造了一支守信念、讲奉献、有本领、重品行的村支书队伍，为新农村建设提供了有力的队伍保障。这为乡村振兴背景下探索村支书培养使用创新机制提供了如下几点启示。

（一）抓好"领头雁"人选，促堵点难点破解

选综合素质最强的村支书，温水镇严格贯彻落实党中央、省、市和县关于基层党组织带头人队伍建设的部署和要求，大力培养选拔有热情、有能力、有品德、有公心的人担任支部书记。严格按照《习水县村级干部管理办法（试行）》的要求，深入研究村支书成长的规律和特点，在突出政治标准的基础上，注重从农村致富能手、产业发展带头人、复员退伍军人、返乡务工人员、个体工商户、乡村教师、乡村医生、大专及以上毕业生、专业合作社负责人、非公企业、社会工作者等群体中选拔带富能力强、协调能力强和公道正派、廉洁自律、热心为群众服务的优秀党员担任村支部书记。如目里村党支部书记吴

小军是退伍军人，曾经外出做过工人、企业高管、工程老板等工作，怀揣着对家乡的热爱和情怀，回乡发展"黔北麻羊"。被选为村支书后，他带领群众发展麻羊养殖产业，全村种养殖业实现年总产值 4000 万元，辐射带动周边 7 个乡镇 860 多户养殖户稳定增收。同时，村集体经济实现 0~100 万元的跨越式发展，村支"两委"的实干实绩获得了群众的点赞。加强后备队伍建设，坚持"着眼长远、培养可用"原则，盘清家底，靶向引才，精准选择回乡大学生、返乡技术人才、致富带头人、退伍军人作为培养对象，建立"一人一档"，纳入后备干部进行管理和培养，积蓄人才"源头活水"。全镇现有储备 30 岁以下后备力量 86 名、50 岁以下退伍军人 47 名、致富带头人 74 名、农村有为青年 147 名、种植养殖能手 98 名。

（二）抓好能力提升，促"领飞"群众本领增强

一是强化理论学习，提升政治能力。依托习水县、温水镇两级党校，分批次对村支书进行提升村履职能力和综合素质培训，突出政治培训主线，把习近平新时代中国特色社会主义思想和《中国共产党农村基层工作条例》《中国共产党章程》等作为主要课程，全面提升村支书的政治能力和政治担当。

二是促进理论与实践融合，增强带领群众发展能力。聚焦综合能力提升，把现代化农业、乡村振兴、生态文明、基层治理、基层党组织、市场营销作为培训的主要课程，邀请省、市、县知名专家或职能部门的领导结合温水镇的实际情况进行专题讲授，全面提升村支书处理各方面事务的能力，尤其是产业发展的能力。大水村通过盘活村集体闲置资源，利用老办公楼租赁招商项目，成功建立长久的发展机制。通过 600 亩油菜示范育苗项目的实施，以育苗经费和劳务费用的方式，油菜项目实现营业收入 10 余万元。梨园村以项目推动村的发展，积极向上面争取项目，600 多万元的土地整治项目落地梨园，坝区机耕道、

水堰、河道得到治理，多条机耕道硬化，彻底改变了梨园坝区和邻近区域的生产生活环境。沙坝村重点发展了"方竹笋"和"冬荪"两大主产业，形成了特色产业，2022年集体经济经营性收入达20万元。

三是创新学习的形式，激发干事创业活力。

1. 开展现场讲解学

依托村级指挥中心、习水金泓种植农民专业合作社养猪场实训基地、金泓种植农民专业合作社麻羊养殖和温水镇目里村麻羊加工厂实训基地，每季度定期组织村支书学习种植养殖技术，由"双培养"导师现场教学，分享自身创业经验，拓宽学员的创新思维和市场意识。

2. 开展线上培训学

充分利用好中国石油定点帮扶和对口支援县乡村振兴培训线上课程，组织村支书选择适用课程进行学习，不断提高种养殖技术。

3. 帮带实践学

建立镇领导干部"一对一"结对培养机制，制定个性化培养方案，定期与"双培养"人才开展谈心谈话，对结对培养对象开展政策宣传、产业规划和技术指导。

4. 开展互学互比擂台赛

根据《贵州省抓党建促乡村振兴行动方案》文件的有关要求，温水镇季度开展村支书"擂台赛"，形成了"解放思想、对标先进、改革创新、奋发有为"的浓厚氛围。各村支书围绕基层党建、发展壮大集体经济、乡村治理、人才培养、美丽乡村等工作的开展情况依次上台述职打擂。"擂台赛"现场对排名前列的村书记进行表彰，排名靠后的责令村支书、乡镇驻点领导现场表态，传递了工作压力，形成了月月有评比、村村有竞赛、人人有激情的创先争优氛围，村支书的工作积极性被充分调动，进取意识明显增强。典足村在试点开展"述职评议"活动之初，各项工作的综合考评排名在全镇倒数，后来经过镇党委约谈指导后，村书记认识到了工作中存在的问题，迅速转变工作方式，组织召开整改会议，明确任务分工，强化工作督办，经过一个月的整改提升后，季度考评持续稳定在全镇第一方阵。

（三）抓好监督执纪，促政治生态风清气正

一是开出"小微权力"清单，划定权力界限。梳理和完善重大决策、阳光村务、村级财务管理、村集体资金和资产管理、村级建设项目管理、农村宅基地审批等村级事务工作流程，健全"一肩挑"后"四议两公开"等权力运行流程图，切实把"小微权力"关进制度"笼子"。村支书的权力都在划定的边界内，边界之外无权力。权力清单规范了村支书的行为和用权的依据，同时群众根据清单行使监督权，大幅提升了干群关系。

二是构建多维监督体系，把权力关进笼子。镇党委发挥监督主导作用。除了常规监督外，还要注重日常监督，综合运用走访调研、谈心谈话等方式推动监督下沉，防微杜渐。积极探索新的村级监督方式，对集体"三资"达到一定规模的村支书持续开展提级监督。村"两委"发挥监督主体作用。实行村"两委"相互监督、村监委专职监督、第一书记驻村监督、党员群众广泛监督"四位一体"，鼓励各村选聘离退休老干部、两代表一委员、乡贤、村民代表等，共同参与监督，筑牢权力运行的"防火墙"。

三是织密管理制度网，全方位规范管理。严格贯彻落实县委制定出台的《习水县村党组织履职清单》《习水县村党支部"三会一课"任务清单》《习水县村级"四议两公开"任务清单》《习水县村党组织建设"三联三助"责任清单》《关于规范"一肩挑"后村级组织运行监督管理机制的实施意见》《习水县村级干部管理办法（试行）》《习水县村级党组织政治体检办法（试行）》等文件，结合温水镇实际情况，规范村支书坐班制、轮流值班制、请销假、公章使用、村财镇

管等制度；建立"三会一课""三务"（村级党务、村务、财务）公开、"三资"（资金、资产、资源）管理签阅等制度；完善财务联审联签制度，每月开展一次"清账行动"，杜绝"糊涂账""人情账"。从顶层设计上，进一步加强村支书权力运行监督管理，推动村支书规范运行权力。

（四）抓好待遇保障落实，促活力激发

一是提高岗位报酬待遇，让村支书经济上有保障。温水镇多措并举调动和激发了村党组织第一书记们的工作热情，严格按照省委组织部、省财政厅联合印发关于建立正常增长机制进一步加强村级组织运转经费保障工作的通知，落实"345"① 保障底线，提升村干部岗位的吸引力，吸引更多热爱农村的优秀人才投身到农村事业中来。同时，习水县还出台了《习水县村（社区）"两委"干部享受乡镇副科级干部经济待遇进退机制》，获得党和国家功勋荣誉表彰项目内 1 次市级以上或连续 2 次县级表彰的村（社区）支书，按照乡镇副科级干部工资标准享受每月待遇报酬和公务员工资标准调整。全镇已有 3 名村支书享受这一待遇。

二是优化工作软环境，给村支书更多成长空间。温水镇严格"一肩挑"正职干部参会制度，除省、市、县召开会议明确"一肩挑"正职干部参会和镇党委书记亲自召集会议外，镇委班子其他同志召集会议，由村分管负责同志参会，尽量少开会、开短会。村支书因外出学习、培训和参加会议等未在村期间，由村（社区）党组织副书记代管村（社区）日常工作事务，确保村（社区）工作正常运转。

---

① 村党支部书记的基本报酬按不低于所在县区上年度农民人均可支配收入的 3 倍，且年收入不低于 4 万元，村支书主任一肩挑的年收入不低于 5 万元。

三、温水镇创新农村党组织书记培养使用机制的启示

温水镇从创新村支书选拔任用、教育培养、考核管理和激励保障四个机制入手，打造了一支守信念、讲奉献、有本领、重品行的村支书队伍，为农村高质量发展提供了有力的队伍保障。这为乡村振兴背景下探索村支书培养使用创新机制提供了如下几点启示：

一是高度认识村支书培养的重要性。党中央和省委省政府的决策部署落地，关键看村党支部战斗堡垒作用的发挥。村支书是村级党组织的带头人，是支部作用发挥的关键。从温水镇脱贫攻坚成果巩固、产业发展和乡村治理的工作来看，村支书发展能力的强弱直接关系到该村的工作完成质量和成效。实现乡村振兴，必须高度重视对村支书发展能力的培养，发挥"领头雁"作用，带领村干部和人民群众共同发展致富。

二是全面提升村支书队伍整体素质。乡村振兴，对村支书带领群众发展的能力提出了更高的要求，各级党委要加大对村支书实用领域知识技能的培训教育力度，提高他们谋划和领导本村发展的能力和综合素质。按照"干什么学什么，缺什么补什么"的要求制定培训内容，除了根据形势的发展、上级的要求和村支书的思想实际，以及党性教育和其他政治学习外。重点应有针对性地组织村支书多学习一些有实用价值的知识与技能，力求培训内容供需对路。

三是构建科学的村支书履责考评体系。构建以乡村振兴和高质量发展为中心的考核评价体系，让村支书履职有方向、有目标、有责任。根据农村工作实际情况，建立一套"述职评议"的日常考核机制，使村支书职责更明确、要求更严格、管理更规范、奖惩更科学，激发队伍的整体活力。

四是为村支书营造良好的成长氛围。在政治上，对于工作能力突出、表现优秀、被群众认可的村支书，通过组织部门的考察，每年给予一定名额，通过选拔录用、定向招聘等方式，进入事业编和公务员序列。在经济上，稳步提升村干部的工资绩效，根据任职时间、工作实绩等指标，对成绩突出的村干部薪资适当给予增补，形成留得住、待得长、干得好的干事创业氛围。在精神上，将村级集体经济年经营性收入纳入村支书的考评指标，实行特岗管理，优先推荐各级"两代表一委员"，这对提升村干部干事创业的士气，拓展村干部晋升渠道，提高村干部待遇都大有裨益。这对于村支书而言是一种荣誉，是对村支书日常工作的肯定和鼓励，起到正面的激励作用。

作者信息：

张云峰　贵州省社会科学院马克思主义研究所副研究员

税建洪　贵州省司法警官学校讲师

王雅婷　贵州体育职业技术学院讲师

王洪毅　遵义职业技术学院讲师

彝族传统文化与乡村治理融合的实践探索研究

——以百里杜鹃管理区大水乡箐山村为例

乡村治理处于我国治理的"基石"位置，对于整个国家的治理起着基础性的作用。少数民族地区的传统文化是影响本地区乡村治理的重要因素，少数民族地区治理是乡村治理的重要组成部分，其治理的有效性关系到国家的统一与稳定。因此，我国乡村治理应结合少数民族地区的具体情况，探索少数民族传统文化在乡村治理中的积极作用，使其成为乡村治理的推力，从而更快地实现国家治理目标，更好地维护少数民族的团结与和谐。彝族是一个有着悠久历史和灿烂文化的民族。彝族传统文化作为彝族的一种信仰，具有注重忠孝爱国、勤奋自强、诚实互助等丰富的道德资源，在彝族社会生活中占有重要地位，是彝族地区乡村治理的重要载体，为彝族地区乡村治理提供了丰富而实用的道德价值，为此，在彝族地区的乡村治理推进过程中应重视彝族传统文化的作用。

一、彝族传统文化与乡村治理融合的背景

党的二十大报告强调，要全面推进乡村振兴，乡村治理是乡村振兴的基础。新时期，对于乡村治理和时代发展而言，实现基层善治是重要的方法论。乡村的发展经历了漫长的过程，是建立在特定文化和

一定群体之上的，乡村的有序和谐发展离不开村民需要遵守的行为规范和道德要求，村民约定俗成的道德规范在个人社会活动和乡村治理中发挥着重要作用。少数民族丰富的传统道德在乡村社会生活中仍然占据重要位置。如何搞好民族地区乡村治理，既要重视以社会主义核心价值观为指导，也要重视少数民族在其历史发展和生产生活中共同认可并发挥作用的传统文化。本文以贵州省毕节市百里杜鹃风景名胜管理区大水彝族苗族布依族乡箐山村为例开展研究，该村位于大水乡政府所在地的西部位置，距离乡政府所在地 7 千米，箐山村下辖 8 个村民组，境内居民主要有彝族（1252 人）、苗族（251 人）、汉族（353 人）、布依族（23 人）等，将该村作为个案进行研究的原因有以下几个方面：首先，该村是一个彝族人口众多，对本民族传统文化传承与保护比较重视的典型村落；其次，笔者从小生长在彝族村落，长期耳濡目染本民族的家规家训，可以使笔者在调查过程中对彝族传统文化更加敏感，有利于资料的收集；最后，作为彝族人，笔者与本次作为调研对象的箐山村樊氏家族为同一姓氏，是笔者的本族，可以减少当地村民在调查过程中的疑虑，为实地调查提供了一定的便利，也更保证了调查数据的科学性和真实性。因此，将该村作为个案进行调查研究具有一定的代表性。

二、彝族传统文化与乡村治理融合的可行性分析

（一）彝族家族家规能维护民族内部秩序，对乡村治理起协同作用

为了维护整个家族的内部秩序，保障家族正常的生产和生活，在彝族家族内部制定了相应的家规家训。在箐山村的调研过程中发现彝

族家规繁多，有的贴在宗祠的墙上，有的写在家谱当中，有的刻在墓碑上。家规家训是建立在传统伦理道德基础上的，提倡忠孝爱国、兄弟和睦、父母教育子女、子女赡养父母，以此约束族人，教诫子嗣。如"樊氏守法家规"中规定："训诫即是教育，是我族所立之家规家法，是对族人进行教育教化的一种手段，也是对胡作非为的处罚条例，是'训'的具体化的一种手段，望我族人互相监督，共同遵守，共同执行。"可见，家族设定的各种家规家训对本族成员起到了道德教育的作用，并能共同遵守。这些家规家训只要不与国家政策法规相冲突，就能发挥其约束作用。家族家规还可以促进基层村委会的民主政治建设。家族通过家规家训来凝聚族人的力量教育族人。如果有本民族成员竞选村委会委员，家族力量就能号召大家积极投票，让村民充分认识到选举权的重要性，同时，这也可以抵制非民主选举产生村委会成员。家族是通过血缘联系在一起的一种社会结构形式，血缘纽带关系促成家族有一定的号召力，如号召家族修建祠堂、修建公路、族内婚丧嫁娶互助帮忙，家族往往都能够拉拢团结起本族人积极行动起来协同完成。这可以起到固化社会关系，协调民族乡村地区的社会力量，对乡村治理起到协同作用。

（二）彝族家族家规能维护和谐，形成良好的礼治秩序

在乡村基层治理实践中需要保障全民的人身、财产和社会安全，维护社会稳定。优先保障群众的合法权益和利益，加强基层社会建设和民生服务。千百年来，家族已经形成了一套完整的自治机制，这套机制保证了家族分支的延续，彝族地区的村落秩序是靠家规家法来维持的。今天的彝族村落仍然是一个家族强盛的乡土社会。在维系本族内部各种关系及防范家族成员违反家规的同时，对乡村治理违法乱纪行为得以预防，形成良好的乡村礼治秩序。"樊氏守法家规"就有这

样的规定："凡我族人均应务正业，走正道，以正当手段谋生，不可巧取豪夺，据他人之财为己有，更不可为匪为盗，危害社会。"传统的良好家风是形成良好社会风气的基础，也能塑造良好的道德人格。在乡村治理过程中，良好的道德可以高度约束村民的个体行为，增强村民的道德意志，形成良好的礼治秩序。

（三）彝族家族家规的传承和延续是对国家政策、法律的有效补充

家规是经家族会议协商后，在家族内部约定俗成的规定。对家族成员起着教化作用和约束家族成员的行为，能够对彝族同一血缘的家族内部正常秩序进行维护。在家谱中，有关家规的条款通常置于卷首，作为家族准则的纲领性条约，以彰显"国有国法，家有家规"。在"樊氏守法家规"之首条就明确规定："国有国家法律，乡有乡规民约，族有家规家诫。"在第三条中规定："子女对父母应切实负起赡养之责任，以尽孝道。对不赡养父母者，族中长者有权批评教育，责令其赡养。兄弟间应和睦相处，亲如手足，互帮互助，决不能彼此仇视，相互为敌，如有不平之处，应心平气和地协商解决，或找族中长者调解，决不可诉诸武力。如恃强凌弱，族人有权批评教育，责令赔礼道歉。"在第九条中规定："凡我族人均应尊老爱幼，如恃强凌辱老弱幼小，族中长者要批评教育，责令赔礼道歉，造成损失的，责令赔偿。"这些家规明确规定了族人做人的标准，规范族人的行为，传承引导教育后人。彝族家族历来重视家规，注重族人的思想道德修养。彝族人民历来弘扬孝道，提倡家族团结，樊氏家族对祖先世代留下的家谱、家规、祖训进行科学的借鉴和传承，并进行了统一的整理和编写。前人留下的宝贵精神文化财富，对教育后人具有现实意义，客观上对国家的法律法规和政策起到了补充和丰富作用。

（四）彝族家族重视子女教育，对提升村民文化素养具有重要意义

在彝族乡村由于受教育程度低，村民的文化、科技和经济受到严重制约。痛定思痛，樊氏家族相当重视教育，在族规的第一条就明确规定"父母应该严格教育子女，使其知书识礼，勤劳朴实，忠厚为人，决不能放纵。如放纵胡为，危害社会，族人有权追究责任，令其严加管教，甚至可以帮助管教"。可见，彝族人民将子女教育放在了重要的位置，世代传承，樊氏家族还成立了"樊氏家族学子奖励基金"，对家族内取得优异成绩的学子进行奖励，具体奖励办法为"考上二本学校奖励 1280元，考上一本学校奖励 2280 元，考上'985''211'学校奖励 3880 元，考上研究生奖励 4480 元"。以此支持鼓励族人提升文化知识，充分体现了本族对教育的重视。这对提升村民的文化素养具有重要意义。

（五）彝族祠堂文化的保护，能够加强群众的凝聚力

祠堂是家族祖先居住的宫殿，其起源于对族人祖先和神灵的崇拜，祠堂文化的内涵包括家族文化、祖先崇拜、祠堂建筑等。其中的核心是家族文化和祖先崇拜。家族血缘和家族个体之间是相互联系的，崇拜是人类精神力量的原始表现。祠堂是上述精神的物质支撑。在樊氏家族中，仅用了 2 年，就筹建了樊氏惠公支系宗祠，其建筑费用完全来自本族人的自发捐献，在宗祠围墙上的醒目之处镌刻上了每位族人的捐款金额，充分体现了樊氏家族内部的凝聚力。

三、彝族传统文化与乡村治理融合的实践探索

（一）将彝族家族家规的规范作用融入乡村治理

家族作为社会结构的一种形式，通过血缘联系在一起，并通过家

族家规维持内部秩序。箐山村的彝族村民是通过家族姓氏将村民连接并融入村落权力和文化结构中的，家族是彝族乡村稳定发展的重要资本，家族组织实际上是乡村资源配置的重要主体，家族内部的规范对族人具有一定的约束力，例如樊氏家族家规中有"家规家诚则是具体的亲缘伦理道德，是调和、维系家庭、家族和谐最起码的共同约定，对族人具有普遍的强制约束力"。如能加强对这些规范的引导和利用，努力使家族制度更好地为国家和乡村服务，将会获得立竿见影的效果。例如，家族内部的亲情关系可以用来团结村民，增强他们的乡村认同感。借助家族的号召力来制定村规民约，能够促进乡村治理规范有序地进行。此外，在正确的引导和利用中，能够使彝族传统文化与乡村治理在和谐的环境中发生碰撞，可以使彝族传统文化获得新的凝聚力和创新力，在现代乡村治理中实现时代续新。

（二）将彝族家族治理经验融入乡村治理

发挥乡村治理的效能，一是依靠采用科学合理的乡村制度；二是激发内部村民的积极性和创造性，不断提高工作效率，使乡村治理事务顺利开展。为此，基层村委会可以充分发挥家族在民主监督、集体决策、纠纷协调等方面的优势，合理利用家族治理经验。同时，吸纳家族能人参与乡村治理活动，优化乡村治理结构。鼓励家族参与村委公共事务管理，充分发挥传统家族文化在赡养老人、教育子女、密切宗亲、亲亲相惜、互怜互助方面的作用。"家族参与村委管理，不仅可以提高基层组织的管理效率，而且能够减轻管理负担，降低管理成本，从而有利于整个彝族地区的乡村民主监督的发展，提高彝族地区的乡村治理效能。"① 在箐山村彝族家族中，有不少领导能力强、社会声望高的族内权威人物，将此类权威人物培养成乡贤领袖，以作为村

---

① 吴理财，杨刚，徐琴. 新时代乡村治理体系重构——自治、法治、德治的统一［J］. 云南行政学报，2018（4）：6-14.

委组织的重要补充，向上可传达民情民意，向下可宣传政府政策，有利于构建村民、村民组织、村委合作共治的格局，实现乡村治理主体多元互动。

（三）将彝族体育艺术文化融入乡村治理

每年正月初三至初五，樊氏家族就会举行"朝祖节"，"朝祖节"的主要活动是祭奠祖先，同时进行各种体育文化活动，如拔河、猜拳、灯谜等。族人们根据自身的审美情趣创作了大量的民族文艺表演在节日上进行表演，尤其是由本族人樊海作曲、樊隆作词的"樊氏族歌"，铿锵有力，倡导家族内部要忠孝爱国，团结和谐。歌曲副歌部分这样唱道"要尊祖敬宗，贤德子孙记心上，要忠孝爱国，我们牢记的祖训。要勤奋自强，我们遵循的教诲"，既唱出了遵循祖训的良好家风，也体现了积极向上的生活态度。传统文化生活表达了人们的文化审美及对生活的热爱。在乡村治理方面，倡导"生产发展、生活富裕、村风文明、村容整洁、管理民主"，乡村文化强调物质和精神两个方面，基层文明不仅体现在自上而下的国家文化普及上，更体现在对基层内生文化的挖掘上。要提升基层社会的文明程度，需要从这两个方面入手。彝族人在业余时间创造的自娱自乐文化，既反映了他们的劳动经历，也表达了他们对美好生活的期待。在乡村治理中鼓励和推广这些具有民族特色的体育艺术文化，不仅可以丰富乡村文化生活，还可以增强民族自豪感，从而促进乡村社会健康有序地发展。

（四）将彝族家族传统文化的社会导向作用融入乡村治理

家族传统文化具有一定的社会引导功能，家族内部成员具有较强的团结互助意识，容易相互感染，具有联动效应。因此，彝族社会的家族制度具有较强的组织、协调和动员能力，能够实现对家族成员的有效管束。在推进彝族乡村治理的过程中，充分借助家族文化的社会导向功能在彝族群体内部创造的联动效应，比单方面的宣传和灌输更能取得事半功倍的效果。因此，我们要因势利导，利用彝族家族传统文化的导向作用做好宣传工作，有利于推进彝族地区乡村治理，维护乡村安宁和稳定。

（五）将彝族乡贤文化和乡贤精神融入乡村治理

在调研过程中，不难发现彝族家族人才济济、乡贤辈出。对家乡故土有着深厚的情感，是樊氏家族乡贤身上的特征。例如，在修建樊氏家族祠堂的过程中，在资金、技术、管理上都获得了乡贤精英的大力支持，彝族乡贤精英对家族和乡村治理的支持，是乡村治理的独特资源。彝族乡贤中有在外的企业家、有国家政府部门的党政干部、有打工能人、有优秀青年，他们大多拥有良好的社会关系和资源，因此，在乡村治理中，可大力宣传彝族家族乡贤故事，挖掘乡贤文化资源，提炼乡贤先进事迹，树立乡贤榜样，以鲜明的乡贤文化和乡贤精神为导向，助推乡风文明建设。此外，发挥乡贤在乡村建设中的特殊作用，充分会聚彝族乡贤精英在资金、技术、管理等方面的力量，通过组织彝族乡贤回乡参观考察，使他们进一步关注家乡建设，让他们了解家乡建设的蓝图，使他们感觉到他们是家乡建设的一支生力军，为彝族地区乡村治理集聚强大的动力。

（六）将彝族的自我管理制度融入乡村治理

在乡村治理的过程中，民众的力量是最不可忽视的，"决定权最后只有由人民自己来掌握，此外，别无更稳妥的寄托。即便我们认为人民认识不足，决策不周，施行不了他们的权力，补救的办法不是把权力从他们手中取走，而是通过教育，让他们善于判断"。① 在本族内

---

① ［美］科恩. 论民主［M］. 聂崇信，朱秀贤，译. 北京：商务印书馆，1994.

部，族人往往能够做到自我约束、自我管理、自我服务。在乡村治理过程中挖掘彝族传统文化中自我管理的有效措施，将他们在家族内部的主人翁意识转化到乡村治理中来，通过村委组织学习，让他们了解关于乡村治理的政策法规，村民自治的权利及义务，让彝族村民了解自己在乡村治理中扮演的角色，更加明确自己的身份，激发调动其参与乡村治理的积极性。

作者信息：

樊纪兰　贵阳人文科技学院副教授

樊　宇　百里杜鹃风景名胜管理区政府办二科工作人员

陈　瑶　贵州黔南科技学院助教

周婷婷　贵阳人文科技学院教授

台江县乡村社会治理实践经验研究

——基于"村 BA"的调查

台盘村位于台江县东部，地理位置优越，距离凯里市仅有 28 千米。该村由两个自然村庄和四个村民小组组成，共有 259 户 1245 人，其中苗族人口占 92%，汉族占 8%。"村 BA"体育赛事源于当地传统的"六月六"吃新节，经过多年的发展，现已成为全国和美乡村篮球大赛的重要组成部分，备受瞩目。通过"村 BA"体育赛事的举办，台江县不仅推动了乡村体育事业的发展，也有助于促进乡村社区的共建共享，营造和谐稳定的社会环境。

一、台江县乡村社会治理的背景

自党的十八大以来，台江县紧紧围绕党建引领，深入推进乡村社会治理现代化。各村在完善村规民约管理的基础上，充分发挥基层协商民主，实施网格化管理和示范带动作用，不断优化乡村治理新机制，推动乡村治理体系不断完善，提升治理能力。"村 BA"作为台江县乡村社会治理实践经验的重要组成部分，为乡村社会治理提供了有益的思路和方法。为进一步推动"村 BA"的发展和乡村社会治理能力的提升，需要政府、社会和村民等多方共同努力，不断完善乡村治理新机制，推动乡村治理体系的完善和治理能力的提升。

党的二十大报告指出："完善社会治理体系，健全共建共治共享的社会治理制度，提升社会治理效能。"台盘村"村 BA"赛事的成功实践，不仅开启了县域体育赛事发展的新篇章，更为当地经济社会的发展和民族文化的繁荣注入了新的活力。台盘村通过举办"村BA"赛事，推动了乡村旅游和体育产业的发展，进而带动了当地农特产品的脱销。体育赛事通过新闻媒体的直播、转播，其民族文化也成功引起了外界的关注和认可。"村BA"体育赛事的成功开展，极大地促进了当地的经济快速发展和社会和谐稳定。"村BA"全网火爆的背后，是新时代乡村振兴战略全面推进和中国式现代化的"贵州实践"的生动展示。

二、台江县乡村社会治理的主要做法和成效

"村BA"的全国火爆，折射出了台江县乡村社会治理的智慧与经验，是乡村协同治理与村民自治共同作用的成功实践。该现象反映出当地政府和人民对于文化传承和体育事业的重视和关注，通过不断探索和创新，实现了乡村文化和体育事业的共同繁荣和发展。基于"党建+村委会—村民自治—社会力量"的基础治理思路，主要做法及成效主要表现为"一个保障+一个主体+一个合力"的"三个一"实践。

（一）人民至上：党建+村委会的有序组织与实践

"党建+村委会"的模式旨在通过加强党的建设，发挥党组织在村级组织中的领导作用，推动村民自治、法治建设和社会主义新农村建设。在台盘村，节日赛事活动是以"村长+村委会"的形式组织的，这种模式体现了全民参与、民主和公平公正的原则。台盘村作为传统的苗族村落，村民对村中"寨老"有很大的信任和依赖。他们不仅是本民族文化的保留者和传承者，也是村中大小事务的协调者、村民意见的传达者。在台盘村的节日赛事活动中，经费通常由村民集体筹资，自发组织。组织者通常是村中有威望的长者，与"寨老"的性质相

似。村长一般由村民集体表决，选出村中比较年长的、有一定威望的长者来担任。

台盘村的节日赛事活动具有一定的自我约束和集体监督的特点。赛事规则通常不是固定的，而是依赖于村民的自我道德约束和集体监督。村委会在活动中充当村集体赛事开展的主要引导者和秩序维护者，通过政策的传达和落实，确保村民的生命财产安全。在台盘村，赛事活动不仅有实质性的比赛内容，还保留了民间赛事活动的"民族味"和"人情味"。这种平衡对于维护民族特色和文化传承至关重要，同时也吸引了更多的外来游客和参与者。台盘村通过村民大会，将赛事纳入村规民约进行管理，制定了《台盘村篮球场管理村规民约》，旨在使村庄更加美丽、民风更加淳朴、村民更加幸福。

（二）内生动力：自治传统和体育赛事的文化赋能

黔东南向来有"三天一小节，五天一大节"的说法。台盘村作为传统的苗族村落，拥有丰富多彩的民族文化和浓厚的节日氛围。台盘村传统的"村BA"模式，既体现了苗族的文化特色，又展示了村民的自发组织和参与精神。据调查走访和村民的自述，发现台盘村有着深厚的文化底蕴和热情好客、能歌善舞的特质。村民们对篮球有着天然的、强烈的热爱，这种热爱可以追溯到1936年的一个传统游戏——"布球"。这种对篮球的热爱已经刻在台盘村民的骨子里，他们每年都会在"六月六"节日期间自发地凑钱举办比赛。台盘村村民对篮球的热情和参与度极高，从老到小，无论是七八岁还是七八十岁，都能在球场上展现出他们的活力。

台盘村村民对篮球的热爱，不仅仅局限于比赛，更在于参与过程中所体验到的快乐和荣誉感。正是因为这种热情和参与精神，台盘村的"村BA"模式吸引了越来越多的游客前来观看和参与。除了热情好客和体育赛事，台盘村村民还积极参与活动组织。台盘村的"村

BA"模式，既体现了民族的文化特色，又展示了村民的自发组织和参与精神。这种模式所蕴含的魅力和影响力，不仅仅在于篮球比赛本身，更在于它代表了村民对乡村生活质量的关注和参与治理。这种模式不仅丰富了台盘村的文化生活，也激发了村民的积极性和创新精神，使村庄更加和谐、有活力和吸引力。

（三）多元主体：众人拾柴的有序推进与广泛宣传

经深入调查发现，"村BA"的爆火和赛事的持续升级是官方的支持、资源的整合、村民村委会的积极协商以及村民坚守初心等多方力量形成的结果。首先，政府紧密抓住流量和热点，支持举办黔东南州"村BA"联赛，将其作为建设"美丽乡村"的项目之一，打造了具有国内外影响力和自主知识产权的品牌赛事，同时大力宣传，促进了乡村的发展。台盘村新增了篮球场看台座位10000余个、硬化路面1800米、新建停车场1000平方米、改造流动摊位2500平方米等。政府通过各大官方抖音账号、新闻报纸以及公众号等渠道，大力宣传"村BA"赛事的进展及火热程度。全国主流媒体的"轰炸式"报道再次让"村BA"成为焦点，台江县网联会在社交媒体领域发挥了关键的作用。随着赛事热度上升，政府从县级层面统筹公安、交警、民兵等力量进行巡逻值守，协调电力、通信、医疗、环卫等应急保障，引导县、乡、村志愿者参与秩序维护。其次，村委会积极协商，引导村民参与，提供基础设施和保障，推动了"村BA"的推广和发展。同时，非营利社会组织也参与其中，为"村BA"提供了强有力的支持和保障。最后，村民们自发组织、自我管理、自愿捐赠经费的模式，激发了他们的积极性和创造力，促进了乡村的和谐发展。

"村BA"作为一项由村民自发组织的体育赛事为探索乡村振兴之路提供了新的可能性。通过不断完善基础设施和丰富文化内涵，"村BA"已经从一项村级体育赛事发展成为省级乃至全国性的大型体育赛事。这种自发组织、自我管理、自愿捐赠经费的模式，不仅为参与者提供了一种娱乐方式，也为乡村经济和社会发展注入了新的活力。

三、台江县进一步加强乡村社会治理的对策建议

台盘村"村BA"的实践，注重村民的主体性和参与性，引导并鼓励村民积极参与乡村事务的决策和执行过程，从而实现了乡村共建共享的目标，并通过发挥党组织的战斗堡垒作用，建立信息公开和参与机制，加强乡村教育和宣传等措施，有效提高了村民的乡村意识和参与意识，让他们更好地了解自己的权利和责任。同时，通过营造共建共享的氛围、采用激励和反馈机制等方式，成功激发了村民的积极性和创造力，推动了乡村治理现代化建设的发展。在总结好台盘村"村BA"的乡村社会治理实践经验的同时，还要根据不同地区的实际情况，灵活应用台盘村"村BA"的实践经验，因地制宜地推进乡村治理现代化建设。

（一）积极发挥党组织的战斗堡垒作用

在党建方面，党组织应该充分发挥其在基层治理中的领导作用。通过加强党员队伍建设，开展各种培训和教育活动，提高党员的政治素质和服务能力。同时，还应注重推动党的工作深入基层，让更多的党员参与到乡村事务中来，发挥其主体性作用。

在村委会建设方面，完善村委会的组织架构、加强村委会干部的培训，提升专业素养和管理能力是至关重要的。只有这样才能更好地发挥村委会在乡村治理方面的积极作用。此外，积极推进乡村治理现代化建设也是非常有必要的。引进现代化的治理理念和工具，可以提升乡村治理的效能，为台江县的乡村治理提供更加坚实的保障和支持。

在发挥基层党组织的战斗堡垒作用方面，加强党组织建设是非常重要的。通过开展各种活动，增强了基层党组织的凝聚力和战斗力，为乡村治理提供了坚实的保障和支持。

（二） 积极引导村民参与乡村事务治理

首先，建立健全的信息公开和参与机制是提高村民参与乡村治理积极性的基础。通过建立信息公开和参与机制，可以让村民更加了解村落事务，提升他们的知情权和参与意识。同时，也能够促进村民之间的沟通和交流，增强村庄的凝聚力和向心力。如通过定期召开村民代表大会或议事会，让村民直接参与决策和管理，从而提高了村民对村庄事务的关注度和参与度。

其次，强化乡村教育和宣传也是提高村民参与乡村治理积极性的重要手段。通过加强乡村教育和宣传，可以让村民了解乡村治理的重要性和意义，激发他们的责任感和使命感。同时，也可以提高村民的法律意识和公民素质，让他们更加理性地参与乡村治理。如通过组织村民参加各种培训和讲座，让他们了解法律法规和社会道德规范，从而更好地履行自己的社会责任。

最后，推动本地产业发展也是乡村经济高质量发展的关键所在。如何守好、用好乡村的一些资源和品牌，如何推动当地经济社会的高质量发展，是乡村经济高质量发展不可回避的重要议题。通过推动本地产业发展，可以增加村民的收入来源，提高他们的生活水平，同时也能够促进村庄的经济繁荣和社会稳定。如积极引导村民发展特色农业、旅游业等产业，从而实现村庄经济的多元化发展。

（三） 积极打造多元化的体育文化赛事

一是积极引导村民参与乡村治理。通过建立村民议事会、村民代表会议等形式，让广大村民参与到村庄事务的决策和管理中，增强了村民自治的能力。这不仅可以提高村民的参与度和满意度，还可以促进村庄的发展和进步。还要注重发挥村民的主体作用，让他们成为乡村治理的"主人公"，并加强对村民的教育和培训，提高他们的法律意识和公民素质，让他们更加理性地参与到乡村治理中，并通过建立健全的监督机制，确保乡村治理的公正性和透明度，让村民有更多的话语权和监督权。

二是强化党组织对乡村基层治理的领导和支持。党组织是农村治理的领导核心和战斗堡垒，要发挥党员的先锋模范作用，积极推动党员参与到村民自治中。通过这种方式，能激发党员的积极性和创造力，积极投身乡村治理，成为农村基层治理的重要力量。同时，要加强对党组织的建设和管理，提高党组织的凝聚力和战斗力，使其能够更好地服务于农民群众。只有这样才能真正实现党组织在乡村治理中的领导作用。

三是引导和支持各类社会组织参与乡村治理。要充分发挥社会组织的作用，形成政府、党组织、村委会和社会力量共同参与的治理格局。这不仅可以弥补政府和村委会在某些方面的不足之处，还可以为农民群众提供更加全面、多样化的服务和保障。同时，要加强对社会组织的管理和服务，提高其专业水平和服务质量，使其能够更好地发挥作用。只有这样才能真正实现乡村治理的民主化、法治化和规范化，促进农村经济的发展和社会稳定。

（四）积极建立正向激励和反馈的机制

首先，加强宣传教育，提高群众参与乡村治理的积极性。政府可以通过各种形式的宣传教育活动，提高村民对乡村治理的认识和意识，让他们了解自己的权利和义务，并鼓励他们积极参与到乡村治理中。此外，政府还应该引导村民在审美方式和艺术手段等方面进行适度创新，提升乡村文化品质，让传承下来的宝贵文化财富成为现代人表达情感的媒介，在新时代焕发新的光彩。

其次，尊重农民首创精神，发挥群众智慧力量。在基层社会治理中，台江县尊重农民的首创精神，充分发挥群众的智慧力量。政府鼓励村民积极参与到乡村建设和发展中，让他们成为乡村治理的主体和参与者，推动乡村治理的民主化和科学化。同时，政府还注重培养和挖掘村民中的积极分子和能人，发挥他们在乡村治理中的带头作用，带动其他村民共同参与到乡村治理中。

再次，用好社会组织资源，助力乡村振兴。要积极引导和鼓励各类社会组织参与到基层治理中来，获取外部力量和资源的支持，最大限度地用好社会的各种资源，同时需要保持"村 BA"的公共属性，确保活动的顺利开展和群众的参与度。这些社会组织可以包括志愿者团体、高校、慈善组织等，能为乡村治理提供专业化的支持和服务，帮助解决一些政府和村民难以解决的问题。

最后，推动乡村品牌打造注重本土化与现代化相结合。在乡村治理中，推动乡村品牌打造是提高乡村知名度和吸引力的有效途径。政府可以通过加强对乡村特色产业的扶持和推广，打造具有本土特色的农产品品牌和乡村旅游品牌，吸引更多的游客和投资者前来参观、投资和发展。同时，也要注意本土化与现代化相结合，在保护传统文化的同时也要积极推进现代化建设。

作者信息：

聂开吉　贵州民族大学民族学与历史学学院讲师

杨春艳　贵州民族大学民族学与历史学学院副教授

杨佳丽　贵州民族大学体育与健康学院讲师

沈富城　贵州民族大学民族学与历史学学院在读硕士研究生

"党群直议"促进农村社区多元共治的凤冈实践研究

2021 年，凤冈县被列入贵州省乡村振兴引领示范县。该县进化镇临江村三新、秀竹两个自然村被纳入全省第一批特色田园乡村·乡村振兴集成示范试点。在建设过程中，凤冈县以农村社区治理改革为切入点，创新并实施了"党群直议"制，建构了"党支部+议事会+村民大会"的乡村公共事务决策新模式，采用了"自下而上、自上而下"的双向议事方式，让三新组、秀竹组党员、群众充分参与到公共基础设施建设、公益事业、产业发展、村规民约等社区治理的各项活动中，建立健全了"公司+合作社+农户"的乡村特色产业发展机制，有效实践了乡村事务的"全过程人民民主"制度，激发了群众"自己议、自己管、自己干"的新动能，赋能乡村振兴，促进乡村可持续发展，取得了良好成效。

一、凤冈县创新"党群直议"促进农村社区多元共治的背景

"发展全过程人民民主"在党的二十大上被确定为中国式现代化的本质要求，对"发展全过程人民民主，保障人民当家作主"作出全面部署，提出明确要求。全过程人民民主是一项重大的政治工作、社会工作、群众工作，事关党在农村的执政根基和农村社会稳定安宁。

全过程人民民主是社会主义民主政治的本质属性。习近平总书记指出："把协商民主贯穿履行职能的全过程，坚持发扬民主和增进团结相互贯通、建言资政和凝聚共识双向发力。"

乡村振兴是党和国家的重大战略。贵州省在 2021 年遴选了 50 个特色田园乡村振兴示范点进行建设，其口号是"谁来振兴、怎么振兴、为谁振兴"，所以，"人"即农村百姓，是乡村振兴的关键要素。遵义市凤冈县进化镇临江村三新组和秀竹组分别以"有机三新·水韵稻乡""瑰缘玫瑰·康养秀竹"在全省近百个特色田园乡村振兴集成示范点（以下简称示范点）遴选中脱颖而出。在两个示范点中，三新组有村民 236 户 944 人，其中党员 20 人；秀竹组有村民 205 户 815 人，其中党员 12 人。在项目实施过程中，两个组分别设立组级党支部，创新性地采用吸纳乡贤、致富能手、妇女代表等组成"议事会"，形成了以"党群直议"制引领农村社区多元共治的凤冈模式，满足了项目建设、占地、监督、管理等公共事务民主决策议事需要，形成了"企业+合作社+农户"的乡村特色产业发展多元合作机制，促进了两个示范点项目申报、实施，取得了十分显著的效果。以农村社区多元共同治理，促进乡村特色产业发展具有调查研究和总结经验的重要价值。

二、凤冈县创新"党群直议"促进多元共治的主要做法

""党群直议'促进农村社区多元共治"的"凤冈模式"的核心内涵是"党建引领、党群直议、乡贤参与、协同共治"的多元主体社区共治机制，促进了"项目搭台，产业唱戏，合作聚力，磁吸辐射"的乡村产业振兴发展路径。

（一）建构"党建引领、党群直议、乡贤参与、协同共治"的多元主体社区共治机制

党建引领。党建促进乡村振兴项目申报、实施等，是全过程的党组织和党员干部带头引领。例如，在党总支、党支部带领党员策划申请项目，经过凤冈县政府向遵义市、贵州省政府争取特色田园乡村振兴集成示范点建设项目。在项目立项建设后，组织项目实施，为项目运行服务，体现了党支部、党员乡贤、党员群众的示范作用。

党群直议。在示范点建设中，遵循习近平总书记"发展全过程人民民主，保障人民当家作主"的重要思想。例如，在村庄道路建设占地及补偿协商决策中，"党群直议"的农村社区公共事务民主协商决策模式，采用"微信直播"线下线上相结合的村民大会进行民主决策，有效发挥了"党支部+议事会"的作用，通过"党员提、群众议，群众问、党员答"双向的"提议—协商"机制实现"党群直议"共决定，把党组织的意愿转化成党员和群众的主张，把党员和群众的主张转变为基层党组织的意愿，做到"决策共谋、实施共建、运行共管、效果共评、成果共享"，完善了村组级社区治理体系，健全了全过程人民民主基层决策运行机制，如图1所示。

乡贤参与。重视乡贤文化建设，打造"仁孝乡贤"品牌，从成长于乡里、愿为家乡做贡献的能人贤士中推选乡贤，致力家乡产业发展，为乡村治理出谋划策。临江村在申报项目时，乡贤发挥出谋划策、规划引导、组织核心、资金链接等多种功能，发挥乡贤引领社区发展的灵魂作用。在实施过程中，进行人才振兴工程制度创新，加强产业方面、技术方面、经营管理等具有不同特长的乡村人才队伍建设，为群众提供针对性帮助，不断提升群众增收致富的能力，共商解决规划打造、产业发展等方面的问题，使之成为推动示范点建设的一支重要力量。

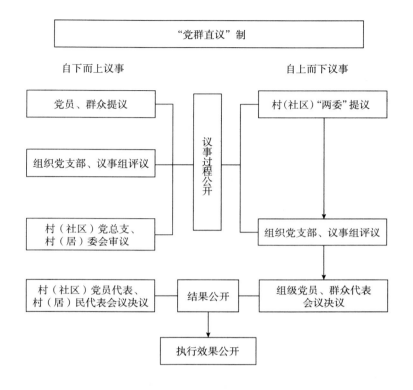

图 1 示范点的"党群直议"制示意

资料来源：基层村民委员会提供。

多元共治。形成村党总支、村民委员会、组党支部、议事会、村民代表、专业合作社、乡贤、企业代表多元共治农村社区的新格局；形成"党总支—党支部—党小组—党员"党组织引领和"村民委员会—村民小组/议事会—村民大会"的基层公共事务民主决策机制，议事决策采用"微信直播"村民大会形式，大大激励了在外务工中青年劳动力参与社区公共事务治理的积极性和主观能动性，为吸引在外乡土人才返乡创业创造了条件。项目实施期间，成立了由党员、议事会成员、乡贤组成的 12 人工作组，义务担当服务员、监督员、管理员，有效保证了施工进度和质量。

（二）促进"项目搭台，产业唱戏，合作聚力，磁吸辐射"的乡村产业振兴发展路径

项目搭台。利用秀竹组、三新组两个示范点项目为农村社区治理创新搭建舞台，在三新组特色田园乡村建设农村道路项目建设占地补偿的社区协商过程中，创造了"党群直议"制，建立了"议事会"，构建了村民小组级的"党支部＋议事会＋村民大会"公共事务决策机制，创新了"微信村民大会"的新型议事方式。三新组有机水稻产业项目为三新组有机大米专业合作社成立、有机大米生产的"合作社＋农户"特色产业发展模式搭建了平台，秀竹组玫瑰产业项目为秀竹玫瑰种植合作社创建和"企业＋合作社＋基地＋农户"产业发展方式提供了舞台。

产业唱戏。以秀竹村玫瑰产业和三新村有机稻茶产业为龙头，通过磁吸辐射，以秀竹玫瑰、三新稻茶的示范项目区为核心，带动周边社区陆续发展玫瑰种植和有机稻种植面积不断扩大，先进技术不断推广，形成区域性优势产业。三新组的有机稻产业，带动了群峰农机合作社、农村微信电商品牌建设，促进了有机稻米产业发展。秀竹玫瑰，带动周边地区扩大种植建设形成玫瑰种植业，发展玫瑰化妆品和生物产业，发展玫瑰康养业、餐饮业、民宿业，带动一二三产业融合发展。

"合作"聚力。一是链接企业和市场的合作机制。通过秀竹玫瑰种植专业合作社和三新有机大米加工合作社，建立了专业合作社模式，党员带头、群众加入，组建以自有土地为种植示范基地、以服务农户为中心、以提高生产绩效为目的的专业合作社，建章立制，通过面向合作农户进行集体组织种子、农药等生产资料采购，种植、采摘等技术标准化或服务，统一产品收购和销售合作机制。二是创建了"利益共享、风险共担"的合作社。产业利益链接，秀竹组玫瑰产业采用"公司＋合作社＋农户"的组织模式，公司负责产品的收购、加工和销

售，加入合作社的农户以土地入股合作社并参与管理，合作社垫资为其他未加入合作社的农户提供农业生产资料并以保底价收购农产品，按"235"比例（20%返还给农户，30%分红给合作社理事，50%用于合作社发展和公益事业）对合作社加工和销售利润再分红。三是创建了多元主体合作。一方面，玫瑰公司把村民小组废弃教学点改建为玫瑰产业发展中心，珠海市正菱产业参与投资合股，盘活了资产。同时，临江村将政府链接资源获得的乡村振兴项目资金入股。另一方面，秀竹组将农村闲置集体经营性建设用地和闲置宅基地打包出租、挂牌出让或入股企业，发展玫瑰、茶叶、大米加工和康养、研学基地或民宿。这些蹚出了农村经济发展多元主体、多种资产、多种运行机制的混合型聚力合作新机制。

磁吸辐射。以秀竹玫瑰、三新稻茶的示范项目为核心，磁吸周边社区参与玫瑰产业和有机稻茶产业发展，项目农户磁吸本村组农户跟随，示范点磁吸周边社区跟进，技术、市场、商誉辐射周边社区，优质玫瑰和优质稻米种植面积不断扩大，先进技术不断推广。三新组的有机稻茶产业，带动坝区的街子组、临坪组其他组种植有机大米，形成"临江牌"有机大米优势稻米产业区。"秀竹玫瑰"带动双坪、胜利、民心等村民小组发展玫瑰种植业，形成了玫瑰种植带，种植规模在不断扩大。

三、凤冈县创新"党群直议"促进多元共治的主要成效

（一）示范带动，促进了省乡村振兴示范点建成

"党群直议"制的社区公共事务民主决策治理模式不断复制和扩展。临江村三新组、秀竹组的"党群直议"制在乡村道路建设占地等

成功实践后，形成了先进的农村社区公共事务民主决策治理新模式，这个模式不断复制到示范点的建设活动中。例如，在农房升级和庭院改造工程中，通过"党群直议"制方式，确定了"政府补助70%、农民自筹30%，政府补助不超过1.6万元"的标准，鼓励老百姓自主筹资。之后，又扩展到分散污水处理设施、垃圾统一收集处理等公共设施项目，也扩展到重阳节活动、乡村振兴两周年活动等社区文化活动组织，再扩展到组规民约、移风易俗等社区治理制度建设。同时，临江村将三新组、秀竹组的"党群直议"制的社区治理经验不断扩展到其他3个村民小组辐射，进化镇和凤冈县也总结经验，在区域内复制，并在一定范围内产生影响力。

"党群直议"制推动了公共设施项目顺利推进，也为乡村特色产业项目实施创造了极好的社会环境，带动了示范点及周边地区的特色产业项目规模扩大，产生了集聚效应。

三新组、秀竹组两个省级示范点建设，带动了1个市级示范点建设。凤冈县委县政府将省市特色田园乡村建设示范点的经验和模式在县内进行推广，遴选了贵州省首批示范点进行建设，全面推广了乡村振兴示范点试点经验。

（二）共享共赢，促进"集体强、农民富、环境美、社会和"

特色田园乡村示范点建设，带动乡村振兴，实现"产业振兴、环境改善、文化创新"，农村社区居民共享发展成果，实现村民、集体组织、企业、政府和社会共赢。

集体强（组织振兴）。通过集体资产运作和统筹使用中央财政衔接资金及东西部协作资金，以债权投资入股的方式与企业合作，按投入资金的5%进行收益分红，20%收益用于村集体经济发展，80%收益通过利益联结给脱贫户和监测户，大大增加了集体经济能力和财务收入，集体凝聚力大大增强。例如，2022 年虽受疫情影响，集体经济也高达 50 万元。

农民富（产业振兴）。水稻、玫瑰等田园经济做大，引企入村、引民入社，采用"党支部+公司+合作社+农户"的模式，大大提升了农民的增收能力。三新组、秀竹组分别打造了"有机三新·水韵稻乡""瑰缘玫瑰·康养秀竹"特色品牌，辐射带动 411 户群众增收；利用闲置房屋改造成茶叶加工厂 3 家、大米加工厂 4 家、玫瑰加工厂 1 家，发展民宿 4 家，吸引游客 5000 余人，创收 500 万余元。

环境美（生态振兴）。生态宜居新风貌。三新组、秀竹组基础设施条件改善，家园环境焕然一新。围绕房前屋后卫生、阶上檐下关系、村寨小组风俗等制定"组规民约"上墙。运用乡土材料修复自然遗址、古井等乡愁记忆，呈现出白墙青瓦、错落有致、干净整洁的现代农村宜居建筑风格。项目实施中，共拆除危旧房屋 41 间、翻新改造房屋 117 座、新建打造院落 134 个。改造厕所 332 户，已建设分散式收集处理设施 121 套、集中式污水处理站 2 座、配套管网 4891.7 米，日处理规模可达 223 吨。居住条件大幅度改善，社区配套设施基本齐全，社区服务、生态多样性增加，自然环境宜居。

社会和（文化振兴）。推行"党群直议"制，三新组、秀竹组通过在基地、院坝或田间召开的"议事会"凝聚共识，通过村民大会聚集广大党员、群众、乡贤、妇女和以微信方式链接在外的务工乡亲共同参与村民大会，对乡村公共事务进行商议和形成决策。利用农家书屋、新时代文明实践站等开展文化宣讲进村，倡导新风尚，培育新民风，群众精神文化生活更加丰富，幸福感显著提升。群众自我管理、自我教育、自我服务不断加强。例如，三新组村民自发建设村文化广场，自发组织升旗仪式，将"听党话、感党恩、跟党走"根植心间。村民小组积极利用收益用于扶贫解困。乡村振兴示范点建设，吸引了乡贤回乡，引进 7 个企业和一批外地人才，让外出人才回流，激励本土人才留乡，使乡村人才不断增加。

"党群直议"制促进农村社区多元共治，通过特色田园乡村振兴项目建设，大大促进了特色产业发展，改善了乡村基础设施，建构了新时期农村公共服务新机制，农户可持续生计不断发展，经济收入持续提高，人民走上了小康路。

四、凤冈县创新"党群直议"制，促进多元共治的经验启示

（一）"党群直议"制为农村社区公共事务决策的民主议事制度，促进农村社区多元主体社区共治机制

"党群直议"的社区议事制度即"党支部+议事会+群众大会"议事制度，形成了"以党支部为引领，以干部为主导，以群众为主体"的社区公共事务民主决策机制。

"党群直议"制形成了以下优势：①让党员群众直接议事，凸显了人民群众的主体地位，明确了推动发展的核心力量，与人民群众的愿望和要求一致，实现了人民群众对公共事务的"知情权、参与权、表达权"，充分体现了公平、正义和民主；②优化了农村基层党组织与村民自治组织协同治理体制和运行机制，科学定位了组级"两会"职能职责，可以发挥农村基层党组织在引领自治组织、实现人民当家作主中的核心作用，夯实了党在新时期农村工作中的执政根基；③创新了基层社会治理新机制，有利于处理涉及群众利益的难事，有助于化解各类社会矛盾和冲突，有利于激发群众内生动力，创造和谐安定的社会环境；④为凝聚党群干群合力打造了新平台，创新了基层党组织联系党员群众的纽带，打通了普通党员群众表达意愿的渠道，党员群众在村组公共事务治理中实现了当家作主，融洽了党群干群关系，

大大提振了干部群众加速发展的信心和志气。

（二）多元主体协同发展乡村产业振兴的多种模式，促进乡村振兴项目中特色产业建设

三新组的有机大米加工合作社以特色农产品为龙头，构建了合作社"统一销售产品、统一服务生产、统一购买生产资料"与农户自主组织生产活动的共同受益模式。秀竹组的玫瑰产业则以企业为龙头，通过秀竹组的玫瑰种植合作社对农户提供标准化生产服务，实现一二三产业融合发展。

（三）多元主体社区共治促进乡村全面振兴

"党支部+议事会+村民大会"的社区公共事务协商民主决策制度和"企业+合作社+农户"的产业协同发展机制，充分体现了多元主体共治的农村社区运行机制创新，有力地促进了乡村全面振兴。

作者信息：

梅小亚　贵州省社会科学院社会研究所副研究员

张学立　贵州省社会科学院院长、二级教授

潘小露　贵州民族大学助教

杨红英　贵州省社会科学院社会研究所副研究员

企业结对帮扶助力乡村振兴的"1+4"机制研究

——以安顺供电局为例

习近平总书记指出，推进乡村治理能力和水平现代化，让农村既充满活力又和谐有序，不断满足广大农民群众日益增长的美好生活需要。贵州电网有限责任公司安顺供电局（以下简称安顺供电局）按照健全1套管理体系，抓实电力帮扶、定点帮扶、公益帮扶和消费帮扶4项行动的"1+4"机制结对帮扶紫云自治县乡村振兴工作，工作成效得到了省国资委和地方党委政府及帮扶村老百姓的高度认可。

通过调研，旨在发现全面推进乡村振兴过程中老百姓最关心的问题、驻村干部最难啃的"硬骨头"，统筹谋划、尽锐出战，解决深层次难点、痛点，疏通堵点、淤点，扎实推进产业、人才、文化、生态、组织振兴。

一、研究背景

脱贫攻坚取得胜利后，安顺供电局按照"摘帽不摘责任、摘帽不摘政策、摘帽不摘帮扶、摘帽不摘监管"的"四个不摘"要求，开展6名驻村干部轮换工作，切实做好巩固脱贫攻坚成果同乡村振兴有效衔接的各项工作，坚决守住不发生规模性返贫的底线，促进产业高质高效、乡村宜居宜业、农民富裕富足。目前，重点帮扶的3个村均按照"一主一辅"的思路发展产业，壮大村集体经济收入，同时加强组织建设、人才建设、文化建设，着力整治村容村貌、美化环境，相关事迹得到中央电视台等中央三大媒体、贵州日报等省级主流媒体和安顺日报等市级主流媒体的报道，获得了社会的广泛关注。其主要开展工作如下：

一是建立健全乡村振兴帮扶体系。成立由党委书记任工作领导小组组长的乡村振兴工作领导小组，明确工作机构，切实做到办事机构和人员不撤、力量不减、专人负责，层层压实责任。定期召开乡村振兴专题党委会学习并研究审议乡村振兴工作。研究制定安顺供电局巩固拓展脱贫攻坚成果及乡村振兴工作考核实施方案，规范巩固拓展脱贫攻坚成果及乡村振兴工作。完成帮扶点调整和乡村振兴驻村干部轮换，应省国资委部署，在定点帮扶的紫云自治县板当镇洛麦村、新塘村和小寨关村派驻 6 名优秀驻村干部（其中第一书记 3 名）。

二是建设现代农村电网服务乡村振兴。投资 2.59 亿元，农村电网供电可靠率达 99.8789%，高于国家标准 0.0789 个百分点；综合电压合格率达 99.54%，高于国家标准 1.64 个百分点；户均配变容量 2.33 千伏安，高于国家标准 0.33 千伏安。

三是把定点帮扶作为乡村振兴精准施策。围绕助力帮扶乡村"五大振兴"，安排在紫云自治县捐赠 261.5 万元实施定点帮扶项目 15 个。成立扶贫项目督导检查和评估工作组，开展扶贫项目资产清查统计工作。持续发展伊拉兔、生猪代养、食用菌等产业，有效拉动就业，鼓足村民的钱袋子。

四是持续做好公益帮扶助力乡村振兴。2021 年累计组织开展志愿服务活动 12 余次，参与人数 43 人次，各县局团支部走村入户服务乡村振兴、走进企业、走进学校开展节能用电和安全用电宣传等。邀请紫云自治县定点帮扶村 30 余名学生代表在"六一"儿童节前夕走出大山一起过节，并继续资助紫云自治县 102 名学生 10.2 万元。

2022年以来，安顺供电局着重从强化"四个提升"、促进"四有"方面下功夫，实现"三个确保"，即提升基层党建工作水平，促进党组织有战斗力；提升宜居乡村治理能力，促进村级管理有制度；提升产业升级提质增效，促进村民收入有保障；提升人才队伍培养水平，促进乡村振兴有能人；确保帮扶工作有成效，确保驻村工作有典型，确保各级考核得优秀。

二、安顺市供电局创新"1+4"机制结对帮扶模式

自2022年以来，安顺供电局按照"1+4"机制（见图1），接续抓好结对帮扶紫云自治县的乡村振兴工作。"1"即健全1套管理体系，构建"省公司统筹协调、地市供电局组织实施、县供电局具体落实"的三级联动帮扶机制和三级责任清单。"4"即抓实电力帮扶、定点帮扶、消费帮扶和公益帮扶4项行动，统筹整合各类资源，聚合攻坚力量。

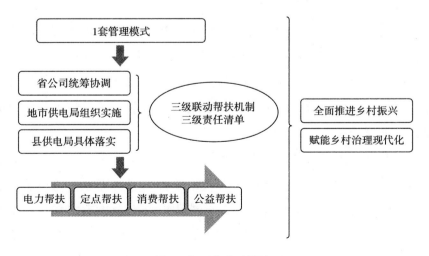

图1 "1+4"机制框架

"电力帮扶"方面。一是积极推动农村电力线，促进农村地区电力基础设施发展。二是加强农村配电网电压治理，提升农网供电薄弱区域电网能力，打造与现代化农业、美丽宜居乡村、农村产业发展相适应的农村电网，推动城乡用电服务均等化，农村电网建设特色化。三是将紫云纳入示范配电网项目，着力提升配网自愈率，促进供电可靠性。其成效如下：2022 年完成 3973 万元的紫云农村电网改造升级工程投资任务，新建中压线路 138.5 千米、低压线路 17.8 千米、配变 9 台、低压台区 16 个。"两率一户"指标持续提升，供电可靠率达到 99.995%，电压合格率达到 99.829%，户均配变容量 2.49 千伏安；完成紫云自治县现代化农村电网示范县专项规划。2023 年电网建设安排投资 20202 万元，截至目前完成年计划的 33.77%。其中主网项目完成投资 3554 万元，完成年计划 52.68%。安顺供电局 2023 年度农村电网改造升级工程安排投资 1.0458 亿元，新建中压线路 388.63 千米、新建低压线路 265.34 千米、新建变压器 186 台。截至目前完成 0.3532 亿元，完成年计划的 33.76%。四是已将平坝、紫云示范区示范配电网项目纳入 2023 年投资计划，启动建设。

"定点帮扶"方面。一是 6 名驻村干部按照"一宣六帮"的工作要求，兢兢业业、扎扎实实地开展驻村工作，牢牢守住了三个帮扶村不发生规模性返贫的底线。二是按照公司党委对乡村振兴工作部署和对帮扶项目严格管控的工作要求，结合各村的实际情况和老百姓的需求，围绕"五大振兴"共向公司申请帮扶资金 254.9 万元，涉及 10 个项目（其中紫云帮扶资金 224.9 万元，项目 8 个）。三是驻村干部积极协调当地政府引进帮扶资金 5010 余万元，在两村发展产业 2 个。其成效如下：2022 年，洛麦村香菇销售收入 8.21 万元，辣椒育苗产业销售收入 15 万元，村公司获 8676 元分红，带动 18 户农户参与种植，食用菌、辣椒产业为 130 名村民提供了就业机会。养猪场出租收入 3.65 万元，累计分红 12.15 万元，先后为 5 人提供就业，发放工人工资

37.3 万元。争取到省住建厅 160 万元的宜居农房建设试点项目落地洛麦村。小寨关村 3000 亩茶产业为 300 余名村民提供了就业机会。新塘村兔产业实现产值 18 万元，300 亩辣椒种植和 100 亩烤烟种植，解决了 80 余名村民的就业问题。2022 年，依托洛麦村、小寨关村理想信念基地，通过开展"重走一段长征路、开展一次劳动体验、上一堂党课、进行一次消费帮扶"的"四个一"活动，全年接待学习 20 余批次，400 余人。2022 年在紫云自治县建成 5 间"南网知行书屋"。2023 年上半年，洛麦村香菇、辣椒育苗产业销售收入 16.8 万元，带动 33 人次务工，发放务工工资 6 万元。养猪场出租收入 3.65 万元，先后为 5 人提供就业。新塘村林下种植项目羊肚菌采收及新塘村农产品销售约 80 万元，带动 20 人次务工。小寨关村肉鸡家庭农场采取了"龙头企业+村公司+农户"共赢合作的养殖模式。2023 年存栏肉鸡 2.5 万只，年出栏 3 批共 7 万余只，预计增加小寨关村集体经济收入 8 万余元/年，可带动周边 20 余户农户常年务工增收。2022 年 6 名驻村干部按照"一宣六帮"的工作要求，兢兢业业、扎扎实实地开展驻村工作，牢牢守住了三个帮扶村不发生规模性返贫的底线；顺利完成了贵州电网公司捐赠给重点帮扶"一镇三村"的 264.84 万元共计 14 个项目的建设投运。驻村干部积极协调当地政府引进帮扶资金 4010 余万元，在两个村发展产业 3 个。

"消费帮扶"方面。持续推进消费帮扶，按照贵州电网公司消费帮扶年度工作目标，助力"黔货出山"，分解下达年度消费帮扶农产品采购指标，按月跟进各单位采购帮扶地区农产品情况。其成效如下：截至目前完成采购产品 164.47 万元，其中完成紫云采购产品 48.56 万元。2022 年共向紫云采购帮扶产品 451 万元。

"公益帮扶"方面。一是持续唱响"电亮·多彩贵州梦"公益品牌。二是做好新闻宣传引导。2022 年开展志愿服务 160 余人次，开展"学生饮用奶"公益募捐活动，为紫云自治县中小学生筹集 11874.7

元捐款。2023 年，在第 60 个学雷锋纪念日到来之际，青年志愿服务者到板当镇小寨关村 3000 亩特色茶园基地，深入田间地头学雷锋助春耕，帮忙搬运茶树苗、翻土犁地等。走进小寨关村养牛场、"五保户"罗顺权老人家中，为其检查用电隐患，更换照明灯泡及破损导线，并讲解安全用电注意事项。为提高供电可靠性和配网安全运行，紫云供电局团支部 10 余名团员青年组成的突击队走进紫云县南部片区开展高故障线路的树障隐患集中清理整治活动，护航春耕生产，保障民生用电，助力乡村振兴。六一儿童节局工会组织职工子女与洛麦小学的孩子一起"阅读，让一切变为可能"。截至 2023 年 8 月底已在中央权威媒体、省级重点媒体、南方电网媒体刊播乡村振兴报道 10 条次。

三、安顺市供电局以"1+4"机制破解乡村振兴工作面临难题的探索

难题 1：生态振兴宜居环境创建问题探索。生态振兴是乡村振兴的重要支撑。推动乡村生态振兴，生态宜居是关键。老百姓参与农村人居环境整治的主动性不强、积极性不高。目前，农村环境治理复杂、难度大。部分乡村采取政府投资或招商引资进行大规模农村人居环境整治，统一规划、统一设计、统一实施、统一维护管理等。其好处是整体高端大气上档次，视觉感强、形象感高；不足之处就是投资过大，属于"输血"式治理。老百姓参与度低、依赖性强，存在较强的"等靠要"思想，后续维护难度大，可持续性不高。

解决措施："输血+造血"式治理。一是统一收取适量的卫生费，解决农村垃圾收集转运问题，也让农户自觉参与农村环境治理。二是为爱护卫生的农户配置统一的垃圾桶，解决垃圾就地集中收集问题，减少乱丢乱扔习惯。三是大力推进"四清""两改""四严禁"在农村有效落地。四是在农户房前屋后建设"微菜园""微花园""微果

园"，提升农村人居环境水平。主要利用村主干道边及积极地整组具备条件的群众家院坝边、墙边、空地进行环境打造，让全村群众走在主干道上赏心悦目、心情愉悦，也使其成为各家各户的示范引领，为全村宜居环境建设树立了标杆。其主要方式是采取"共商、共建、共治、共享"模式，按照一户一方案、一户一清单、一户一承诺的方式由政府或帮扶单位出资金购置必要的砖、砂、水泥、花卉、围栏等主要建筑材料，由驻村工作队和村支"两委"动员、组织群众，群众自愿出劳动力建设，通过共同建设的方式，既调动了老百姓主动参与宜居乡村建设的积极性、主动性，也提高了老百姓的参与感、成就感和投资效益，统一指导，让老百姓在建设宜居乡村方面增强成就感的同时，为乡风文明、乡村治理等奠定基础。

难题 2：如何整合资源、协调各方，共同推进乡村振兴。党委政府、行业部门、帮扶单位、人民群众对乡村振兴充满期待，都在努力推动工作，但各有侧重。

解决措施：2021 年，安顺市委市政府在全市开展宜居乡村创建，要求"四清两改四严禁"。新塘村基础差，原来各寨卫生死角多、无垃圾回收清运体制机制，如何才能完成这项任务成为驻村工作队和村支"两委"面临的巨大挑战。经过走访、调研、讨论决定从以下几个方面做起：一是党员、干部带头，做给群众看，带着群众干。重点从卫生死角清理，柴草、建筑材料堆放等工作做起，党员、干部划定责任区，带着护林员、保洁员和群众一起干，一户一户过、一处一处清，经过两个多月的集中行动全村环境卫生有了一个显著的提升，同时通过集中行动，宣传动员了群众，也让群众知晓怎么干。二是完善基础设施。针对运行过程中发现的无垃圾车、原有垃圾池较少、不便于垃圾清运的情况，协调相关部门，移民局扶持 1 辆垃圾车、25 个垃圾周转箱，村集体购置 16 个垃圾箱，帮扶单位贵州电网公司捐赠 530 个垃圾桶。三是建立机制。为了保住来之不易的成果，对全村的道路、公共区域明确责任人，建立清扫制度，并对清扫情况进行检查、督导。召开群众会议推动收取卫生费，保障垃圾清运体系的正常运转。四是动员群众。按照共建、共治、共享的理念和"3+3+1"的方式（第一个"3"是一户一方案、一户一清单、一户一承诺；第二个"3"是帮扶单位贵州电网有限责任公司提供必要材料、驻村工作队和村支"两委"干部组织实施、农户自己投入劳力，三方协同推进；"1"是对在公共区域有贡献的人员进行表扬、奖励），让群众积极参与公共区域建设推进宜居乡村建设，充分调动群众参与乡村建设的积极性。目前完成建设 20 余户，起到了较好的效果。

难题 3：帮扶村无专业会计人员。账务仅通过聘请会计公司会计人员按年度做账，无能力按每个帮扶项目进行划分单独建账，以便体现帮扶项目的盈亏状况。

解决措施：公司系统内的专业财务人员以月为周期点对点对帮扶村进行专业帮扶，制定完善相关账务，规范提升帮扶村的财务管理水平，助力村集体发展，进而提升村支"两委"的乡村治理能力。

作者信息：

崔亚华　贵州电网有限责任公司安顺供电局党建工作部主任、工程师

谭镇林　贵州电网有限责任公司安顺供电局助理工程师

魏　霞　贵州省社会科学院区域经济研究所研究员

张靓熠　贵州电网有限责任公司安顺供电局高级工程师

安龙县大坡角民族村寨治理经验研究

中共中央办公厅、国务院办公厅印发的《关于加强和改进乡村治理的指导意见》指出："实现乡村有效治理是乡村振兴的重要内容。"民族村寨作为乡村治理的重要对象及主流阵地，应充分运用民族村寨自身所蕴含的内生治理资源及其强大的治理功能为国家治理现代化的贵州实践增添势能，推动乡村振兴，为构建乡村治理体系，全面盘活乡村传统治理资源的发掘、传承与整合，从而实现民族情感认同意识、道德价值秩序以及文化传承保护协同发展。

一、大坡角民族村寨治理的背景

（一）大坡角民族村寨治理困境

大坡角组属于安龙县钱相街道办事处坡云村下辖村民组，位于安龙县城西北面，距安龙县城约 7.5 千米，占地约为 2 平方千米，为传统布依族村寨。

大坡角民族村寨治理困境体现在三个方面。

1. 村寨开发涉民矛盾协调不完善

大坡角组虽距离安龙县城较近，交通便利，但自然条件受限，导致在市场开发过程中，难以找到适合的项目推进实施。引进项目在实施过程中未能充分考虑到区域地方发展的适配性，导致在开发过程中出现一些涉及民众的矛盾出现。政府基于利民、惠民目的实施的项目，使部分村民时下利益受损，因沟通不及时，普及不到位，加之民众缺乏对政府规划的理性及长远认识，导致矛盾出现。

2. 村民参与治理程度低

针对地方的发展，现代化新型农业在地方的管理与运行打破了传统的以家庭为单位，而以集中种植为主，这种模式使得村民并不能直接参与到建设管理中，民众的积极性得不到提升。

3. 治理观念难以转变

农村"空心化"问题严重，年轻人外出务工，农村发展形势严峻。对村寨的治理不仅需要外部力量的加入，更重要的是依靠内部力量持续规范性地运行和推进。这要求民众不仅要从技术、知识、管理水平上提高自身素质，更要求民众要从意识、精神上向村寨发展集中靠拢，依靠群体智慧促进乡村治理水平的提升。

（二）大坡角民族村寨困境分析

中华人民共和国成立后，在党中央的领导下，乡村治理结构随着时代的发展不断做出调整，从"人民公社"到"村民自治"，再到"乡政结合"及现在的"多元治理"模式，实现了从国家到地方的双向协同。但在具体实施到乡村社会的过程中，受多方因素影响，部分民族村寨的治理并未达到预期效果，大坡角组也是在此背景下显露出了治理困境。

1. 村级自治组织缺乏公信力

乡村是熟人社会，乡村振兴战略的实施为民族村寨的发展提供了机遇，同时也带来了挑战。村级自治组织未能深入社会内部，因地制宜将外部资源引入，加上财力不足，部分人员与熟人社会分离，导致治理动力微弱，解决不了发展问题，致使组织的公信力降低，自然在矛盾协调中无法调停。

2. 村民权利义务意识淡薄

青年外出务工，老弱妇孺留守乡村，致使其脱离乡村治理，对切身利益的把握缺乏权力与规则意识，主人翁作用不明显。而振兴项目既需要村级自治组织及成员的积极争取，也需要其参与到具体的建设中。正因为民众缺乏权利与义务意识，导致发展缓慢。

3. 各单位权责不明晰

乡村治理所涉及的主体范围及事务是繁杂的。从政府、企业、集体、家庭到个人，所追求的目标与利益不同，所以需要权衡利益分配，对于职责亦应明确划分。只有在明晰各方权责的基础上加以科学的方法才能平衡发展，持续推进政策措施的施行。

4. 治理效果覆盖面积受限

村级社会素有"十里不同俗"的特点，这使得村级社会在发展上会受语言、风俗习惯等的影响，人们对于事物的看法和认知有所不同，自然在结果上也很难一致，项目实施面受限，治理效果所覆盖的面积窄。

二、大坡角民族村寨多元治理的主要做法与成效

（一）继承发扬家族文化

1. 家族文化下的字辈传承理念

黄氏家族无家谱，其家族字辈来源于黄德先墓碑刻录，有老谱①与新谱②之分。

老谱：开　朝　有　元　成　　新谱：永　定　安　富　贵
　　　正　世　安　定　建　　　　　忠　祥　耀　勤　全
　　　文　德　兴　会　纪　　　　　万　代　伦　大　发
　　　永　克　荣　光　忠　　　　　荣　光　显　胜　仁

---

① 老谱为黄氏家族从外地黄氏家族族谱中誊抄。
② 新谱由黄永坤领衔大坡角组黄氏家族共同商议谱写。

王氏家族无家谱，其字辈①如下：

志义兴盛永宏昌，世代远傅学科章；

文武选才芳作栋，英豪卫国保家邦。

岑氏家族无家谱，其字辈源自科索岑氏，为：

德立延家祚，勳崇保国恩；

鼎彝光述祖，诗礼穀诒孙。

从其家族字辈中体现出来的传承观念是对家国兴盛的深切盼望，安定兴盛、国祚永昌、文武栋才、保家卫国、德仁礼世等无一不展示着家族文化中对于传统文化的继承，以教育后世子孙。

2. 家族文化下的村规民约制定

为了建设原生态的布依族村寨，促进大坡角组的发展，村民制定了乡规民约：一是少吸烟，不酗酒；二是多做事，勿空话；三是相互关爱，勤俭节约；四是出门在外，回家看看。

除了向本村人提出要求外，他们还向全省布依族提出倡议，如倡议要遵纪守法、家庭和睦、建文明村寨等。

3. 家族文化下的教育发展

坡云小学位于科索组与大坡角组的交界处，有两层教学楼，教室10间。坡云小学是岑忠美在1956年为提高本土教育水平领导村民修建的，校址在阿楮寨陈家、曾家老屋，办学之初招收学生100余名。1958年，搬至大坡角组王金华家。1960年，搬至科索组。后停止办学；只留下村民自筹资金修建的四间石木结构的教室和两间办公室。20世纪90年代坡云小学快速发展，村民自筹资金，出工出力修建了两间教室和一间办公室。2005年，通过老师以及村民们几个月的努力，新建校舍在当年3月投入使用。2010年，坡云小学现规模成型。2015年左右，学校学制从"六年制"改为"三年制"。经过祖祖辈辈

---

① 王氏家族字辈由家族长辈谱写。

的耕耘，坡云小学的发展有声有色。在整个发展过程中，大坡角组均参与其中，从修建到教学均有大坡角组民众的身影。①

（二）不断更新观念及技术

1. 种植方式不断更新

1981~1982年，黄永坤带头科学种地，实行"宽窄行"，一行宽一行窄依次排列，宽的间距1米，窄的间距60厘米。后来又引进"满天星"种植方法。根据时代的发展，种植方式不断更新，大坡角组村寨也在继承传统的基础上寻求创新。

2. 新式与旧式除害并行

农业种植中，除虫大多会选择杀虫剂，以化学药物来阻隔虫害的侵袭。大坡角人在种植中亦会采用这种方式，但是其还有一套属于自己独特的驱虫害方法——扫田坝。扫田坝会在栽秧结束后的第一个龙场天进行，为全寨集体活动。在举行扫田坝活动时，由全寨集资经费购买活动所需物品，费用在100元左右，每家派一位代表出席。扫田坝可将全寨农田除害，一方面，扫田坝花费少，用最少的成本获得最大的利益，如果使用杀虫剂除害，所花费的资金远远超过百元；另一方面，杀虫剂的使用对粮食的质量和田地都会造成影响，而"扫田坝"虽传统，但绿色，能够保护粮食质量和维系土壤环境。随着科学技术的进步，农业种植也出现很多新兴技术，大坡角人也在逐渐转变自己的种植观念，更新技术手段。

（三）依靠传统民族文化资源治理

1. 源自能人权威传统信仰治理

摩公是布依族社会的精英及全能型人才，掌握着渊博的民族知识，

---

① 坡云小学的发展过程中，很多老师都来自大坡角组。

作为专职祭祀人员，出现在各个重大场合，通过仪式来对区域民众进行精神理疗，用以约束和规范村民的行为和思想。随着时代的发展，摩公也将符合主流的道德伦理及价值观通过仪式或文本或口头传递给村民，使之符合社会主流。这种神性的教育在民族地区往往治理效果更明显。黄定德是大坡角组唯一的摩公，其早年是大坡角组的爆破员和拖拉机驾驶员，参与过修建水库。1997~2003年担任大坡角组长，其间积极为组里谋发展，加强组里的基础设施建设。自己投钱买炸药，组织村民开凿全寨马路路基；大力支持村民修建保坎；从嘎咕洞引自来水入寨等。

2. 基于节日仪式的凝聚团结治理

祭山是大坡角组非常隆重的一个祭祀节日，要求每家必须参加。活动时间一般为农历三月的第一个猴场天。祭山活动，一方面是为了纪念岑彭、马武两位将军的功绩，祈求两位大将庇护村寨；另一方面是因为解放前经常有土匪到村寨骚扰村民，使村民的生命财产受到威胁。故通过这种统一地点、统一安排的活动方式，来凝聚全寨力量，团结一致，共御外患。随着时代的更迭，这种凝聚力从抵御土匪，保卫家园的功用逐渐延伸为团结协作、谋求发展、共同致富的共同目标。

（四）建立公共设施及自治组织

1. 集资修建上坝水库

上坝水库位于大坡角村寨后山山顶上，始建于1972年，1992年完工。为解决农田灌溉水源不足，粮食产量低的问题，1972年，寨子里的老人动员村民在上坝修建水库用以蓄水，于是村民便上报人民公社，人民公社向水利局上报，水利局批经费，用于支付劳工工资。刚开始修水库时只有几个人，后来村民只要农闲就去修水库。1988年水库面积达到8万平方米，1992年水库全面建成，面积已达到12万平方米；2007年，对水库进行了加固与改造。从20世纪70年代开始，整个寨子的农田灌溉水源均来自上坝水库，上坝水库推动了整个寨子的农业发展。

2. 修水渠

从上坝水库通往寨子的水渠，始建于 1972 年，在 1989 年大修，主干渠全长约有 1500 米，宽为 40 厘米，深为 40 厘米。其功能是将上坝水库的水引到寨子中用以灌溉农田。后不断增加水渠支干，现在大坡角水渠基本覆盖全部种植区域。

3. 迁孔德明墓

孔德明墓位于大坡角后山山顶，坐南朝北。据言孔德明为中国共产党地下工作者，1949 年初被害，置于娃娃洞；1964 年从娃娃洞移出，葬于凉水井坡云小学对面树林中。2016 年 7 月 1 日，经安龙县政府同意，大坡角村民集资，将孔德明墓迁至嘎咕洞旁，后村民集资修建了通往孔德明墓的水泥路，便于村民祭拜先烈。

4. 自治组织建立议案组

2016 年，黄安益担任大坡角组组长，为更好地处理寨中事务，成立了自治组织——议案组。议案组共 7 人，成员包含男女老少，平时负责收集资料，提出发展建议，辅助黄安益书写上报文书等。黄安益说："平时他不在的时候，议案组都可以替他做主。"[1]

三、大坡角民族村寨治理的经验启示

（一）发挥能人权威挖掘传统资源

1. 三种权威并行

乡村治理过程中应充分发挥能人权威，用以保持维系治理效果，从法制到伦理道德上对民族地区进行全面管理，并充分认识到区域文化的差异性，因地制宜地寻找合理的推进方式，从而达到治理效果明

---

① 资料来源：黄安益口述。

显化并最终实现治理现代化、科学化。

除前文所述之魅力型权威代表摩公外，对于传统型权威代表的能人亦应充分发挥其作用。如致力于家乡村寨建设的岑立刚，70 多年来一直依照其父岑忠美所定家训做人做事："为人事、世间事、尽人事、勤俭事、做善事、孝道事，事事人为，人做事事，不留憾事与后世。"[1]黄安益在担任组长期间为组里谋发展，带领村民堆砌保坎，集资将村里的毛马路铺成水泥路、修体育场和村室馆，迁孔德明墓等。

2. 传统资源挖掘

乡村社会传统资源丰富，具有深厚的文化内涵，以社会意识与价值为导向，通过对民族性格、心理、行为方式以及情感认同等方面的塑造与引导，全面盘活传统资源，以服务于乡村治理，从而达到对乡村秩序构建、推动文化持续发展和协调乡村经济社会的互动式治理。

（二）把握区域性质树立文明新风

1. 共性与特性统一

对民族村寨的治理是复杂而持久的，从传统的治理经验来看，这是因为地域、民族与个性造成的。我们在治理过程中既要把握共性，又要兼顾特性。民族村寨在特定的环境土壤下，有着特定的运行机制与逻辑，社会结构与行为也表现出较强的民族性与地域性。这就需要充分把握其社会传统文化内涵，在层级治理的基础上更多地挖掘传统文化，潜移默化地规束，以其内生力来影响其观念、行为、价值的转变，对其进行治理。

2. 树立文明新风

乡村治理要发展必须不断激发传统资源的内生动力，如举行民俗活动、歌舞表演等将与民众息息相关的日常以文娱的形式集中呈现，让民众"走出来，融进去"，从而树立文明新风。如大坡角组闲暇时

---

[1] 资料来源：岑立刚口述。

会举行一些文娱活动，对山歌、包粽子、八音坐唱等。

（三）多元治理与培育精英

1. 明晰治理主体结构，搭建多元发展平台，盘活传统治理资源

乡村治理的主体多，从政府、企业、集体、家庭到个人，必须明晰各环节的主体，并厘清权责，才能持续推进治理工作。一是建立领导班子，以党建为主，将优秀党员放在第一线，并不断完善基层组织结构。二是实现乡村自治，在党的领导下，逐步完善对于自治组织的权力约束和程序规范。在下级单位要充分放权，如大坡角议案组的建立，在很大程度上加快了村寨治理，其组织灵活多变，能聚焦村寨的具体问题，对于这种自治组织可鼓励开展工作。三是法治与德治并行，法治是治理的准则，德治是治理的基础，只有两者并行，乡村治理才能稳步向前。

2. 提升民众参与集体治理，培育精英发挥模范作用

熟人社会中，往往具有强大的凝聚力，其表现为"一家有难，八方帮助"。这种源自传统认知中的相互依靠与族群依赖正在随着时代的发展而产生变化，认同意识越来越淡薄，新型生活方式的转变正在消磨传统社会凝聚的族群与家族意识。在乡村治理过程中必须让民众参与治理，这样才能有效地培养其主人翁意识。在培育和铸牢共同体意识的同时还需要加强对于乡村精英的培养，通过精英培养来实现权威模范，最终实现从传统型到法理型权威精英的转变，共推乡村治理成效，实现乡村振兴，人民共同富裕。

作者信息：

张慧萍　贵阳人文科技学院讲师

张　旭　贵州民族大学副教授

黄君平　岑巩县第一中学高级教师

传真群　重庆人文科技学院辅导员

紫云自治县以"党建+大数据+乡村振兴"平台建设赋能乡村治理现代化的实践经验研究

乡村治理现代化是中国式现代化的关键构成，也是乡村振兴的重要工作，其内在逻辑与运行机制有助于国家治理现代化和乡村振兴战略绩效的全面提升。在国家战略主导下，数字化为乡村建设和农业农村现代化催生了新的活力，乡村治理模式正在被不断探索和实践。贵州省紫云自治县围绕乡村振兴战略总要求，积极探索运用大数据手段，构建多元化、高效化、精细化的"党建+大数据+乡村振兴"信息平台，为推进基层治理体系和治理能力现代化聚势赋能，于 2022 年获批贵州省党建引领乡村治理试点县。本文立足于实地调研，在梳理"紫云经验"的基础上，旨在为贵州省深入推进乡村治理现代化，融入中国式现代化大局提供启示。

一、紫云自治县"党建+大数据+乡村振兴"平台建设的背景

2019 年 5 月，中共中央办公厅、国务院办公厅联合发布了《数字乡村战略发展纲要》。2021 年，中央一号文件强调要全面推进乡村振兴，实施数字乡村建设发展工程。2022 年，中央一号文件再次明确

"大力推进数字乡村建设"，并为之指出六个重点方向，其中包括：以信息基础设施为数字底座，夯实数字乡村发展根基；以推进智慧农业发展为抓手，实现农业生产数字化；以数字技术赋能为手段，实现乡村管理服务数字化；以应用场景为突破口，寻求数字乡村最优方案。同年 2 月召开的全国基层党建工作重点任务推进会，要求各地围绕"发挥村党组织的领导作用"，在推行网格化、数字化赋能、精细化服务上进行探索。

在数字乡村国家战略和基层党建工作重点任务目标的驱动下，紫云自治县立足于乡村振兴实际需求，以解决基层组织发挥作用难、群众办事和诉求难、掌握村情民意难，以及发动群众参与难等问题为导向，充分发挥基层党组织的战斗堡垒作用，以村党支部为核心，以电信公司乡村数字化平台为载体，从解决基层社会治理难点、痛点着力对 2021 年开始试点建设的数字乡村系统平台进行不断优化和功能提升，最终形成涵盖"党建引领、乡村振兴、宜居创建、乡风文明、乡村治理、群众监督"六大功能模块的"党建+大数据+乡村振兴"信息化平台。信息化平台将智慧党建、智慧服务、乡村动态治理，以及数字产业发展融合为一体，通过不断拓宽平台应用场景实现了乡村治理水平的大幅度提升。

二、紫云自治县以"党建+大数据+乡村振兴"平台推动乡村治理现代化的实践经验

作为全省党建引领乡村治理试点，紫云自治县以"党建+大数据+乡村振兴"平台建设助推乡村治理现代化的实践经验主要有以下四个方面。

（一）以"标准化"整体推进

紫云自治县通过构建县级统筹、部门联动、乡镇主抓、村级落实的"四责协同"联动机制，以猫营镇黄鹤营村、大河村，板当镇硐口村、同合村和火花镇九岭村为试点，坚持标准不降、力度不减，引导

全县各村（农村社区）结合实际、大胆创新，按照总体架构不变、创新推进的原则，强化对"党建+大数据+乡村振兴"信息平台功能模块的开发运用，全覆盖推进 167 个村（农村社区）"党建+大数据+乡村振兴"信息平台建设，逐步实现以"点"带"面"、连线成片示范引领整体"标准化"提升。

（二）建立协同联动工作机制

围绕基层工作实践需要，紫云自治县建立部门（单位）协同联动工作机制，依托电信公司网络技术支持，各村（农村社区）立足实际，不断优化"党建+大数据+乡村振兴"信息平台运用模块，结合公安、司法、卫健等部门实际需要，发挥"党建+大数据+乡村振兴"信息平台支撑作用，实现基础数据综合采集，不断推进信息技术和社会治理有机衔接、深度融合，逐步实现基层治理的"规范化""高效化"运行。如硐口村借助信息平台组织专家会商产业发展情况，切实打通农技专家服务产业发展的"最后一米"；翠河村依托河道监控设备，有效推进河道环境整治，筑牢防溺水"安全网"；猴场村通过推动"党建+大数据+乡村振兴"在宜居乡村创建中的运用，让移风易俗切实走进每一个家庭。

（三）搭建"多元化"应用场景

按照找准发展定位、明确发展路径、加快后发赶超的思路，紫云自治县在前期建成"党建引领、乡村振兴、宜居创建、乡风文明、乡村治理、群众监督"六大模块和党建动态、乡村产业、村务公开等 32 个子模块的数字运用平台基础上，不断拓展服务的内涵和外延，探索融入党员"百分制"管理、"智慧养老"、政策宣传宣讲等功能。同时，将关爱留守老人、留守儿童纳入平台建设中，对留守老人、留守儿童等特殊群体实现有效监管，搭建了"党建+大数据+乡村振兴"信息平台的多元化应用场景。

黄鹤营村聚焦 70 岁以上老人的管理服务，在运用六大功能板块的基础上，探索运用智能手环，实时掌握所处位置、健康状态等信息，确保其生命健康安全；宗地村通过"党建动态"模块发布宜居创建动员信息，动员广大群众积极参与生态宜居村庄创建；同合村结合村情实际，积极推动信息平台在乡风文明、乡村旅游中的运用，乡村知名度显著提升。

（四）开展"精细化"便民服务

紫云自治县以基层组织作用发挥难、群众办事和诉求难、村情民意掌握难、组织发动群众难等问题为导向，积极构筑"党建+大数据+乡村振兴"信息平台服务体系阵地，鼓励各村（农村社区）积极借鉴各地在乡村振兴生动实践中探索出的成功经验，探索组织生活"直播式"开展、党务村务网上公开、宜居乡村智慧创建、群众"急难愁盼"指尖反馈等功能的运用，并结合双诺、双述、双评、双公开"四双"工作机制，让群众能够通过平台及时了解所在村（农村社区）的年度工作计划、待办事项的推进情况，切实提高便民质量，实现服务模式的"精细化"发展。

三、"紫云经验"的启示与进一步推动乡村治理现代化的对策

（一）紫云自治县以"党建+大数据+乡村振兴"平台推动乡村治理现代化的启示

1. "党建引领"是推动乡村治理现代化的根本动力

"党建引领"不是口号，而是激活乡村多元力量参与基层社会治理积极性、主动性和创造性的根本要素。

首先，紫云自治县"党建+大数据+乡村振兴"信息平台建设依托于党的组织网络与行政体制，以县级统筹、部门联动、乡镇主抓、村

级落实的联动机制来整体推行，通过自上而下的扩散与自下而上的试点，实现以"点"带"面"、连线成片示范和标准化，从而在数字化进程中将乡村振兴战略的政治势能转化为治理效能。

其次，在紫云自治县"党建+大数据+乡村振兴"平台实际应用过程中，"党建引领"推动了乡村治理法治化、规范化、科学化，同时通过党务村务网上公开、探索融入党员"百分制"管理、动员群众参与等手段，使基层农村党员和农民群众在乡村治理中的重要主体作用得以彰显，优化了乡村治理的主体结构。

2. "平台赋能"是助推乡村治理现代化的关键机制

"党建+大数据+乡村振兴"平台既是数字乡村的基础设施，也是乡村治理共建共享与效能提升的重要载体，并从三重机制上为乡村治理现代化赋能。

首先是连接机制。紫云自治县建设的"党建+大数据+乡村振兴"平台能够克服基层职能部门、乡村组织、村民之间局部联系乃至分散化的缺陷，通过数字化搭建了以基层党组织为中心的关系网络。在具体实践过程中，信息平台还结合紫云自治县公安、司法、卫健等部门的实际需要，实现基础数据综合采集，不断推进信息技术和社会治理有机衔接与深度融合，推动基层治理"规范化""高效化"的实现。

其次是动员机制。紫云自治县基层党组织通过"党建+大数据+乡村振兴"平台调动村民参与的积极性，激活他们作为乡村治理主体的积极性，凝聚行动共识。平台在"党建引领、乡村振兴、宜居创建、乡风文明、乡村治理、群众监督"六大模块的基础上融入党员"百分制"管理、"智慧养老"、政策宣传宣讲等功能板块，通过发布党建、宜居、乡风文明、乡村旅游等多类动员信息，动员群众参与，促进了多方协同治理体系的初步形成。

最后是规范机制。紫云自治县建设的"党建+大数据+乡村振兴"平台将乡村治理的多元主体整合在同一场景之中，以乡村治理需求为导向，制定合作规则、规范，从而实现乡村治理的统一部署与有序推进。平台通过数据的收集和整合，建立起全面、准确的乡村治理信息库，为决策和规划提供了依据，促进乡村治理走向标准化、规范化。

3. "多方协同"是推动乡村治理现代化的内生动力

内生动力是实现乡村振兴和乡村治理现代化的关键性力量。在紫云自治县推行的"党建+大数据+乡村振兴"平台赋能模式下，党群和职能部门、乡村党组织、村民在乡村治理实践中得以结合。多方协同促进了总体性治理理念与全局性治理格局的形成，并通过提升乡村治理能力为多元主体应对乡村振兴中的挑战性议题供给了内生性动力。

首先，"党建+大数据+乡村振兴"平台的应用使党政部门、乡村党组织、村民协同参与乡村治理，优化了乡村治理体系的运转效能，促进了治理职能的高效履行。同时，多方协同能够消除不同部门之间的冲突，维持了组织效能的平衡。乡村中的不同利益主体通过合作、共享可以解决乡村治理中的陈旧性问题。

其次，紫云自治县以"党建+大数据+乡村振兴"平台助推乡村治理现代化的关键在于能够动员农民参与，强化了农民在乡村振兴中的主体性，这为乡村治理现代化提供了不竭的动力。乡村自身的资源禀赋是乡村治理现代化的关键，依靠乡村党组织和群众参与的积极性和创造性，才能形成乡村振兴的良性循环模式。村民是乡村振兴的重要主体，村民参与乡村治理既是治理现代化的重要表征，也是推进治理现代化的强大动力。

（二）发挥紫云示范效应，深入推动乡村治理现代化的对策

"党建+大数据+乡村振兴"平台建设和推广能够帮助决策者更合理地调整资源配置，规划乡村发展方向，提高资源的利用效率，也将有助于推动乡村经济社会高质量发展和乡村振兴战略目标的实现。充分发挥"紫云经验"的示范效应，在继续推进紫云自治县这一省级试

点乡村治理现代化建设和可持续性高质量发展的同时，应重点考虑建设效果的外部性。从试点区域布局向全面布局拓展，以总体架构和思路不变，坚持创新推进为原则，以期达到更为积极的"以点带面"的示范效果，推动贵州省整体乡村治理"标准化"提升。

1. 利用政治势能聚合乡村治理资源

首先，将党建引领转化为治理效能。进一步提升党建引领在乡村振兴中的重要作用，特别是要将数字化领导力转化为乡村振兴动能与治理效能。党建引领较难转化为治理效能是乡村治理工作中的一大难题，"党建+大数据+乡村振兴"平台以智慧党建领航，不仅仅将党的自身建设作为主要目标，而是运用数字化平台充分整合社会资源，组织和动员群众力量，从而将党建引领的政治优势转化为乡村治理实践中的实际效能优势。其次，运用组织优势聚合乡村治理资源。通过组织动员，促进党和政府、社会组织和人民群众共同参与乡村治理过程，以政策引导、创新机制、社会合作和信息共享实现乡村治理资源的聚合，提升乡村治理能力和水平。同时，建立长效机制和监管体系，确保资源的合理利用和可持续发展。最后，运用党媒的宣传优势和政策扩散路径。做好省级示范点建设的宣传工作，全面解读和传达相关政策措施、方法路径、建设重点，利用党媒渠道，特别是互联网渠道展开报道宣传，扩大示范点的影响力；尤其需要总结试点建设各阶段取得的成就、经验和教训，按阶段做好方案完善和宣传报道。

2. 优化平台可供性提升乡村治理效能

平台赋能是"党建+大数据+乡村振兴"模式的重要特征，因此优化平台功能设计，提升平台在乡村治理中的可供性是未来示范推广过程中的一项核心工作。首先，优化用户界面设计和易用性。确保平台具有直观和易于操作的用户界面，使农村群众和基层工作人员能够轻松地使用大数据平台。清晰的导航结构、简明扼要的说明和直观的操作流程，可以提高平台的易用性，减少使用者的学习成本，并提高整体的用户使用度和满意度。其次，打造多样化、差异化功能，提升平台的工具价值。在示范推广过程中，应当根据各地区特点和乡村治理的具体需求，优化平台设计以提供多样化和差异化的平台功能选项，重视其工具性价值。通过充分了解当地实际治理需求，打造符合实际情况的功能模块，以提高治理效能和工作效率。最后，优化区域数据集成和共享。乡村治理涉及多部门和层级之间的协作和信息共享。平台建设应实现不同系统和应用之间的数据共享和互联互通，提高数据的准确性、完整性和实时性，从而更好地支持乡村治理的决策和执行，提高治理效能和应对突发事件的能力。

3. 提升农民参与乡村治理的内生动力

首先，以"党建+大数据+乡村振兴"平台推动乡村治理现代化要强调农民在多方协同中的主体作用。农民参与是乡村治理现代化建设能够产生经济社会效果的重要前提。作为一项系统性工程，乡村治理现代化的主要目标之一是推动"政府负责、社会协同、村民参与"治理格局的形成。农民是乡村治理的重要主体，乡村数字治理作出的智慧化、高效化、专业化和便民化承诺是否实现，其实现程度如何更应从农民参与视角来给予评价。其次，促进大数据平台整合效能，使农民在参与乡村治理的过程中有规范可循。平台赋能的整合机制的实质在于基层党组织运用信息技术为参与乡村治理的主体划分职责、权限以及行动边界，实现不同主体间治理规范的有序互动。最后，提升农村数字信息素养，保障农民参与乡村治理提供所需的信息和知识。通过建设信息平台、组织培训等方式，让农民了解乡村治理的政策、措施和机会，提升农民的数字信息素养，增强农民的主体性和能动性，推动乡村治理的现代化进程。

作者信息：

黄丽娜　贵州民族大学传媒学院网络与新媒体系主任、副教授

钟　华　贵州民族大学传媒学院副院长、教授

娄　莉　贵州民族大学传媒学院党委副书记、讲师

社区治理

易地扶贫整乡搬迁安置区
景区化治理的实践经验研究

——以晴隆县阿妹戚托小镇为例

晴隆县阿妹戚托小镇是落实国家易地扶贫搬迁政策，解决该县极贫乡镇三宝彝族乡整乡搬迁安置任务，按照景区功能建设的易地扶贫搬迁安置区，以素有"东方踢踏舞"之称的彝族舞蹈《阿妹戚托》命名，着力打造"易地扶贫搬迁"主题旅游扶贫示范景区，2021 年 11 月，阿妹戚托小镇被批准为国家 AAAA 级旅游景区。在治理措施上，立足安置区发展实际和搬迁群众的需求，实施景区化治理，实行网格化管理、精细化服务，健全安置区治理体系，提升社区治理能力。

一、阿妹戚托小镇"景区化"治理的背景

景区化治理，就是将易地扶贫搬迁安置区作为旅游景区进行经营、管理、服务和治理的社区治理模式。阿妹戚托小镇整乡安置三宝彝族乡 1317 户 6263 人，搬迁群众入驻后，面临着三大治理难题。

（一）搬迁群众就业增收难

晴隆县地处边远、山高谷深、资源匮乏，制约了县城的发展，县城规模较小，阿妹戚托小镇建成前，县城城区面积不到 5 平方千米，常驻人口不到 5 万人，流动人口也较少，城区范围内没有大中型劳动

密集型企业，商贸、物流、文化、旅游、住餐等现代服务业也不繁荣，城镇新增就业岗位受限，"十三五"脱贫攻坚期间，晴隆县依托城镇除了整乡搬迁三宝彝族乡6263人入驻县城，还搬迁了其他乡镇的2.4万人入驻县城，县城共建设6个安置区，接收易地扶贫搬迁群众近3万人，相当于过去50年甚至100年的自然增长，急需解决就业1万人以上，这对吸纳就业人口能力较弱的晴隆县来说，是个巨大的挑战。

（二）搬迁群众融入城镇难

文化水平偏低、就业技能偏弱、生活方式粗放是易地扶贫搬迁群众的普遍特点，生产方式、生活习惯、文化认同、处事方式等与城市市民有所不同，难以融入城镇，给社区治理带来了很大的难度。三宝彝族乡的村民因过去祖祖辈辈生活在北盘江麻沙河畔边远闭塞的深山里，村民与外界联系较少，以农业生产为主要生活来源，除了掌握简单的水稻、玉米等种植技术和养猪、养鸡等养殖技术，几乎没有其他生产生存技能，生产劳作之余，男性喜欢聚众喝酒，女性喜欢结群跳舞（《阿妹戚托》）。整乡搬迁入驻阿妹戚托小镇后，无论是在城市就业、生产方式上，还是在生活习惯、城市管理上，都很难融入其中，既影响了搬迁群众的可持续发展，又影响了城市和谐及城市水平的提升。

（三）搬迁群众教育管理难

易地扶贫搬迁群众的文化程度不高、思想观念较为落后，吸收新知识、新观念、新技能不积极、不主动，对搬迁群众的教育管理难度较大。调研发现，阿妹戚托小镇的搬迁群众的教育管理主要存在四难：改变生活习惯难，大多数搬迁群众依旧沿袭着村里的生活习惯，难以改变垃圾乱扔、衣物乱挂、污水乱倒等不良生活习惯，给安置区的管理带来难度；遵守文明规定难，大多数搬迁群众难以遵守城市交通秩序、文明出行、公共秩序、小区环境保护等管理规定，给城市管理带来了难度；

接受生活知识难，因搬迁群众观念守旧，对其开展疾病防治、安全防范、卫生防疫等知识培训，群众吸收难度较大，培训效果不佳；接受就业技能难，因搬迁群众文化程度较低，对其开展工业、服务业等技能培训，群众学习难度较大，吸收新技能的能力较弱，就业技能培训效果不佳。

搬迁群众存在的上述"三难"，给实现"搬得出、稳得住、快融入、能致富"的易地扶贫搬迁目标带来了极大的挑战，必须创新工作思路，采取切实有效的措施加以解决。

二、阿妹戚托小镇"景区化"治理的主要做法

为破解上述"三难"，近年来阿妹戚托小镇所在的三宝街道按照中央、省、州关于基层治理体系和治理能力现代化建设的部署要求，坚持以"五个体系"建设为统领，以网格化管理和自治法治德治为路径，扎实推进阿妹戚托小镇基层治理体系和治理能力现代化建设。

（一）突出景区功能，强化基础设施

搬迁后，小镇重点加强基础设施建设，不断完善景区功能。一是重视规划设计，小镇规划用地面积1450亩，不仅配套建设了游客接待中心、苗寨商业区、苗彝文化广场、三宝塔、小吃街、文化服务中心等旅游设施，还规划建设了集标准篮球场、羽毛球场、拼装式游泳池、生态体育步道等功能齐备、运动休闲舒适的生态体育公园，占地面积9210平方米。二是积极争取相关部门在资金、审批等方面对旅游项目给予支持，不断改善游客中心、停车场、旅游公厕、旅游标识标牌等设施。例如，2022年投入200万元对阿妹戚托体育公园进行智能化提质升级，体育健身设施不断完善。

（二）突出景区业态，强化就业保障

围绕旅游发展布置业态，盘活小镇旅游业态促就业。一是通过抓

实"全员培训促就业、文旅融合带就业、园区引领拓就业、东西协作稳就业、一产转型增就业、公岗开发保就业"六大举措做强培训就业体系，拓宽搬迁群众就业增收渠道。二是优化小镇门面功能布局、划行规市，依托民族文化优势开发民族产业、餐饮购物、娱乐服务、民宿酒店等文旅产业，开发集吃住行娱购于一体的"夜间文化消费聚焦区"，开发月亮湖游船、篝火晚会、文艺表演及二十四道拐观光车体验等体验项目。三是举办各类演出活动、文化旅游宣传推介活动、文化交流活动、国际山地旅游暨户外运动大会等大型文旅活动，吸引八方游客，带动地方经济发展。四是依托 AAAA 级景区优势，加大旅游资源开发力度，充分挖掘阿妹戚托、芦笙舞、苗族蜡染、刺绣、布依族服饰等民族文化特色资源，促进民族刺绣传统技艺与旅游产业融合发展。

（三）突出景区治理，强化市民融合

立足景区实际和所在社区群众的需求，健全社区治理体系，不断提升社会治理能力。一是推行"一中心一张网十联户"治理机制，全面健全网格管理机制。将街道 6 个社区划分为 29 个网格、276 个"十联户"，配备网格员 58 名，联户长 276 名，完善物防、人防、技防配套，充分发挥"一中心一张网十联户"作用。建立网格员工作群，并要求各社区专、兼职网格员每天在群里推送当天开展工作的短视频 6 段（上午 3 段，下午 3 段），确保网格员"到位到岗、履职尽责"。搭建"135 平安风险感知平台"，促进社区治理智能化发展。二是强化治安巡逻管控，积极发挥公共服务岗人员作用，组建义务巡逻队 6 支，确保管理全覆盖、常态化。三是建立健全矛盾调解机制，设立街道调委会 1 个，社区调委会 6 个，配备人民调解员 48 名，多维度化解矛盾纠纷。四是立足本地实际实施"六六六"工作机制，促进社区"党建+自治"的社区治理模式，努力推动民族团结、化解矛盾纠纷、解决困难问题。

（四）突出景区提质，强化文明素养

狠抓乡风文明建设，充分发挥"德治"的牵引作用，引导搬迁群众树立文明新风尚。一是强化教育引导，统筹社区"两委"人员、网格员、帮扶责任人、社工、志愿者等力量，开好周例会、院坝会、研判会、微心愿征集会，加强对搬迁群众的教育引导，转变其思想观念。二是凝聚"宣讲"力量，依托新时代文明实践所（实践站）等平台和载体，通过网格员、联户长、社区广播、宣传栏、院坝会等方式，向群众宣传相关法律法规，让群众从学法、守法转变为懂法、用法的新市民。三是评选"先进"树标杆，通过开展"三比三评""最美系列"等评选活动，选出一批先进典型，为其他群众树立学习标杆，切实改变搬迁群众的不良生活习惯。四是强化环境卫生整治，采取集中攻坚、点面结合，开放集市、还路于民、集中曝光等方式，对辖区内杂草泥沙、摆摊设点、乱搭乱建、车辆乱停乱放等进行全面整治，营造文明整洁的景区环境。

（五）突出景区品牌，强化文化培育

一是借助阿妹戚托舞蹈的影响力和阿妹戚托小镇 AAAA 级旅游景区的优势，成功举办庆祝建国 70 周年暨"脱贫攻坚"新市民运动会、"中国·晴隆阿妹戚托景区 2019 彝族火把节"、环中国自驾游集结赛（晴隆站）、2019 年国际山地旅游暨户外运动大会（晴隆分会场）等文体旅游系列活动，增加景区的知名度。二是依托布依族、彝族和苗族的节日文化，组建阿妹戚托舞蹈团、芦笙舞蹈队等一批文化团队，传承和发展民族文化，提升阿妹戚托和芦笙舞的知名度。三是充分利用抖音、快手等新型文化传播载体，全方位、多渠道、多形式地开展市场宣传推介，拓展客源市场，打造集民族文化、地域特色、康养旅游于一体的"阿妹戚托"文旅品牌。

三、阿妹戚托小镇"景区化"治理取得的成效

（一）景区基础设施不断完善

一是阿妹戚托小镇在成立新市民服务中心的基础上，配套建设了中小学校、医院、老年人日间照料中心、新市民培训中心、社工服务站、社区警务室、农家书屋、道德讲堂等基本公共服务设施，因势利导建成了"两园四校"教育园区，并且还在教育园区安装减速坎护栏131米、交通安全提示标牌10套、振荡线500余平方米、太阳能路灯67盏、自动测温门5道。二是建成了文化广场、体育广场、水体建筑、民宿酒店等满足游客日常活动所需的功能场所。此外，还购置了观光车、环湖小火车，基础设施建设日趋完善。三是建成了文化服务中心（文化活动室）1个、文化体育广场7个、新市民书屋1个、儿童图书馆1个，电视广播实现全覆盖。

（二）景区旅游业态全面盘活

通过近几年的努力，景区旅游业态全面盘活，带动搬迁群众就近就业创业增收取得明显成效。一是就业人数不断增加，如通过抓实六大举措，2021年三宝街道共有搬迁劳动力7523人，已就业7033人（其中县内就业3330人），实现户均2.2人以上就业。二是依托AAAA级景区优势，充分挖掘地方特色文化，促进民族传统手工艺产业发展，把"指尖上的技艺"变成"指尖上的经济"，搬迁群众中14户17人通过刺绣技艺实现居家就业。三是依托中天智选假日酒店开发的保安、保洁员等岗位，解决搬迁群众就业近60人。依托晴隆二十四道拐文化旅游（集团）有限公司开发的群众演员、保安和保洁员等岗位，解决了近200名三宝搬迁群众就业。依托阿妹戚托艺术团每天晚上定时开

展的民族文化活动，解决了 100 余名搬迁群众就业。四是通过举办绣娘大赛，86 名绣娘实现了就业增收。

（三）景区治理体系基本形成

通过推行"一中心一张网十联户"的治理机制，实现了辖区居民管理的全覆盖。一是警务力量不断配齐配强，配备警务人员 15 人，辖区范围内实行 24 小时不间断巡逻制度，景区的安全稳定得以保证。二是防范力量显著增强，切实做到了群防群治，从根本上提升了防范化解重大风险的能力。例如，仅 2021 年上半年，就出动巡逻警力 800 余人次，社区义务巡逻 300 余人次，接处警 16 起，现场调解纠纷 6 起，警务救助 5 人，处理违停 4 起，辖区内未发生一起刑事案件。三是社区智能化水平得以提升，通过搭建的"135 平安风险感知平台"，对景区辖区范围进行实时监控，实现了一屏"查全城"、一网"管全区"，推动社区治理向智慧化、精细化迈进。

（四）景区治理模式独具特色

一是教育管理出实绩，利用"新市民追梦桥"服务中心、益童乐园、青年之家、儿童图书馆、儿童科技体验馆、四点半课堂、老吾老驿站等阵地全面向群众宣传党的政策、传递党的好声音，凝聚和引导群众，增强人民的精神力量。并且通过"居民说事"，认真收集群众诉求，用心用情为民办实事，累计征集并兑现微心愿 1000 余个。二是平台载体搭建日趋完善，成立了 1 个新时代文明实践所、6 个新时代文明实践站，组建了理论政策宣传志愿服务队，成立了以党政主要负责人为双组长的乡村振兴指挥部，社区同步成立了指挥所，建立了街道主要领导包片、党工委委员包社区，选派指挥所长、驻村工作队长互为 AB 角的职责明晰、责任到人的指挥体系。三是安置区成立了由社区集体运营的彝家亲物业管理公司，以"社区合作社+农户"的模式自主开展公共服务、维修以及绿化带管理等业务，收益按比例纳入社区集体经济，既增加了收入，又强化了物业经营，真正实现了从"保姆式"服务向"自治"转变。

（五）景区文化品牌效应凸显

一是组建了一支 100 余人的阿妹戚托舞蹈团、一支 20 人的苗族芦笙舞蹈队和一支广场舞蹈队，通过积极参加各类演出活动，传承和弘扬"阿妹戚托"舞蹈、芦笙舞等民族艺术精品，民族文化品牌逐渐打响。二是文化活动内容丰富，开展了文化科技卫生走进小镇、文化进万家、送戏、送书刊等活动，组织放映了公益电影 100 余场次，举办了传统民族文化活动、美食节活动、篝火晚会等 100 余场，每日吸引游客 1000 余人次，累计吸引游客 50 万余人次。三是打造了歌曲《阿妹戚托谢党恩》、微电影《咿哟！幸福的你》等一批文化精品，其中《咿哟！幸福的你》荣获第十六届全国党员教育电视片观摩交流活动二等奖。此外，还开发了民族服饰和刺绣等文化创意产品。

四、阿妹戚托小镇"景区化"治理的经验启示

通过近几年来的实践和探索，晴隆县易地扶贫整乡搬迁安置区阿妹戚托小镇"景区化"治理取得了一定的成效，积累了宝贵的经验。

（一）在治理中强化功能完善，是推进景区化治理的基础

旅游景区是融生活设施和产业发展于一体的综合体，晴隆县建设三宝彝族乡整乡搬迁安置区时，充分发挥了三宝彝族乡系国家非物质文化遗产民族歌舞"阿妹戚托"发源地的优势，按 AAAA 级旅游景区的标准超前规划建设阿妹戚托小镇，作为三宝彝族乡整乡搬迁安置区。搬迁群众入驻后，该县在治理中，不断完善小镇的功能设施，推进搬

迁群众的生活设施与旅游景区服务设施相互配套、民族文化保护传承与景区业态发展相互融合，让搬迁群众搬入新家园后获得了存在感、认同感、归属感和安全感，同时也丰富了旅游景区的内涵，增强了景区游客的体验感，为推进安置区"景区化"治理打下了坚实基础。

（二）在治理中强化业态发展，是推进景区化治理的支撑

易地扶贫搬迁安置区的社会治理，在优先考虑搬迁群众获得感的基础上，依托安置区加快业态培育，为搬迁群众提供更多就业岗位，让搬迁群众在安置区里就业，只有这样搬迁群众才能成为安置区治理的主体。晴隆县紧紧依托阿妹戚托小镇的旅游景区功能，在推进"景区化"治理中，优先培育旅游观光、民俗酒店、民族美食、民族文化、旅游商品等业态，出台多项扶持政策，推进景区业态发展，为搬迁入驻群众提供更多就业岗位，让搬迁群众在景区里、在家门口就业，小镇既成为搬迁群众生活的家园，也成为搬迁群众就业获取收入的平台，极大地调动了搬迁群众参与"景区化"治理的积极性，让搬迁群众共建小镇、爱护小镇成为自觉行动。

（三）在治理中强化文化培育，是推进景区化治理的关键

文化培育是社会治理的灵魂，也是增强群众认同感的关键。在易地扶贫搬迁安置区，文化是一片空白，推进社区治理，很有必要培育安置区文化，以此增强搬迁群众的认同感。阿妹戚托小镇在开展社区"景区化"治理时，特别重视小镇文化培育，结合三宝彝族乡民族文化特点，以国家非物质文化遗产"阿妹戚托"为主线，精心挖掘三宝彝族乡民族歌舞、民风民俗、民族节日、民族工艺等优秀传统文化，规划建设"阿妹戚托"文化一条街、民族工艺一条街等，将三宝彝族乡的文化在阿妹戚托小镇进行复原和展现，既丰富了旅游景区的业态，

又增强了搬迁群众的文化自信，让搬迁群众找到了归属感，激励搬迁群众共筑幸福的精神家园，这是安置区"景区化"治理取得成效的关键。

（四）在治理中强化教育管理，是推进景区化治理的保障

社会治理的根本目的是维护社会秩序，促进社会和谐，保障群众安居乐业。易地扶贫搬迁群众无论是经济条件、文化素养还是文明水准都不具备城镇化条件，这给安置区社会治理带来了很大的难度。要将阿妹戚托小镇打造成为国家 AAAA 级以上旅游景区，对小镇的文明水准提出了更高的要求，需要在"景区化"治理中，强化对搬迁群众的教育管理。为此，晴隆县对阿妹戚托小镇开展社会治理，一方面强化对搬迁群众的教育，以小镇乡风文明创建为抓手，引导搬迁群众树立文明新风尚、争当文明模范；另一方面强化对小镇的管理，创新实施了"网格员""十联户"等管理制度，全面开展卫生监督、民事代办、法制宣传、矛盾纠纷调解等社区管理，为"景区化"治理提供了强有力的保障。

总之，晴隆县易地扶贫搬迁安置区阿妹戚托小镇"景区化"治理，是推进易地扶贫搬迁后续扶持的重大创新，不仅解决了易地扶贫搬迁安置区的诸多社会治理问题，而且解决了易地扶贫搬迁后续扶持"融入难""就业难""稳定难"等现实问题，开创了搬迁安置区与旅游景区融合发展的先河，此创新值得借鉴和推广。

作者信息：

骆雪娇　中共黔西南州委党校习近平新时代中国特色社会主义思想研究室编辑室副主任、副教授

岑大明　黔西南州社会科学界联合会党组书记、主席

王万元　中共黔西南州委党校教师

曾　涛　中共晴隆县委党校教研室主任、高级讲师

基层社会治理共同体建设的
"川硐实践"研究

社会治理共同体的概念首次出现在党的十九届四中全会公报，党的二十大报告再次提出，要"建设人人有责、人人尽责、人人享有的社会治理共同体"。治国安邦重在基层，基层治理是国家治理的基石。新时代基层治理体系建设，要通过体制机制理念的革新，实现治理体系的创新。如何高质量建设基层社会治理共同体，是健全共建共治共享社会治理制度、提升治理效能的关键。近年来，铜仁碧江川硐街道通过组建教育园区"平安建设联盟"，形成"平台共建、多元共治、多方共商，责任共担、利益共享"的治理格局，产生了基层社会治理共同体建设的新实践。

一、构建基层社会治理共同体的背景

（一）有社会治理创新的传统

近年来铜仁市持续着力社会治理现代化创新，先后被评为省平安市（2010 年、2013 年、2014 年）、平安建设先进市州（2011—2012）、全国社会治安综合治理优秀市（2013—2016）、全国首批市域社会治理现代化试点城市（2020 年），成为全国 60 个平安中国建设示范市之一等。自 2020 年以来，铜仁市聚焦推进"治理体系、治理能力、工作布局、治理方式"现代化，先后涌现出松涛梦溪道路交通"135"模式、万山黑岩"小村规"撬动"大治理"经验、碧江区"五元共治"推动社区治理的实践等。在社会治理领域，铜仁各地因地制宜，积极探索，有独特的风格，有良好的氛围，有创新的土壤。

（二）是区域经济社会发展的现实需要

川硐位于贵州省铜仁市碧江区北郊，辖区共97.7平方千米，距城区10千米，2016年1月撤镇设置街道。教育园区位于其境内，规划面积约10平方千米，是铜仁最大的教育园区。随着铜仁市主城区"南扩北跃"，铜仁学院等29所院校相继进驻，辖区人口由2010年的2.3万人速增至2022年的11.2万人。区内四所大专院校，学生来自全国各地。外籍留学生495人，涉及非洲、东南亚等23个国家或地区。学生数量的激增，不同文化、饮食及生活习惯的碰撞，涉校纠纷隐患大幅上涨。随着经济开发、拆迁征地居民安置等，外来无业人员增加，入室盗窃、盗窃摩托车、盗窃工地等案件高发。人口的大量涌入及流动，衍生出诸多社会问题，给社会治理带来了严峻的考验和巨大的挑战。如何在现有治理结构框架内，推动园区社会治理创新变革，助力园区高质量发展，成为需要突破的重点问题。

（三）是创新基层社会治理的现实需要

随着园区入驻单位增多，传统的社会管理模式、运行机制越来越显乏力。园区29所院校，有省属高校、市属中学、区属小学及幼儿园等，行政级别有厅级、副厅级、处级、股级等。区内有教育机构、医疗机构、行政部门、事业单位、国有企业、集体企业、民营企业、社会团体等。管理层级多元化，有省管、市管、区管、街道管理单位等。作为"科级"的街道，面对辖区内复杂的管理对象，小小的"科长"，如何进行管理，如何突破"管不到，管不了"，是摆在面前亟待解决的难题。

（四）是落实治理责任倒逼的结果

随着园区人口增加，学生数量增加，涉校矛盾纠纷大量增加。2019 年接处警达 1656 起，刑事案件 162 起，较 2018 年大幅度增加，增幅位列碧江前列，因此川硐街道被纳入市级"平安建设"挂牌整治单位。挂牌期间，街道党政主要领导、政法委员、辖区派出所所长不能提拔、交流任用、职务职级晋升。上级部门追责问责的压力，迫使街道对社会治理的管理模式和运行机制进行了深入的思考。针对辖区管理主体分散、参与度不高问题，尝试以党建为抓手，整合区内治理资源开展社会治理的"联合作战"，"共同体"的雏形初现。经过半年的努力，辖区社会治理形势向好，挂牌整治摘了牌，初步尝到了"联合作战"的甜头。2022 年上半年，园区电信诈骗案件高发，发案数居铜仁市前三名，市委再次对川硐挂牌整治。上级追责问责的压力，倒逼街道进一步创新基层治理机制，平安建设联盟应运而生。

二、"平安建设联盟"的主要做法和成效

（一）主要做法

1. 多元主体治理"共建"

一是共建治理平台。针对园区高校多、企业多、人员多的特点，川硐街道以党建为引领，整合辖区内党、群、社、企等各方面力量，搭建"平安建设联盟"平台，组成了以川硐街道党工委书记、办事处主任为双组长，辖区内四个主要高校分管副院长以及街道相关职能部门领导、辖区派出所所长为副组长，辖区高校、中学、小学、幼儿园、医院、企业、村（社区）为成员的领导班子，"平安建设联盟"下设

办公室在文昌派出所。综治、司法、教育等入驻办公，充分调动各种力量和资源共同参与社会治理，实现了园区治理从"单打独斗"到"联合作战"的转变。在四所高校各派驻2名高校专职民警专职指导校园安全防范工作，形成"4+2"联动模式；发挥保安队伍作用，加强培训，指导开展巡逻防范、先期处置、法制宣传等工作，提升应急处置能力；聚焦学校主体责任，定期共同研究和及时处置涉校问题。二是共建矛盾风险排查和大走访机制。建立警校联动、警师结合的矛盾风险排查机制，按照一警、两辅、N名老师"1+2+N"的模式，每天至少走访1所学校、每周至少走访3天，及时掌握涉校纠纷隐患。建立"党员干部+分管副校长+班主任"联系寝室机制，常态化开展"进寝室、听倾诉、解难题"大走访活动，广泛收集学生意见和风险隐患信息。建立涉校纠纷隐患专线，由街道网格员、安全保卫员、值班警员轮流值班值守，形成"一室一线三员"的工作模式，24小时收集涉校纠纷隐患。发挥安全信息员、学生干部等作用，依托学生微信群、学校贴吧、寝室等平台阵地，从"鸡毛蒜皮"的小事和闲聊寒暄的信息中捕捉矛盾纠纷线索，再由专属网格员、联户长主动对接、收集汇总。成立以来共收集涉校纠纷125件，及时干预避免刑事案件发生3件。三是共建安全巡逻力量。全面整合网格员、联户长、特巡警、网格巡逻员、义务巡逻队员、校园保安等，组建"派出所+交警+校园保安+义务巡逻队+网格员"联合巡逻队，开展校园内、周边和社会面联合巡逻。2022年以来，吸纳校园专属防护力量650余人，累计联合开展巡逻600余次，盘查可疑人员800余人、可疑车辆52辆，破获盗窃案12起。四是"共建"辖区技防体系。整合辖区视频监控2571个、人脸识别机32套、一键报警装置25套，对园区重点部位、治安薄弱区域精细布控，实现精准预警、快速报警、扁平派警、联动出警。2020年以来，及时制止12起摩托车被盗，防止8名学生被欺凌、40名学生被诈骗，挽回经济损失30余万元，电信诈骗刑事案件同比下降

44%，行政案件同比下降 53%。

2. 多元主体社会"共治"

聚焦校园内、周边、社会面三个区域，依托"一中心一张网十联户"和村（社区）民警兼职副书记机制，将"人、地、事、物、组织"全部纳入 6 个专属网格、5 个商住网格、7 个全科网格进行"一网管理"，推动园区管理从"单一管理"到"综合治理"转变。一是强化校园源头治理。联合辖区高校保卫处、学生处常态化开展思想教育、问题学生排查、矛盾纠纷调处等工作。二是强化校园周边专项治理。紧盯校园周边旅店、棋牌室、汽车租赁等场所，每月联合村（社区）、综治、城管、市场监督等部门开展校园周边治安问题集中整治。针对校园周边治安、人员复杂等问题，严格落实"党员干部一包一"源头防控，对 293 名特殊重点人员落实基层管控责任，组织职能站（所）和学校联合开展校园及周边社会治安问题起底大排查，持续净化校园周边环境。2022 年以来，整治相关突出问题 55 个，查封关停酒吧、网吧等场所 7 家，整治辖区安全隐患点 18 处，处罚乱停乱放违规车辆 245 起。三是强化社会面综合治理。依托"一分析三报告"机制，找准治安复杂区域，集中各方力量，每月对出租房屋、"九小"场所、案件高发区域联合开展社会治安集中整治行动，提升动态管控能力和水平，整治辖区安全隐患。四是强化校园内部共同治理。联盟定期对校园内易引发校园欺凌、校园借贷的监控死角、治安盲点进行分析研判，建立"智能化立体云防网+法治副校长+驻校民警+校园保安"组成的校园专属防护网，形成"双网联动"校园内部治理模式。2022 年以来，及时制止、干预矛盾纠纷 65 起。

3. 多元主体利益"共享"

一是平台资源共享。依托市域社会治理大平台，开发智慧综治小程序校园安全隐患上报系统，构建网上"树洞"，畅通纠纷隐患上报渠道。用活网格通 App，将涉校纠纷列入重特大类型，设置绿色通道，确保专属网格员第一时间掌握涉校纠纷，形成智慧综治发现问题、网格通提速上报、市域社会治理平台汇聚的涉校纠纷链条式管理模式。目前，教育园区智慧综治注册率达90%以上，市域社会治理平台汇聚分流处置涉校纠纷85起。二是情况信息共享。建立"派出所+保卫处+学生+网格员"信息直通车，以班级为单位，在高校建立782名信息网格员，联合学校采取培训、考核、激励等机制组织发动学生参与平安建设，全范围摸排各类涉校矛盾纠纷和安全隐患。定期通报每周警情，实时互通各类信息。三是治理成果共享。辖区内各治理主体在街道党工委的领导下，共同参与社会建设和社会治理，共享社会建设和社会治理成果。

4. 多元主体协调"共商"

一是平安建设"共商"。制定了《平安建设联盟联席会议制度》《平安建设联盟议事协调机制》等，定期或不定期召开工作联席会，联盟成员共同商议平安建设事宜。建立了一天一联巡、一周一通报、一周一排查、一月一研判、一月一联治、一季一讲座、一季一评比、半年一考核、一年一调研、一年一创建的"十个一"工作机制。二是矛盾纠纷调处"共商"。聚焦教育园区中小学生因相互攀比、生活琐事、违反课内秩序、言语侮辱等行为引发的学生之间、师生之间的纠纷，打造以驻校民警为引领，校长和班主任为支撑，校园法律明白人、联户长、班干部为保障的"1+2+3"中小学校纠纷调处团，定期共同调处涉校纠纷，形成矛盾纠纷"共商"诊断模式，园区涉校纠纷化解率从2020年的75%提升至2022年的98.5%，校园欺凌事件"零发生"。三是学生心理健康"共商"。整合辖区妇联、共青团等群团组织力量60余人，在教育园区各院校设立心理健康会商室，采取"集中讲座+个性辅导"模式，联合开展心理健康会商，做到"预防、预警、辅导"一站式服务，累计为教育园区学生提供心理会商157人次。

5. 多元主体责任"共担"

街道党工委充分发挥平安建设联盟考核"指挥棒"的作用，巧妙破解"管不了、不敢管"上级部门的困境，全面压实涉校纠纷排查化解责任，推动涉校纠纷处置从"被动应付"向"长效常治"转变。一是建立平安联盟实绩共同考核机制。依托市委平安铜仁建设领导小组，建立教育园区平安建设联盟实绩考核机制，街道党工委被赋予工作成效考核权，对辖区高校等市直部门与站所同步进行考核，并将教育园区各高校主要领导、分管领导推动工作情况纳入实绩考核，全面压紧压实涉校纠纷排查化解责任。2020年来，3所高校因工作推进缓慢在平安建设考核中被扣分。二是建立平安建设联盟共同巡查机制。组建"街道纪委+平安建设联盟+高校"共同巡查机制，对教育园区涉校纠纷处置情况实施"一周一调度、一月一研判、一季一巡查"，巡查结果直报市委平安办，作为领导干部政绩考核和提拔任用的重要依据，不断推动平安建设联盟走深走实。2020年以来，两所高校分管副校长因巡查问题未及时整改被取消发放平安建设奖，并取消当年的评先选优资格。

（二）取得的成效

1. 增强了党的基层组织"三力"

通过构建党工委领导的"共建共治共商共担共享"的基层社会治理共同体，有效解决了传统基层社会管理模式与新形势下社会治理新任务的矛盾，切实提升了辖区党组织的凝聚力、战斗力和号召力，提升了党组织在教育园区社会治理工作中的管理权、组织权、话语权和考核权，提升了街道社会治理的能力和水平。

2. 实现了园区社会治理"三变"

推动园区社会治理从"被动应付"向"长效常治"转变，从"单一行动"向"联合作战"转变，从"单一管理"向"多元协商治理"

转变。干部组织和发挥辖区内各类资源的能力明显提升，解决园区热点难点问题的能力明显提高。园区社会治理实现了街道干部与辖区单位干部的双向互动，拉近了广大学生、居民群众和干部之间的感情，畅通了信息渠道，园区社会治理形势持续向好。

3. 提升了园区师生"三感"

充分发挥平安联盟在涉校矛盾纠纷调处等方面的作用，形成了"预防、排查、化解、考评"的闭环运行，实现园区治安巡防覆盖率100%，园区群众安全感保持全市第一。园区师生生活的获得感、安全感和幸福感更高了。

4. 丰富了基层社会治理共同体的建设实践

"川硐"案例为研究具有区域特点的基层社会治理新模式，探索完善党委领导、政府主责、多元协商、各方协同、广泛参与的社会治理体系，切实提高社会治理社会化、法治化、专业化、智能化、精细化、科学化水平，努力建设人人有责、人人尽责、人人享有的社会治理共同体，提供了生动案例，丰富了新时代基层社会治理共同体建设的实践。

三、"川硐实践"对创新构建基层社会治理共同体的经验启示

（一）始终坚持党建引领，进一步深化协作效能

基层党组织是基层自治的核心力量，党组织引领作用强，自治共治效果就好，党的执政基础就稳固。该地成功实践的主要原因就是强化了街道党委对社会治理的领导，发挥了党组织的政治引领、组织引领、能力引领和机制引领的功能，引导联盟单位参加园区议事协商，激发了参与园区建设、参与园区治理的活力。今后要进一步推进党建

与业务融合水平，加强与园区单位党建协作，构建园区党建联盟，打造区域化党建平台，开辟共建共享促发展的新范式，进一步实现基层组织共建、信息资源共享、园区安全共管、廉政建设共抓，提升园区综合治理能力，构建园区社会治理共同体新格局。

（二）始终坚持问题导向，进一步突出实践破题

要将问题导向原则贯穿始终，推动基层治理模式的转变。要形成党委领导、政府主责、民主协商、社会协同、全社会共同参与的管理机制。要善于寻找问题的症结，在实践中破解难题。基层社会治理不是空谈论道，而是因地制宜、尊重规律、脚踏实地、落到实处的实践；不是局限于某一方面某一环节，而是系统性、整体性的实践；不是只关注眼前，而是放眼未来的可持续发展的实践；不是服务单一利益主体，而是发动全部群众、服务全部群众，使全部群众受益，实现"人人有责、人人尽责、人人享有"的社会治理共同体的实践。

（三）始终坚持指挥棒作用，进一步强化考核机制

要依托平安建设工作，制定对各相关部门和单位的考核办法，实行年度考核与平时考核相结合的考核制度。要严格实行平安建设工作责任查究制度，对工作开展不力、责任不落实不到位的，报上级部门实行责任倒查、挂牌和综治一票否决制，并追究有关部门和责任人的责任。要充分发挥考核指挥棒的作用，进一步下放考核权，让做事的人有"事权"，让基层有"考核权"，进一步释放基层治理工作的活力和潜能。

（四）始终坚持改革创新，进一步推动制度完善

改革创新是基层社会治理工作的第一动力，社会治理共同体建设是新形势下社会治理方法的创新。要始终坚持用改革创新精神推进基

层社会治理，围绕新形势、新任务、新要求，把上级要求结合起来。基层治理主体要敢于先行先试，汇聚改革动力，激发创新活力，不断创新社会治理的手段和措施，拓展社会治理的范围和内容，努力在基层社会治理上探新路、抢新机、出新绩。新时代基层治理理念要从"管理"到"治理"，要不断汇聚多元共治的力量。持续积极地推动基层治理理念、制度、机制、方法创新，不断推进基层社会治理体系和治理能力现代化，打造符合自身特色的基层治理共同体建设模式，开辟新时代中国式社会治理的新篇章。

作者信息：

吴敬杰　贵州警察学院科研处处长、教授

周　婵　贵州警察学院科研处副处长、副教授

柏小又　黔南中正司法鉴定所所长

袁纯江　铜仁市政法委常务副书记

金　泉　铜仁市碧江区文昌派出所所长

赫章县金银山街道银山社区"党建+积分"基层治理机制的实践经验研究

赫章县金银山街道银山社区的"党建+积分"机制，不仅是对基层治理方式的创新，也是基层社会治理的中国故事生动而精彩的展现。在这个社区的基层治理中，党组织的核心作用得到了充分发挥。通过制定和实施积分制度，社区建立了一套科学的评价体系，对居民的行为进行量化积分，并根据积分进行奖励和激励，激发了居民的参与热情和创造力，推动了社区的繁荣发展，为乡村振兴战略注入了新的活力。

一、"党建+积分"机制的实践背景

易地搬迁旨在帮助贫困地区居民改善生活和生产条件，解决因生态环境恶劣、自然条件差和地质灾害频发导致的贫困问题。这一政策通过政府统一组织，遵循农民自愿原则，将贫困居民搬迁至更适宜的地方，以解决"一方水土养育不了一方人"的现实困境。通过有计划的开发式移民，可开发荒山荒地，依托城镇和产业发展实现安置。赫章县金山、银山社区是易地搬迁集中安置点之一，总占地面积为 520 亩①，共建有安置房 65 栋，总建筑面积为 5.8244 万平方米，安置了 2850 户共计 13622 名贫困群众。

---

① 1 亩 = 606.667 平方米。

赫章县金银山街道银山社区实施了"党建+积分"激励机制，旨在将居民参与社区建设和服务的行为转化为积分，通过激发居民的积极性，提高社区的建设和发展水平。这种机制是社区党组织有效实施的一种手段，能够促进社区居民的积极参与和主观能动性。通过这种方式，社区居民的积极性和参与度得到了充分激发，为巩固脱贫攻坚成果、提高社区居民生活质量、推动社区和谐发展发挥了积极作用。

二、"党建+积分"机制的主要做法和成效

自 2018 年 10 月以来，银山街道银山社区在基层治理模式上进行了创新，并形成了"党建引领—党员带头—群众主体—社会参与"的实践思路。在银山社区率先探索并成功推行了"党建+积分"的工作机制，将移民搬迁后续服务管理与"五个体系"有机融合，形成了"把群众组织了起来、群众的价值观念重塑了起来、内生动力强劲了起来"的"三个起来"治理机制。这种机制实现了自治、法治、德治的"三元融合"治理，呈现出"干群鱼水情深、邻里守望互助、群众安居乐业"的美好景象。

（一）做好"加法"，正面激励增动力

"一枝一叶总关情，一点一滴见初心。"社区创造性地将"党员、干部、楼长、居民"四类主体全部纳入积分对象，基础分为 100 分。按照"日申报审核、月公示评比、季兑换奖励、年总结表彰"的程序，实行清单式管理，让积分制度永不清零，从而激发出社区居民的参与度和积极性，推动了社区建设和发展。

"党员+积分"制度旨在提升支部的组织力。通过实施政治思想素质、带领发展能力、履职尽责表现、为民服务水平、矛盾纠纷调处、培训就业效果"六张积分清单"，让党员在服务群众中发挥先锋模范

作用。

"干部+积分"制度要求干部在社区治理中积极作为、主动服务。通过设立一站式便民服务中心，并组建各种志愿服务队伍，为搬迁群众提供优质服务，帮助群众解决热点和难点问题，提升他们的安全感、获得感和幸福感。

"楼长+积分"制度旨在增强邻里的凝聚力。通过建立常态化走访积分清单，摸清民情民意民需，及时协调解决难题，并组建邻里守望互助队，让群众尽快适应新环境、融入新生活。

"居民+积分"制度是为了激发群众的原动力。通过实施学习培训、创业就业、社会公德、家风家教、社区建设等"五张积分清单"，用共同利益的杠杆去撬动思想上的桎梏，充分激发搬迁群众参与社区治理和自我发展的内生动力。

通过做好"加法"，社区居民的参与度和积极性得到了有效激发，社区建设和发展也取得了显著成效。仅在2023年上半年，银山社区就有671人次进行了积分申报，5814人次积分兑换物资约合12.9万元。这一系列制度的实行为党建引领发展、积分催生动力、共建美好社区的目标奠定了坚实的基础。

（二）做实"减法"，负面约束除陋习

"陋习如山，难于登顶；改过自新，重获新生。"通过"党建+积分"机制，社区围绕社会主义核心价值观、培训就业、居民公约等方面，建立了负面约束清单，为每个居民都建立了"行为银行"。

思想观念上减"惑"。社区通过开展各种教育和宣传活动，帮助移民群众消除封闭、迷信、保守的不良思想观念，让他们逐渐接受并形成积极乐观的价值观念。通过这些努力，移民群众的思想观念从过去的封闭保守逐渐转变为积极向上，对生活的态度也从满足温饱转变为追求更高质量的生活。

文化教育上减"愚"。社区根据民族结构和居民喜好，成立了苗族、彝族、山歌、舞蹈四支文艺队，并建设了一个3500平方米的文化广场。同时，社区还配备了永久性舞台和健身设施，以满足移民群众的文化和体育活动需求。此外，社区还通过创办"少儿活动中心"课堂，为孩子们提供课后辅导作业和兴趣提升课程。积分高的家庭的子女，可以优先选择学校，而社区也按照就地就近分流解决的原则，将1633名学生全部分流到周边学校就读。

文明卫生意识上减"旧"。社区积极开展各种宣传和教育活动，引导居民养成良好的卫生习惯。此外，社区还通过每半个月开展一次家庭卫生评比活动，对脏乱差的家庭和在公共区域乱扔垃圾的行为扣除相应积分。

通过做实"减法"，使得社区居民的思想观念逐渐转变，生活质量得到提升，文化教育水平得到提高，文明卫生习惯得到培养。通过这些努力，社区居民的综合素质得到了全面提升，实现了"农民—移民—市民"的身份转变。

（三）做优"乘法"，鱼水深情促融合

"精耕一隅，杂耘四方。"社区通过坚持"党建+积分"机制为主线，最大限度地发挥积分管理的乘数效应，实现了社区治理和居民发展的良性循环。

围绕"一人就业全家脱贫"做好乘法。社区建立了培训就业创业中心和工匠场，通过开展培训和输出技术，帮助移民群众实现就业，提高他们的生活水平。同时，社区还建立了社区工厂、创新创业园和微田园等，提供了更多的就业机会，增加了居民收入，从而达到"一人就业全家脱贫"的效果。

围绕"一名党员一面旗帜"做好乘法。社区通过大网格套小网格的方式，将支部建在大网格上、党小组建在小网格上，全面推行党员

"亮身份、增荣誉、作表率、当先锋"活动。党员们通过身份的亮出，在社区治理中发挥了表率作用，成为社区的一面旗帜，进一步增强了社区的基层组织建设和社会治理能力。

围绕"群团大融合"做好乘法。社区按照资源优势共享项目资金共用政策优势共融的要求推进工青妇等群团"大融合"发展。社区成立了群团工作站，组建了志愿服务队伍，在社区卫生管护、平安建设、居家养老、少儿托管等方面发挥了积极作用。同时，社区还推出了脱贫攻坚夜校、工匠场、女子读书会等特色服务品牌项目，满足了搬迁群众的多元化服务需求。

通过做优"乘法"，增强了社区居民的就业能力和生活水平，推动了社区的治理和发展。同时，通过党员的表率作用和群团力量的发挥，营造了良好的社区氛围，实现了"党建+积分"机制的乘数效应。

（四）做严"除法"，公平正义树形象

"人不患寡而患不均。""党建+积分"机制在基层治理中具有显著的优越性。其简单、实用、管用的特点得到了群众的广泛认可。然而，在实施过程中，必须确保公平公正，需要注意以下几个方面：

规范"积分程序"。在积分管理过程中，应当根据积分主体行为的表现，采取个人申报和他人申报的多渠道申报模式，并根据行为性质进行"行为积分"加减分。同时，应当明确各种行为的积分标准和审核流程，确保积分的公正性和透明度。

严格审核审批。为了确保积分的准确性和公正性，应建立逐层申报审批制度，并成立社区积分工作领导小组和积分审核小组，下设积分管理中心。在审批过程中，应当注重审查的准确性，可以设立党员监督先锋岗负责复核后的登记机制，同时提供"线上、线下"两种积分申报方式，让居民更方便地参与积分管理。对于虚假申报积分的行为，应当采取严厉的处罚措施，以维护积分的严肃性和公正性。

注重"结果运用"。积分指标应当实行动态调整，根据社区的实际情况和居民的需求进行调整。在精神和物质的双重激励下，可以辅之以服务需求和政策鼓励。在精神激励方面，可以每月评选"十个最美人物"，为居民树立榜样，营造向榜样学习、与时代同行的良好氛围。在物质奖励方面，可以根据积分高低每季度发放米油、衣服和生活用品等奖励，激发居民参与积分管理的积极性。

通过做严"除法"，可以提升党员、干部、楼长、居民的为人民服务水平和个人行为。在"三治融合"的基础上，政府的公信力得到了提升，形成了鱼水情深的干群关系。这种管理方式不仅激发了居民的自我管理和自我约束意识，也增强了社区的凝聚力和向心力。

三、"党建+积分"机制治理的经验启示

赫章县金银山街道银山社区的"党建+积分"工作机制，是一种富有创新性的社区治理模式。通过将党建工作与居民积分制度紧密结合，有效激发了居民参与社区治理的积极性和主动性，从而促进了社区的和谐稳定和全面发展。

（一）加强党组织的领导和引导作用

加强党组织的领导和引导作用，制订具体的工作计划和任务清单，积极引导居民参与社区治理以及对积分制度进行管理和监督，是实现社区有效治理的关键途径。

一是党组织需要根据社区的实际情况，制订具体的工作计划和任务清单，明确工作任务和目标。在制订工作计划时，需要充分考虑到社区的资源分配和人力物力情况，以确保各项工作任务能够顺利完成。同时，任务清单应该详细列出各项任务的内容、时间节点和责任人，以确保任务能够得到有效的执行。这样的计划和清单可以提供明确的

指引，让社区治理工作有序进行。

二是党组织应该积极引导居民参与社区治理，建立起居民自治的机制。党组织可以通过宣传教育、组织活动等形式，激发居民参与社区治理的热情和兴趣，提高他们的自治意识和能力。例如，可以组织社区志愿者活动、居民大会等，让居民能够参与到社区决策和事务中。同时，党组织还应该为居民提供参与社区治理的平台和渠道，例如成立居民委员会、志愿服务组织等，让居民能够有序地参与社区治理。

三是党组织应该对积分制度进行管理和监督，确保积分制度的公正性和有效性。党组织可以制定具体的积分评定标准和办法，对社区居民的行为进行评估和打分，并对积分的兑换和使用进行监管。

通过这样的积分制度进行管理和监督，可以有效地引导居民积极参与社区治理，维护社区的良好秩序。在积分制度中，应当明确积分项目的评分标准和积分规则，确保积分评定的公正性和透明度。同时，应当设立专门的积分管理机构或小组，负责积分的审核、登记和监督工作，确保积分制度的有效运行。

（二）建立完善的"党建+积分"制度

建立完善的"党建+积分"制度是实现社区治理的有效手段。这种制度将居民参与社区治理的各项行为进行量化，并给予相应的积分奖励，积极鼓励居民参与社区活动、环境卫生保持、文明礼仪等行为。通过这种制度，我们可以充分激发居民自治的积极性，让社区治理得以更好地开展。

首先，联结社区内的各个单位和组织，形成治理积分体系的共建共享机制。加强组织的领导和引导作用，设立积分管理机构，明确其权责范围，制定详细的积分评定标准和实施细则。同时，我们需要依托互联网技术，建设积分管理信息平台，实现积分的实时管理、动态监控和智能化兑换。

其次，在积分制度的具体设计和运行上，需要充分考虑社区的实际情况和居民的需求。通过设立积分兑换机制，让积分可以用于兑换各种物品和服务，从而提高居民参与的积极性。同时，要设立积分减分机制，对不良行为进行扣分，对严重违法行为进行严厉处罚，确保积分制度的公平性和有效性。

最后，在积分制度的推广和应用上，需要注重宣传和培训，加强与居民的沟通和互动。通过定期开展积分评选活动，表彰优秀居民和组织，提高居民参与社区治理的意识和能力。同时，需要畅通意见反馈渠道，及时了解居民的需求和意见，不断优化和完善积分制度。

通过这种制度，可以充分激发居民自治的积极性，让社区治理得以更好地开展。同时，可以提升居民对社区治理的参与度和归属感，增强社区的凝聚力和向心力。这种以党建引领为核心的社区治理模式，对于促进社区的和谐稳定和全面发展具有重要的意义和价值。

（三）多种活动促进居民参与感和归属感

组织文艺演出、运动会、志愿服务等活动在社区治理中具有重要的作用。这些活动不仅有助于增强居民之间的交流和互动，还能提高居民对社区事务的参与度。

一是文艺演出活动可以为居民提供一个展示才艺的平台。通过组织和参与文艺演出，居民们可以展示自己的才艺和特长，如舞蹈、歌曲、戏曲等。这样的活动不仅可以增强居民之间的了解和交流，还可以促进居民之间的情感共鸣和艺术欣赏。同时，文艺演出活动还能营造出浓厚的社区文化氛围，增强社区的文化底蕴和艺术气息。

二是运动会也是社区活动中不可或缺的一部分。通过组织运动会，居民们可以在比赛中互相竞技和较量，增进彼此之间的友谊和合作。运动会可以激发居民的竞争意识和团队精神，提高社区的凝聚力和向心力。在比赛中，居民们可以感受到集体的力量和荣誉感，从而更加认同和热爱自己的社区。

三是志愿服务活动也是社区治理的重要方面。通过组织和参与志愿服务，居民们可以发挥自己的爱心和奉献精神，为社区贡献自己的力量。志愿服务可以培养居民的社会责任感和公益意识，提高社区的整体素质和社会责任感。在志愿服务中，居民们可以分享自己的技能和经验，为社区提供帮助和支持。

总的来说，组织文艺演出、运动会、志愿服务等活动可以为社区治理带来多方面的好处。这些活动不仅可以增强居民之间的联系和友谊，提高社区的凝聚力和向心力，还可以促进居民之间的合作和协同，提高社区的整体水平和素质。通过这些活动，居民们能够更好地了解和关心自己的社区，为社区的发展和进步贡献自己的力量。

（四）打造"加减乘除"法的工作机制

首先，通过"加法"，银山社区的"党建+积分"工作机制取得了积极的效果。在积分管理制度中，对于居民的积极行为、对社区的贡献以及参与社区活动的情况，通过加分进行正面激励，有效激发了社区居民参与社区活动的积极性。

其次，通过"减法"，银山社区及时根除了部分居民存在的一些陋习，例如乱扔垃圾、不遵守公共秩序等行为。这不仅提升了社区居民的整体形象，也促进了社区环境的改善和居民素质的提升。

再次，通过"乘法"，银山社区在党建工作的引领下，促进了各民族社区居民之间的鱼水深情。在党建工作的引导下，不同民族的居民在社区中相互尊重、和睦相处，增强了彼此间的认同感和归属感。

最后，通过"除法"，银山社区维护了公平正义，提升了基层社会治理水平。在积分管理制度中，对于不公正的行为、违反社区规定的行为进行了积分扣除，确保了积分制度的公平性和公正性。

总之，赫章县金银山街道银山社区的"党建+积分"工作机制是

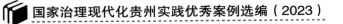

一种具有重要意义的社区治理模式创新。通过将党建工作与居民积分制度相结合，实现了社区的和谐稳定和全面发展，为社区的治理和居民素质的提升注入了新的动力。

作者信息：

董　强　贵州民族大学党委宣传部部长兼民族学与历史学学院院长、教授

沈富城　贵州民族大学民族学与历史学学院硕士研究生

沈　箭　赫章县委组织部干部教育股负责人、九级职员

李如彪　中共六盘水市钟山区委党校讲师

铜仁市碧江区易地扶贫搬迁安置区治理的"灯塔经验"研究

习近平总书记指出，易地搬迁是解决一方水土养不好一方人、实现贫困群众跨越式发展的根本途径，也是打赢脱贫攻坚战的重要途径。易地扶贫搬迁的总体要求是："迁得出、稳得住、能脱贫、能致富。"铜仁市碧江区灯塔街道创新基层易地扶贫搬迁安置区社会治理的实践，对加强基层社会治理、巩固脱贫攻坚、促进共同富裕发挥了重要作用，"灯塔经验"值得全省借鉴。

一、灯塔街道创新社区治理的背景

（一）基本情况

铜仁市碧江区灯塔街道于 2006 年 8 月析置，以"灯塔"命名，旨在希望街道能像灯塔一样发挥引领作用，指引铜仁的经济社会发展之路。截至 2023 年 6 月底，灯塔街道辖 2 个行政村 7 个社区，总人口40742 人，是铜仁市跨区域异地搬迁的主要承接地。辖区内共有易地扶贫搬迁安置社区 4 个，安置搬迁群众 4814 户 22673 人，占铜仁市跨区县搬迁人口总数的 20%。街道所辖碧江高新技术产业开发区内有200 余家企业和社会组织，贵州东部地区最大的铁路物流园铜仁东货运站位于其内。从事高新技术产业的高科技群体及移民搬迁的原农村贫困群众都居住在本辖区，居住人口的文化差异和经济基础差异较大，稳定辖区的社会治安任务重、压力大。

（二）易地扶贫搬迁区面临治理困境

2020 年灯塔街道易地扶贫搬迁工作全部结束，为铜仁脱贫攻坚工作的顺利完成作出了突出贡献。扶贫搬迁群众从自然灾害频发、贫困率高的村寨易地搬迁到工业化程度较高的城镇生活，移民群众原有的生活环境、生活习惯、生存模式等发生了巨大改变。易地扶贫搬迁区的形成带来了新的社会矛盾，搬迁群众文化法律素质较低、经济收入较低，而开发区的高速发展需要高素质人才、稳定的社会治安形势，两者之间存在着不平衡、不协调。

1. 生产方式改变对移民户经济收入带来较大影响

对于移民群众而言，城镇生活意味着原有的农耕生产方式的改变。尽管原有耕地权属不变，但他们搬迁后无法进行农业生产，只能在城镇从事与农耕无关的工作，就业需求大增。移民群众普遍文化水平较低、了解和辨别就业信息的能力弱，就业渠道不畅。灯塔街道内虽有较多企业，但能提供给整体文化水平较低的移民群众的就业岗位较少，提供的岗位通常是一些低收入的临时性工作，移民群众没有了稳定的家庭收入来源。

2. 消费习惯改变对移民户家庭生活开支带来较大影响

移民群众搬迁到城镇后，生活成本急剧增加，比如水电费的开支。在过往的生活中，移民户依靠的水资源都是村寨自然获取的，不需要任何费用。家庭生活中取暖做饭主要依靠柴火，家用电器也很少，电费几乎可以忽略不计。城镇生活水电费用都比以往大幅增加，家庭生活压力增大，搬迁之初移民户心理一时难以接受。

3. 生活方式改变对移民户社会关系带来较大影响

在搬迁之前，移民户大多长期生活在"熟人社会"。相对封闭的环境造就了相对单一的人际关系。安置后，楼房隔离了既往邻里间的亲密关系，新的生活环境、工作环境和娱乐方式又搭建出新的关系网。打破了过去相对平静平衡的亲属关系，以婚恋纠纷为主体的矛盾纠纷案事件数量急剧上升。

4. 行为习惯改变对移民户融入法治社会带来较大影响

多年的村寨生活给移民户留下了很多难以改变的观念和行为习惯。村寨里基本上都是自建的平房，大家都习惯从窗户直接抛扔垃圾。到了城镇，就会造成高空抛物的危害；既往生活基本靠乡规民约来自我约束，大多数移民户法律意识淡薄甚至完全没有概念。他们用对待村寨河里的鱼、树上的果、路边的花的思维来对待安置区路边的财物，完全没有意识到这种"顺手牵羊"是一种盗窃行为。

2020 年移民搬迁完成，灯塔街道所属的灯塔派出所接处警从 2019 年的 400 多起增加到 3700 余起、刑事发案从十几起增加到 231 起。盗窃案件数量较移民搬迁前增加了 700 多倍。在 2020 年 10 月召开的铜仁市平安建设冬春守护行动部署视频会议上，灯塔街道因治安问题相对突出，被纳入市级挂牌整治。这不仅是铜仁市委市政府对灯塔街道的重视，也是灯塔街道推动社会治安防控根本性转变的契机。灯塔街道认真反思了自身的短板痛点，通过采取一系列有针对性的措施，灯塔街道的社会治理情况取得了较大的改善。

二、"灯塔经验"的主要做法和成效

（一）强化党建引领，筑牢移民搬迁区社会治理根基

灯塔街道以"红色网格"为依托，组建了由网格员、社区干部、"两代表一委员"、志愿者、治安积极分子等力量组成的网格化服务管理团队，组织党员 600 余人次参与社会治理工作。以党建的高质量发

展推进易地扶贫搬迁后续扶持的各项工作，通过党建引领构建了工作大格局、凝聚社区大合力、促进社区大联合。

通过街道党员网格化服务全覆盖，形成了组织网中建、事在网中办、法治网中宣、隐患网中排、平安网中享的"五在网中"社会治理格局，及时成功地化解了因安置区装修遗留电费缴交引发的维稳风险：不仅清除了移民户入住前电表上的历史数据，还解决了移民户因文化水平较低不愿意使用 App 缴交电费的问题，在安置社区设置了代缴点，提供上门收费服务；一些移民搬迁户因为害怕失去原籍耕地以及受叶落归根观念的影响，不愿意将户口迁移到移民安置区，而没有当地居民身份证又无法办理社会保险、医疗保险以及低保救济手续。网格员了解情况后，主动对接治安、民政、移民等部门，采取为 41000 多名移民群众办理居住证的方式，帮助他们无差别地享受当地居民社会保险、医疗保险、低保等政策。

（二）做好就业帮扶，切实帮助移民群众增收致富

灯塔街道坚持"以需定培、以培供需"的原则，在易地搬迁安置社区党支部的领导下，成立了社区就业培训服务中心，分类建立了搬迁群众培训需求档案、就业需求档案、就业信息档案。通过因人施策培训就业本领、多措并举搭建就业平台、分类指导精准就业，实现了街道安置区 88.51% 的就业率。

采取集中式培训和订单式培训相结合，开展社区保安、家政服务、手工编织、包装制作等培训 1765 人次，跟踪服务 6 个月。依托社区妇联、残联等组织和园区企业个性化开展妇女、残疾人等订单式培训5600 余人次。街道投入 33 万元开发大数据就业创业平台，建立一站式就业服务机制，把搬迁群众的就业信息动态纳入平台进行精准管理。以东西部协作为契机，及时收集东部城市各类企业的用工信息，精准提供用工信息 1.7 万余条。建立了东莞用工远程面试室，推荐社区搬

迁群众 879 人就业。由街道组织定期开展就业大排查，按月对搬迁劳动力家园进行失业监测预警，动态建立搬迁群众就业管理台账。坚持"分类指导，务求精准"的原则，充分利用东西部协作平台、园区企业、区内产业及扶贫车间等现有资源，采取"五个一批"的方式，分类指导搬迁劳动力就业。

（三）养好"老"教好"小"，解决移民户后顾之忧

灯塔街道通过"社区养老"让搬迁老人有所依，通过"圆梦助学"让搬迁子女有所教，使街道移民户增强了社区归属感，为移民户外出务工解除老人儿童照护的后顾之忧。

建立多彩家园社工服务站，选派 9 名社工参与社区社会组织培训开展公益创投、残疾人康复、希望工程陪伴行动、星火微志愿、图书漂流、女童保护等多个志愿服务项目，组织开展志愿服务活动 300 余场次。为老年人提供日间照料服务。目前，碧江区养老院正在建设，即将投入使用。针对移民区老年人、儿童因事离开安置区后，因不熟悉城镇而迷失的情况，街道联合派出所形成联合保障机制，每年通过派出所、特巡警及蓝天救援队合作，寻回走失老人、儿童 200 余人。推动助学圆梦行动，新建扩建异地搬迁配套学校（幼儿园）9 所，确保搬迁群众适龄子女就学。依托"校社共建"优势资源，开展"希望工程·陪伴行动"希望小课堂，组织社会爱心组织、公益人士到社区对留守儿童、孤寡老人等进行爱心慰问，累计招收 350 余名学生，开展活动 10000 余人次。利用渔政监控系统，有效防范溺水事故的发生。

（四）加强文化建设，促进"新市民"社区融入

灯塔街道通过感恩教育、文明活动促进移民的思想融入和身份融入。立足搬迁群众民族文化的多样性，充分利用重要节日节点，深挖"打溜子""四面鼓"等非遗文化的传承和保护，增强"新市民"的

身份认同感，实现了搬迁群众从"身"到"心"充分融入城市生活。街道依托社区党员活动室、道德讲堂、百姓大舞台常态化开展感恩教育，分享移民搬迁好故事、宣讲先锋模范好事迹，开展爱国主义教育、家风家训、感恩教育等讲座，引导搬迁群众听党话、感党恩、跟党走，让搬迁社区更有温度。建设社区追梦书屋，定期开展"书香矮屯·知识阅读月"活动。通过社区观影学习模式，身临其境地体验红色故事、阅读红色典籍，加快搬迁党员及群众角色意识上的转变。融合文化服务阵地，整合文化服务资源，培育特色文艺队伍，挖掘社区文艺骨干，把社会公德、家庭美德等元素融入文化节目中，从行为模式上潜移默化地规范搬迁群众的行为。

（五）聚焦矛盾纠纷，精准维护社区安宁

2023 年上半年，仅因婚恋引发的矛盾纠纷，灯塔派出所就接到了600 余起报警。派出所充分发挥矛盾纠纷闭环系统和六合一系统（综治、民政、司法、妇联、法院、公安六个系统）功能，将万警进万家、接处警、网格员报告等方式获取的重大矛盾纠纷按 1 小时内推"八单一表"、24 小时内录入矛盾纠纷闭环系统，对异地本处、本处异居等牵扯多地的矛盾纠纷实现全市 178 个派出所相互推送，形成闭环，做到纠纷随人走，人在哪里，稳控化解就跟踪到哪里，直到纠纷完全化解。自 2021 年以来，矛盾纠纷事件无一升级为恶性刑事案件。

（六）依靠科技手段，提升安置区社会治理效能

灯塔街道按照用科技手段化解人力不足矛盾的思路，坚持以综治中心为依托，推进视频监控、智慧门禁、人脸识别、周界防范、火灾报警、高空抛物等智能防控系统建设，促进"天网工程""雪亮工程""平安守望工程"等深度融合，全覆盖无死角建立守护安置区的"千里眼"。在辖区主次干道、背街小巷等区域安装监控天网工程、雪亮

工程、高位监控 219 个，安装平安守望监控 612 个。把社区管理的各种信息汇聚传递到网格、街道、综治中心，纳入社会治理平台实时精准管控，实时分析研判。形成点上覆盖、面上成网、外围成圈的智慧防控体系。发挥重障服务系统（严重精神障碍患者协同闭环系统）的重要作用，分类管理潜在精神障碍患者、三级以上列管精神病患，联合卫健、民政、综治等部门共同录入管理，实现社会面和医院无缝衔接，有效管控，防止发生漏管肇事。

三、"灯塔经验"对易地扶贫搬迁安置区治理的经验启示

（一）加强党建在易地扶贫搬迁安置区治理中的引领作用

灯塔街道通过大力推进异地搬迁安置社区党支部建设，坚持以社区党支部为核心，以社区群团、两新组织为载体，打造"党工委主导，家庭、社会、行政职能部门参与，工青妇等群团组织协同配合"的"1+3+X"党建工作新模式，常态化开展社区服务、安全教育、儿童志愿服务活动，把党建与社会治理高度融合，建立起党组织统一领导、政府依法履责、各类组织积极协同、群众广泛参与的基层治理体系，及时了解社情民意、帮助民众排忧解难，增加搬迁群众的获得感、归属感，切实提升了易地扶贫搬迁安置区的治理水平，为抓好易地扶贫搬迁安置区治理提供了有益的样本。

（二）强化政策服务在易地扶贫搬迁安置区治理中的保障作用

要主动作为，有针对性地为移民户提供政策指引、研究完善的保

障制度。灯塔街道通过办理居住证的方式，解决了移民户的就业、医疗、教育等基础性生活保障。今后应逐步扭转安置区"易地而居，人籍两地"的局面，迁出地和迁入地政府应逐步完成户籍的衔接工作，对原籍的土地经营、房屋权属等制度做出及时调整，在保护移民户既有权益的基础上，逐步提升在安置区稳定就业生活的农业转移人口落户意愿。要进一步明确各部门和机构在易地扶贫搬迁安置区治理中的职责和权限，制定权责清单，明确责任主体和责任范围，防止职责交叉和责任模糊，为不同层级、不同部门高效联动提供了制度保障。

（三）坚持促进就业在易地扶贫搬迁安置区治理中的支撑作用

要坚持把就业帮扶作为易地搬迁后续工作的重中之重，让搬迁群众不仅牢牢端稳就业"铁饭碗"，还能逐步实现可持续增收。灯塔的经验证明，就业问题不仅仅关系到搬迁群众能否"稳得住"，更是解决包括社会治理在内的诸多矛盾的关键。有关部门要有针对性地为搬迁群众开展技能培训做好"送技上门"，提高搬迁群众的就业创业能力，促进扩大就业。要顺应搬迁劳动力多样化的就业需求做好"送岗上门"，根据劳动力的不同情况，有选择性地为其推荐岗位。要针对搬迁群众的客观情况，推动托幼服务进企业、进园区，解决企业和劳动力的后顾之忧。要大力开发保洁员、水电工、门卫等公益性岗位，充分发挥公益性岗位兜底安置、防止返贫、改善民生的作用，针对残疾人、妇女等群体实施就业"托底"。要充分利用各级各部门对移民安置点的产业扶持和就业帮扶政策，坚决做到"一户一就业"，扎实做好易地扶贫搬迁的"后半篇文章"。

（四）关爱老幼群体在易地扶贫搬迁安置区治理中的主体作用

要提升易地搬迁安置区教育水平，推动教育资源的均衡化配置，不仅要让搬迁群众"有学上",而且要让其"上好学"。要针对搬迁出现的跨县市人口流动,积极出台教职工人员和编制的调配方案,通过高效率的教职工调配,合理优化教育资源的配置,让易地搬迁群众子女的教育问题得到圆满解决。要探索在易地扶贫搬迁安置区建立起一批能够为移民户子女提供随迁随读学位的学校。确保移民户子女入学无障碍、全覆盖。民政部门要加大对移民户家中老人,尤其是独居老人的关心关怀力度。一方面,扩大社区日间照料的服务范围;另一方面,集中力量建设养老院等集中养老机构。另外,还应当充分利用高科技手段与通信公司联合推出智能手环等居家养老关怀手段,保证移民户老人居家安全。

(五) 强调文化建设在易地扶贫搬迁安置区治理中的凝聚作用

要充分尊重和保护易地扶贫搬迁安置区的特色文化。在易地扶贫搬迁安置区社会治理中,既要重视对传统文化习俗、民族服饰、民族活动的保护与传承,又要注重引导搬迁移民进行文化融合和创新,在关注移民户情感的同时,开展丰富多样的活动赋予传统节日新的意义,不断增强文化自信。易地扶贫搬迁安置区党委政府要通过定期组织以安置区为单位的集体活动,增加移民户对安置点的归属感和认同感,增强移民户彼此间的情感链接和陪伴。建立健全党领导下的村民自治,引导和鼓励移民户参与安置点建设和管理,激发他们的集体荣誉感和主人翁意识,有效满足搬迁群众的基本文化需求,促进人际和谐,增强安置区的凝聚力。

(六) 凸显科技手段在易地扶贫搬迁安置区治理中的提效作用

灯塔街道利用上级部门建立的"天网工程""平安黔哨"等系统,

打造看得见、会思考、能智慧、全覆盖的社区大脑，开展日常监管、安全守护、健康随访、情感关怀等社区服务，实现易地扶贫搬迁集中安置社区居民公共服务最大化和便捷化。当前，信息技术已逐步成为促进新时代社会治理体系创新、提升治理效能的重要抓手与有效手段。推进易地扶贫搬迁安置区建设，要紧跟现代信息技术发展步伐，推动基层治理与互联网、大数据、云计算、区块链等深度融合，确保基层治理始终与时代发展和群众需要同频共振。广泛应用智慧城市、智慧社区等新技术，提高基层治理的数字化、智能化水平，真正实现"数据多跑路、群众少跑腿"。

作者信息：

周　婵　贵州警察学院科研处副处长、副教授

王树栋　贵州警察学院实验中心教师、副教授

王国丽　贵州省社会科学院区域经济研究所助理研究员

罗以洪　贵州省社会科学院区域经济研究所副所长、研究员

谭庆华　铜仁市碧江区灯塔派出所所长

六盘水"党建+"老旧小区改造的
实践探索与启示研究

　　党和国家高度重视老旧小区改造。2020年7月20日，国务院办公厅印发的《关于全面推进城镇老旧小区改造工作的指导意见》，为地方政府开展老旧小区改造工作提出和规划了具体时间表和任务线，要求到"十四五"期末，力争基本完成2000年前建成的需改造城镇老旧小区的改造工作。作为新型城镇化的重要内容，老旧小区改造既是民生工程，又是发展工程。一方面，在城镇化以及城市更新的社会背景下，老旧小区的居住环境及小区配套条件已经不能满足住户需求；另一方面，国内经济面临下行压力大、消费市场疲软、投资增幅下滑、产能过剩等问题，老旧小区改造可以有效拉动投资、扩大内需、促进消费。老旧小区改造在满足人民群众对美好生活的向往、扩大有效内需的同时，对推进城市更新和促进城市经济高质量发展具有十分重要的作用。

一、六盘水老旧小区改造的背景

　　自20世纪60年代开始，数十万"三线"建设者涌入六盘水，为城市的经济社会各方面快速发展提供了强有力的智力支撑和人力资源支持。城市在得到快速发展的同时，也着力为大量外来人口提供医疗、教育、住房等保障，先后在城区规划建设了一批居民小区和职工家属楼，专门用于安置"三线"建设者及其亲属。但基于当时"先生产后生活"的总体要求，这些老旧小区、职工家属楼的规划设计较为简单，总体呈现小而散、楼层不高、停车场匮乏、物业没有办公场所的问题，加之居住地周边没有空地规划建设农产品市场、娱乐健身设施等，严重影响了居民的幸福感。在推进老旧小区改造的过程中，六盘水逐渐探索出"党建+"老旧小区改造和后续治理模式，这一实践探索不仅成为六盘水城市基层党建的重要课题，也为欠发达地区城市实施老旧小区改造和推动城市高质量发展提供了可复制可推广的"六盘水经验"。

二、六盘水"党建+"老旧小区改造的实践探索

（一）"党建+联合治理"：通过结构再造推进要素统筹

六盘水在老旧小区改造的实践中实行"党建+联合治理"，通过对原有的组织结构进行重整再造，统筹各部门、各方面的政策资源、项目资金、人力要素，解决在改造过程中因部门多、项目繁出现的无人领导、难领导的情况，共同保障改造的顺利推进。

以组织结构再造推进老旧小区要素统筹的做法主要体现在三个方面：一是构建上下贯通的指挥体系。在市县层面，成立由政府分管领导任组长，各有关部门主要负责同志任成员的工作领导小组。在街道社区层面，根据改造所涉及的社区范围，临时组建覆盖"街道—社区—楼栋—党员"的四级组织构架，破除行业、等级界限，对老旧小区改造过程中出现的各类问题进行共议共决，实行扁平化管理。二是构建横向联通的责任机制。为提高老旧小区改造项目的审批效率和工作质量，形成了以住建部门为牵头单位，水利、电力、交通、城管、电信、消防、燃气公司等部门作为成员单位的党建联建机制。用"一家牵头、并联审批、限时办结"的审批制度来精简审批手续，优化申报材料和压缩审批时限。三是构建内外互通的改造格局。为解决老旧小区改造中跨区域沟

通难、协商难的问题，将老旧小区与周边"位置相邻、设施互补、环境相通"的小区纳入改造布局，明确由街道党工委负责改造过程中涉及的跨小区、跨社区、跨街道沟通协商，通过打通独立院落隔界、拆除独立道闸和围墙、新增可利用空间，从而破除老旧小区的空间壁垒，推动基础设施共享，促进居民互通互融。例如，钟山区黄土坡街道文明巷小区在改造过程中，统筹地域相邻小区，打破空间壁垒，形成贯穿东西、双向出入的消防通道，既方便了居民出行，又大幅降低了安全隐患。

六盘水通过将党组织嵌入老旧小区改造体系的各个层面，充分发挥党总揽全局、协调各方的领导核心作用。依靠党建联建机制搭建出的跨部门、跨层级的党建沟通平台，引领和缓解了各部门之间的沟通、协调难题，党的领导核心作用得到了明显的强化和提升。

（二）"党建+示范服务"：通过力量下沉推进关系紧密

六盘水在老旧小区改造的实践中实行"党建+示范服务"，积极发挥党员的示范模范作用，鼓励广大党员积极下沉并参与到老旧小区改造政策执行过程中。通过多元主体间的友好互动和合作共进，使老旧小区形成党组织、党员、业主相互信任、相互合作的关系网络。

以力量下沉推进老旧小区关系紧密的做法主要体现在以下两个方面：一是积极引导领导干部参与老旧小区改造。针对市县主要部门和街道的党员领导建立服务项目认领机制和基层党建联系点制度，要求党员领导到共建的老旧小区认领任务，并帮助社区解决具体问题和困难。二是积极引导党员参与老旧小区改造。根据市县机关企事业单位在职党员的家庭居住地，按网格和小区就地编组入网，为老旧小区提供党员志愿服务，并建立服务评价机制。如钟山区德宏社区依托"德宏先锋"App实现了党员志愿服务项目的有效分派。小区居民在App上填需求，社区在App上派单，党员在App上接单，让居民的服务需求办理得更加高效。

六盘水通过将党员下沉到老旧小区的改造和社区治理中，不仅可以更好地补充和弥补行政资源短缺的困境，还有助于加强党的基层组织建设，提高党的领导水平和执政能力。在充分发挥党员先锋模范带头作用的同时，引领老旧小区构建出宽容、理解、和谐的党群关系和良好的场域关系，形成了共建共治共享的老旧小区改造格局。

（三）"党建+需求收集"：通过广泛调研推进精准改造

六盘水在老旧小区改造的实践中实行"党建+需求收集"，通过对老旧小区进行充分、广泛和深入的调研，围绕居民最关心和最迫切的需求，并结合街道及社区的发展布局与定位，因地制宜制定符合具体老旧小区的改造方案，从而实现精准改造。

以广泛调研推进老旧小区精准改造的作法主要是广泛发动街道、社区、网格党组织和党员干部深入老旧小区走访座谈。改造前逐户并多轮征集小区居民意愿，在深入了解小区的具体环境和需求的基础上，组建以小区居民代表为核心成员的项目监督管理小组，由小组全面参与到改造项目的各个关键环节，制定既符合小区民意又切实可行的改建方案。通过广泛收集住户的改造需求，因地制宜制定每一个老旧小区的改造实施方案。例如，钟山区平安大院针对小区住户老年人较多，提出在改造过程中能否增加老年人休息娱乐场所这一需求，引入楷桦永兴养老管理有限公司将小区闲置用房改造为"嵌入式"养老服务中心，配套建成老年食堂、中医理疗室、文化活动室等设施，为周边老年人提供义务送餐入户、长者照护、养老管家等定制化服务。

老旧小区的改造是为了满足人民群众日益增长的美好生活需要，六盘水通过充分调研了解到居民的改造需求和意见，能更好地制定改造方案，提高改造质量和效果。同时，当居民充分参与到改造过程中，通过对老旧小区改造项目给予更多的关注，也提高了居民对改造工作的参与感和满意度，从而增强社区凝聚力和社会稳定性。

（四）"党建+城市文化"：通过文化赋能增强居民社区认同感

六盘水在老旧小区改造的实践中实行"党建+城市文化"，有意识地挖掘和保护原社区蕴含的特色文化，通过在改造的过程中保留或还原带有社区公共文化符号的建筑、宣传墙、宣传语等方式，培育全体社区居民对社区的认同感和归属感。

以文化赋能增强居民社区认同感的做法主要体现在两方面：一是创建社区公共文化平台。作为有着丰富"三线"文化底蕴的城市，六盘水在老旧小区的改造过程中结合建筑特点及小区建成年代使用青砖、红砖等符合"三线"特点的材料，保留或还原"三线"建设时期的生产标语，最大限度地展示三线文化、唤醒小区居民的三线记忆，如六枝工矿、盘江矿务局、水城矿务局和原水城钢铁厂家属区的改造。二是组织丰富的社区文化活动。街道社区结合小区实际情况，组织辖区居民开展形式多样、内容丰富的特色活动，切实满足小区居民的精神需要。例如，钟山区113地质大队小区邀请在社区内居住的退休职工为居民们讲授"三线"建设时期地质人为国家和人民奋斗的故事，让居民更好地了解和传承小区和城市文化。

六盘水通过打造老旧小区社区公共文化平台和开展形式多样的文化活动，不仅增强了居民之间的交流和互动，还让居民感受到归属感和认同感，形成了良好的社区文化氛围。

（五）"党建+长效治理"：通过物业共管实现可持续管理

六盘水在老旧小区改造的实践中实行"党建+长效治理"，通过引入物业管理或实行自治管理，实现后续管理专业化、常态化，保障改造的成果。

以物业共管实现可持续管理的做法主要体现在以下三个方面：一是物业管理实现党组织全覆盖。通过"专业物业管理、社区代管、业主自管、国企兜管"四种模式为老旧小区引入物业企业，并对物业企业选派党建指导员，在所有老旧小区实现"党组织+物管"全覆盖。二是加强和完善物业管理的监督评价体系。在老旧小区推行"双向进入、交叉任职"，从社区和物管公司中各推选一名成员到另一方承担相应工作。社区党组织加强对物业公司的监管力度，通过组织业委会、业主代表参与打分评价，不断提高物业管理水平。三是加强和完善物业行业的管理。成立市县两级物业行业党组织，通过建立健全物业纠纷"3+X"多元化解机制、物业服务质量评价制度、规范物业管理实施办法等规范性管理制度，规范物业企业的经营行为，保障居民的合法权益。

目前更多的政策和资金大多围绕老旧小区改造项目的实施过程开展，改造后如何建立可持续的长效管理机制既是改造的重点，也是下一步的难点。六盘水通过在物业管理中嵌入党组织，发挥党组织在物业行业的监督管理作用，不断加强党建引领推动和实现老旧小区的可持续发展。

三、六盘水"党建+"老旧小区改造的现实启示

（一）以组织结构再造提升党的领导力，优化了老旧小区改造的工作机制

党组织的设置和结构具有灵活性，能够打破和跨越政府横向和纵向的组织壁垒和领域区隔，通过党建引领将不同层级、部门、领域的多元主体联结起来，从而实现更有效率的对话、沟通和行动协同。不同于新建项目，老旧小区改造难度大，其涉及小区业主身份复杂、居民诉求分化、改造资金缺口大、小区活力不足、多部门协调难度大等诸多挑战。通过党组织的结构创新来加强各级党组织对老旧小区改造

和治理工作的领导，有效消除了城市党建在老旧小区的"空白点"和"盲区"，既提升了工作质量，也进一步强化了城市基层党组织的引领作用，不断织密了党组织领导下、各类组织参与的城市基层多元共治体系，增强了城市基层党组织的政治功能和组织功能，从根本上加强了党对城市建设发展、治理服务的全面领导。

（二）以党员先锋引领充实社区力量，完善了老旧小区改造的治理格局

机关企事业单位在职党员工作在单位、生活在社区，既有别于普通居民，又是普通居民中的一员，是城市基层治理中的一支重要力量。实践证明，新形势下的城市基层党建工作，不是封闭运行的，而是一个有机的统一体。在老旧小区治理中，通过创新载体、搭建平台，让在职党员走出单位、走进社区直接联系服务群众，不仅能为老旧小区的社区治理注入新鲜血液，在一定程度上解决了社区资源不足、服务力量薄弱的问题，还能让机关党员在矛盾复杂的基层一线得到成长锻炼，为各级组织部门考察识别干部提供了新的视野和路径。

（三）以广泛调研回应居民有效需求，优化了老旧小区改造的建设路径

在进行老旧小区改造项目时，应以居民的真实社区生活和需求为出发点，而非受行政意志和行政利益的影响。受居民需求差异化和资源有限的影响，改造需聚焦和满足大部分居民的期望，因此要充分发挥党的领导作用，进行大量广泛的调研明确和优化改造方案。在老旧小区改造治理过程中，必须不折不扣践行党的宗旨，做好"组织群众、发动群众、凝聚群众、服务群众"工作，才能在第一时间掌握社区居民的利益纠纷和诉求，及时化解矛盾问题，让群众切实感受到满满的幸福感和获得感，社会和谐稳定的基础也就更加稳固。

（四）以特色文化打造培育老旧小区公共精神，激活了老旧小区改造的内生动力

老旧小区改造并不等同于简单的修补，要借助改造的机会，同步提升"里子"，离不开小区文化建设。在对老旧小区进行改造的同时，挖掘其中内含的特色文化，不仅可以让具有地域特色的文化载体得到传承和保护，同时还可以满足现代生活需求的文化载体，以便更好地融入当前的时代特色和人文精神。帮助老旧小区焕发出新的生机和活力，也可以让人们更好地了解和认识当地的历史文化。通过在老旧小区创建公共文化平台和组织社区文化活动，可以培育社区居民互助、团结、合作的公共精神，并能够快速地建立起信任和亲密关系，从而培育出居民的社区公共意识，积极调动社区居民参与社区治理，激活老旧小区改造和社区治理的内生动力。

（五）以建管并重实现后续管理，创新了老旧小区改造的长效治理机制

对老旧小区改造而言，不仅仅是进行市政基础设施、建筑本体修缮等硬件层面的更新，更需要建立长期有效的可持续管理机制。通过党建引领，将社区自我治理能力提升嵌入改造后的社区，引导多方磋商确定改造后的小区管理模式、规则以及业主议事程序，同时构建一套长期的后期维护和运营管理。如六盘水在老旧小区改造过程中，通过空间合理布局、功能复合利用，合理高效地使用闲置煤棚、宅间空间、低效边角等存量空间，打造社区康养中心，规划建设停车位、广告位，统一经营、招租、收费，收益用于小区后期运营、管理和维护，真正把资源资产存量变为效益增量，创新了老旧小区改造后的长效治理机制。

作者信息：

孙　雪　中共六盘水市委党校讲师

黎平县创立"四联"机制助力
社区治理的实践经验研究

社区治安稳定一直是社会治安稳定的基础。在推进普法工作建设要求、易地扶贫搬迁后续扶持需求、群众平安社区建设诉求和实现建设平安社区追求的"四求"背景下，黎平县将治理与发展贯穿于"以高质量党建引领高质量发展"的全过程，探索出社区治理新模式，即"联席、联治、联调、联勤"四联机制。"四联机制"充分发挥了群众、政府、社会组织等多方协同作用，为平安社区建设注入了内生发展动力。"四联机制"建立的主要经验与启示是：坚持党的领导是提升社区治理水平的本质要求、整合治理资源是提升社区治理水平的内在要求、以人民为中心是提升社区治理水平的根本理念、加强数字化应用是提升社区治理水平的有效途径。

一、黎平县创立"四联"机制的背景

在 2022 年法治政府建设的要求、持续做好易地扶贫搬迁后续扶持工作的需求、社区居民安全感获得的诉求和平安社区建设追求的背景下，2023 年黎平县生态移民局积极探索社区治理新模式，建立了"联席、联治、联调、联勤"四联机制，不断推进平安移民社区建设。

1. 推进普法工作建设的要求

社区法治建设是建设法治国家的"最后一公里"。2022 年黎平县

215

在推进法治政府建设方面存在的不足和原因主要是在宣传方式上，形式还比较单一，宣传途径不够丰富，思想认识还需进一步提高是阻碍法治政府建设的主要问题，也是影响易地扶贫搬迁社区后续扶持工作是否能够稳定推进的关键。因此黎平县生态移民局在 2023 年普法责任清单中强调，必须落实普法责任，科学筹划部署年度工作，统筹全局法治宣传教育工作，适时开展督促检查，推进"谁执法谁普法，谁主管谁普法，谁服务谁普法"责任制落地落实。因此，在社区治理中对黎平县生态移民局提出了"推进普法工作建设的要求"，必须要建立健全以公安民警为主导、街道联防队伍为骨干、社区治安积极分子为辅助的治安联防共治网络，规范开展防范培训、法治宣传工作。

2. 易地扶贫搬迁后续扶持需求

做好易地扶贫搬迁后续扶持工作是生态移民局的主要职责。良好的法治环境则是需要以做好易地扶贫搬迁工作为保障。需要各级政府和相关部门的积极合作行动，在搬迁后续扶持工作中加大投入和力度，帮助搬迁群众稳定生活和就业。2022 年在社区治理方面黎平县已经实现网格化治理机制全覆盖、民主协商环境得到良好培养、法治建设方面已确保法律服务扎实推进，但是截至 2022 年，黎平县生态移民局在进行易地扶贫搬迁社区后续扶持工作中，主要存在群众法律意识淡薄、参与社区治理动力不足等易地扶贫搬迁后续扶持工作"堵点""痛点"问题，因此易地扶贫搬迁社区建设需要持续的工作投入，需要联合各部门开展普法活动、解决社区治理中的突出问题、提高群众参与社区治理的积极性、加强社区安全维护技术设备研发和投入等工作需求。

3. 群众对社区建设的诉求

要改变搬迁群众的固有思想和习惯，得先让他们有归属感，再拥有踏实感、安全感、幸福感。以龙形街道易搬社区为例，在 2022 年以前社区特困人群和老年人关爱帮扶及社区儿童娱乐设施建设需求的满足成为当时社区建设的主要任务。城北安置点作为全县大型安置点之一，脱贫户总计 3429 户 15425 人，特困 27 户 30 人，其中一二级残疾 363 人。安置点下辖 3 个易搬社区（石门、挂榜、何家庄 3 个社区），困境人群占比较大。近年来，龙形社区产业园区在杭州市结对帮扶期间，共引进永扬、诚德、欧瑞雪和依尔丹 4 家返乡创业扶贫企业入驻，共带动易搬群众就近就业 2000 余人次，产业园务工群众主要以易搬社区居家的 40~60 岁妇女和老人为主，为方便群众在家门口实现务工增收和兼顾照看小孩，在龙形扶贫车间周边新建社区儿童娱乐设施非常有必要，这些设施的建设也是群众对踏实感、安全感、幸福感的体现。

4. 实现建设平安社区的追求

按照国家平安社区建设的目标任务，黎平县也制定了符合县域平安社区建设的目标。首先，平安社区建设注重安全保障。社区应建立健全安全管理体系，包括安全监控设施、警务巡逻等，以确保居民的人身财产安全，提高居民的安全意识和自我防范能力，是平安社区建设的重要组成部分。其次，平安社区建设强调和谐共处。社区应鼓励居民之间建立良好的邻里关系。这可以通过举办社区活动、开展志愿服务等方式实现，让居民感受到邻里间的温暖和帮助。此外，平安社区建设还需关注居民的生活舒适度。社区应提供良好的基础设施。最后，积极推动居民的参与和共建共享是平安社区建设的重要方针。社区应加强居民组织和参与机制的建设，提高居民的参与度和自治能力。同时，倡导居民共同管理和享受社区资源，积极推动社区发展。

要求+需求+诉求＝追求，因此在"四求"背景的共同作用下，黎平县生态移民局创新了社区治理新模式，创立背景如图 1 所示。

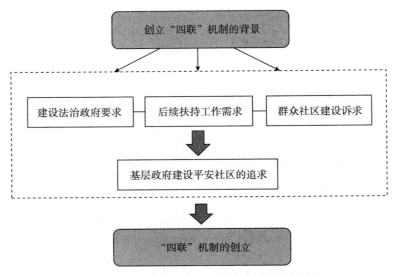

图1　黎平县创新创立"四联"机制的背景示意

二、黎平县创立"四联"机制的主要做法和成效

（一）黎平县"四联"机制助力社区治理模式

目前，我国以及贵州省正处于脱贫攻坚到乡村振兴的关键衔接阶段，黎平县将治理与发展贯穿于"以高质量党建引领高质量发展"全过程，黎平县生态移民局积极探索基层社区治理模式，即"联席、联治、联调、联勤"四联机制。其中，黎平县的"四联"机制助力社区治理模式的建立基于易地扶贫搬迁扶持工作的持续和完善过程，从而不断推进平安移民社区建设，以期形成由点到面的经验启示扩散。从"四联"机制助力社区治理模式来看，主要由政府部门主导，由基层社区工作部门协助，从而体现了黎平县在平安搬迁社区中的协同治理作用。

1. "联席"共防，实现多主体协同聚力

"联席"是指以政府部门为主，基层社区工作部门为辅，集思广益，助推平安搬迁社区的治安防控能力提升。黎平县"四联"机制的"联席"共防主要指通过建立健全以黎平县公安民警进行主导、街道联防队伍进行协调以及社区治安积极分子实际参与，从而共织基层搬迁社区的治安联防共治网络。基于协同治理视角下来看，通过汇聚民警、街道队伍和社区成员的协同聚力，在组织移民社区干部以及治安积极分子开展安全防范培训和治安法治宣传，建立健全群防群治的治理格局的同时实现社区治理模式助推平安搬迁社区的实然之需和题中应有之义。

2. "联治"共管，引导多主体协同执行

"联治"是指通过社区群众的参与组成群防群治队伍，从而整体推进和协同执行。以政府相关部门为主体，通过社区群众的积极参与实现协同执行，而"联治"共管中，多主体的主要职能为摸清安置点特殊人群底数然后纳入管理中，并且实施定期走访，建立日常排查、信息登记、分析研判、安置管理、救灾救济、应急处置等制度和台账，将责任落实落细。从协同治理理论角度来说，通过充分调动政府部门以及群众的积极性和参与性，并对突出问题建立健全整治工作机制，从而以多方协同执行开展问题专项整治。

3. "联调"共抓，协同协调化解基层矛盾

"联调"是指"四联"机制助力社区治理模式中多部门之间的协调联动配合，主要是按照"谁管理、谁负责"的实际要求，厘清各责任单位和责任主体。通过在多方主体和政府部门之间营造良好和谐的合作氛围，将多方主体之间的意见结合来形成合力。所以结合协同治理理论来看，将群众的诉求进行多部门之间沟通协调来统一受理、分流、协调、督办和归档，综合运用人民调解、司法调解、治安调解等方法进行多元化解，将多元主体进行社会参与的使命、行动和效果协同起来，从而建立正向的协同协调效果。

4．"联勤"共责，强化落实协同保障制度

"联勤"是指通过移民社区的乡镇、街道、社区综治中心、应急管理站以及司法所等多主体部门搭建联合保证治安制度。基于协同治理理论视角，结合移民社区安全协同治理与多元主体实际需求，实现政府与多元参与主体之间治理协作水平的提高，利用"雪亮工程"视频监控进行全方位的防控来完善协同保障制度，以避免发生紧急情况时不能妥善有效处置，从而推进安全移民社区的良序善治。

因"四联"机制是基于协同治理语境下而形成的，因此协同治理理论对该机制的形成逻辑具有较强的解释力，如图2所示。

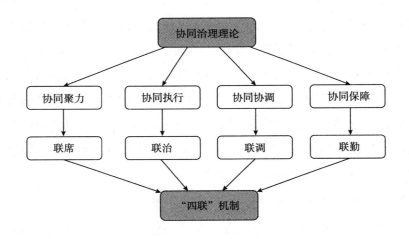

图2　协同治理语境下"四联"机制形成的逻辑示意

（二）黎平县"四联"机制助力社区治理成效

自"四联"机制实施以来，黎平县生态移民局坚持问题导向，将治理与发展贯穿于"平安移民社区建设"全过程，充分发挥群众、政府、社会组织多方协同作用，创新基层治理现代化模式，取得阶段性成效，荣获"全国民主法治示范村（社区）""省级民主法治示范村

（社区）""州级民主法治示范村（社区）""县级民主法治示范村（社区）"等多个称号。

1. 治安"联席"，筑牢社区平安基石

通过公安民警、街道联防队伍、社区治安积极分子的多方治安联防共治网络的构建，黎平县将移民安置点划分为 287 个网格，配备了 256 名网格员及 182 名社区自愿巡逻人员。同时在每个移民社区派遣 1 名民警和 2 名辅警。自这张社区治安防控大网构建以来，黎平县各安置点已经接处警 461 起，处理了 636 件安置点的治安纠纷事件，受理了 102 起治安案件，查处了相关治安行为 28 起，实现县内易地搬迁社区无命案、无上访案件、无群体性事件和重大治安刑事案件的"平安移民社区"的良好局面。

2. 问题"联治"，激活治理内生动力

从群众中来到群众中去，通过问题的多主体联合治理，发挥公民的主人公意识，共同解决社区的突出问题。黎平县成功在移民社区建立了 12 个人民调解组织，共有 52 名人民调解员，移民社区公共法律服务室 12 个，配备了 12 名法律顾问、31 名法律服务人员为移民社区服务。通过"联治"，已成功调解 9 起矛盾纠纷。

3. 矛盾"联调"，合力化解社区矛盾

社区作为社会管理的基本细胞，和谐社区建设事关群众的切身利益，有利于社会稳定及发展。黎平县组织法律服务团队深入安置点开展扶贫政策、法律援助、居民自治、扫黑除恶、公共法律服务、人民调解等业务知识培训和法律知识讲座 3 次，培训教育 70 余人。同时，黎平县司法局组织开展"法治宣传进社区（安置点）"38 次，受教育 1.2 万余人次。通过此类服务，提高县内群众"掌上 12348"的使用能力，使其能足不出户、随时随地享受指尖上的免费法律咨询服务。

4. 值班"联勤"，落实社区全面防控

合理利用先进技术落实多方位、全流程的社区联防联控。黎平县借助"雪亮工程"的技防功能，线上线下全方位防控，及时组织协调，妥善处置突发紧急情况。"联勤"实施以来，黎平县已于12个移民安置点安装投入使用269个"雪亮工程"视频监控。同时，各社区24小时全天候由专人值班值守，乡镇、街道定期每月一次以上对社区值班值守情况进行督查，实现防控无死角、全天候专人值守。

综上所述，在协同治理指导下，黎平县的"四联"机制对社区治理具有显著成效。协同治理语境下，"四联"机制对社区治理的成效如图3所示。

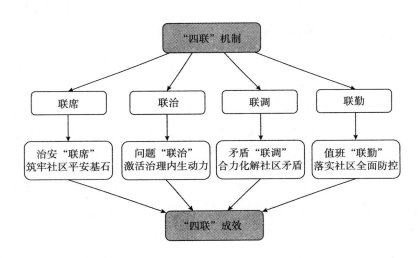

图3 "四联"机制助力社区治理成效示意

三、黎平县创立"四联"机制助力社区治理的经验启示

基层既是国家治理的最末端，也是服务群众的最前沿。随着经济社会的快速发展和社会主要矛盾的演变，基层社会治理问题备受瞩目。本文聚焦黎平县社区治理实践，通过实地走访、查阅资料、对比研究

等方法，充分挖掘黎平县在易地扶贫搬迁后续工作中创新社区治理方面的有效做法和成功经验，为新时代提升社区治理能力和治理水平提供了"新样本"。

（一）坚持党的领导是提升社区治理水平的本质要求

深刻认识党建在社区治理中的领导核心作用，这是确保基层治理的重要前提和保证。坚持和加强党的全面领导，是推进基层治理体系和治理能力现代化的必然要求。黎平县的实践表明，要积极适应新时代要求，不断增强党在基层社区治理中的政治领导力，就必须把党的领导贯穿于治理的全过程。始终坚持党的领导，以高质量党建引领高质量发展，将党组织和党的工作覆盖到社区的"神经末梢"，充分发挥基层党组织的"轴心"作用，让群众在家门口找到组织。要推进党的建设与社区治理高度融合，积极构建党组织统一领导、政府依法履职、各类组织积极协作、群众广泛参与的社区治理体系，提升社区治理水平，推动社区治理高质量发展。

（二）整合治理资源是提升社区治理水平的内在要求

基层事务面广量大，长期以来，"九龙治水"是制约社区治理发展的"堵点""痛点"，由于部门之间沟通不畅、孤立运作、缺少配合，出现了重复管控、监管空白、信息壁垒、效率低下等问题。随着城市化进程的加速推进，这种碎片化、零散型的社会治理模式难以适应新时代社区治理的要求，也无法满足人民群众对提高社区治理水平的期待。因此，积极整合分散的资源力量，完善多方参与社会治理的协同机制，系统性地推进社区治理，形成"多方协作、统筹治理"已成为推进社区治理的内在要求和必然选择。黎平县坚持问题导向，在推进社区治理的过程中，充分发挥政府、社会组织、群众的多方协同作用，构建了社区治安防控大网，综合运用人民调解、司法调解、治安调解等方法进行多元化解，让多元主体在社区治理中形成主体意识、参与意识、责任意识，实现了协同治理的效果，为提升社区治理成效积累了有益经验。

（三）以人民为中心是提升社区治理水平的根本理念

党的二十大报告提出，"坚持以人民为中心的发展思想。维护人民的根本利益，增进民生福祉，不断实现发展为了人民、发展依靠人民、发展成果由人民共享，让现代化建设成果更多更公平地惠及全体人民"。我们党的根基在人民、力量在人民、血脉在人民。坚持以人民为中心的发展思想，是全面建设社会主义现代化国家的必然要求，是社会治理现代化的价值取向。社区治理也要突出"人"，强调人民群众的主体地位，充分体现人民群众"共建""共治""共享"的重要性。黎平县贯彻以人民为中心的发展理念，坚持从群众中来到群众中去，发挥公民的主人公意识，通过人民调解的形式激发了社区治理的内生动力，成功化解矛盾纠纷，切实增强人民群众的安全感、幸福感和满意度。因此，社区治理应坚持以人民为中心，以增进人民福祉为出发点和落脚点，打造人人有责、人人尽责、人人享有的社会治理共同体，推动建立多方主体参与共治的基层群众自治制度，将改革发展成果更多更好地惠及广大居民群众。

（四）加强数字化应用是提升社区治理水平的有效途径

当前，信息技术已逐步成为促进新时代社区治理体系创新、提升治理能力的有效手段。推进新时代社区治理现代化建设，要紧跟现代信息技术的发展步伐，推动社区治理与"互联网+"、大数据、云计算、区块链等深度融合，坚持社区治理与时代发展同频共振。黎平县借助"雪亮工程"的技防功能，线上线下全方位防控，实现防控无死角、全天候专人值守，是运用信息技术提升社区治理的有效探索。贵州省是国家大数据发展综合试验区，应当充分发挥大数据在社区治理方面的有益作用，广泛应用智慧城市、智慧社区、大数据、人工智能等信息技术，构建以智能化为核心的社区治理系统，打造全要素"城市大脑"，以"智"提"治"，助力基层治理能力全面提升。

作者信息：

张　欣　贵州财经大学教授

欧　谷　贵州财经大学硕士研究生

邹　然　贵州财经大学硕士研究生

吕兴兰　贵州财经大学硕士研究生

贵阳市城市社区韧性治理的
实践创新研究

习近平总书记指出，城市治理是推进国家治理体系和治理能力现代化的重要内容，社区治理的"最后一公里"就在社区。随着城市管理进入精准定位和精细治理的新阶段，城市社区治理不断深化管理事务的精治、共治、法治理念与实践，不断创新公共管理和精细化治理方式，推动社区治理主体、治理规则、治理格局、治理领域发生根本性转变，形成众多部门合力解决突出问题的协同治理模式，全力保障城市运行安全。贵阳是典型的山地城市，社区之间的空间布局差异大、自足性强、在地依赖性高、封闭性突出。近年来，贵阳城市规划建设、环境秩序、应急管理、民生服务等功能整合持续深化，社区治理不断强化全周期管理、全过程管理和全业务管理，搭建多部门多层级有效信息沟通与联动的处置机制，推进城市社区治理模式从传统的单向度垂直管理向"参与式、协商式、合作式"治理转变，探索形成了贵阳市城市社区韧性治理的"六维"体系，有效提升了城市社区及时感知居民操心事、烦心事、揪心事的精准度和韧性力。

一、我国城市社区韧性治理的现实背景

我国城市管理被形象地称为包含城市"映入眼帘的画面"（景观环境及卫生）、"注入体内的能量"（电、气、热、暖）、"排除体外的

废物"（城市垃圾）和"遍布全身的血管"（道路和各类管线）。城市管理逐步从政府的"单向度"管理向"政府+民众"共同治理转变，更强调对管理对象精准定位、对公共问题和公共服务精准应对。然而，城市规模扩大、管理事务激增、城市风险积聚和社会转型加速等促使城市治理的空间由"城市"转向"社区"，必然要求城市治理的重心和力量下沉到社区，社区管理逐步从单位制变为社区制，带来了社区管理事务范围扩大并延展到政治、经济、社会、生态、文化等多方面，已然超越了传统城市社区管理的范畴。城市社区如何在城市系统规模叠加和承载应力的矛盾中寻找到韧性治理的突破点，提升城市社区维护公共安全的运行能力、应急反应能力和管理服务水平，是城市社区通过绣花般的细心、耐心、巧心提高精细化水平、夯实韧性能力、绣出城市品质的共同"解"。

（一）城市社区治理存在综合执法不畅

我国城市管理问题复杂多样、线索众多，多头执法、交叉执法、重复执法等问题不同程度地存在，导致城市社区治理中的一些"痼疾顽症"长期存在。一方面，因社区执法部门在街道（社区）常驻人员配备上不足，区、街道两级执法队伍人员配置不足，专职人员占比偏小，社区层面的治理存在统一调度难、人员配置形式多样，部分专业性较强的领域如环保、水务等在社区层面存在力量下沉不足，社区属地管理中无执法处罚权，缺乏专业技术人员和专业知识，专业检查和督促不到位。另一方面，由于城市管理部门缺乏强有力的统筹和整合协调能力，规划漏项、建设甩项问题造成城市公共服务缺乏前瞻性，末端的管理问题向前端的反馈通道不畅，管理需求在前端环节难克服难响应，管理中发现的问题在末端难落实，城市社区的规划建设管理缺乏整体性和系统性，导致街道综合执法工作的连续性和实效性不足，加上队伍结构不稳定，执法人员薪资待遇标准不统一，收入差距大，人员流失现象明显，执法不畅现象明显。

（二）城市社区治理的法规标准有缺位

城市管理领域的立法滞后于实际，从城市规划、建设到管理，涉及的公共事务、水电热气讯、物业服务等专业部门（单位）多达30个，城市管理相关法律法规制度的修订时效明显滞后。从宏观层面来看，城市管理的综合性法律法规缺失，城市社区精细化治理领域的专项法律、法规、规章相互之间的协调性、衔接性，还不能适应和满足城市社区综合治理中的日常管理、执法不顺等问题。从操作层面来看，社区治理的导则、办法、方案等标准体系尚不完善，大多城市管理标准化仍停留在行业标准完善阶段，相关实施标准和规划导则仅能指导专业领域的建设，覆盖面小、标准较粗、要求不高，可量化、可衡量的标准化管理体系缺失。

（三）城市社区治理的统筹协调待加强

社区治理既要城市管理部门的合力参与，也要发挥基层党组织的领导作用，还要发挥居民自治功能。一方面，城市管理部门职责分散难统领，城市管理相关部门各自为战，存在多个过程的审批条件互为前置，部分管理职责存在交叉、重叠、多部门兼管，街道党工委、社会组织、社会工作和街道综治中心的体制优势没有充分发挥，难以在制度中嵌入并融入各类社会组织，社会资源难以有效整合并合理配置，导致协调配合不力、政出多门，基层统筹各类管理力量难度大，社区自身资源有限、责权不对，碎片化管理问题突出，降低了城市社区的治理效能；另一方面，基层党组织嵌入社区治理程度不够、积极性不高、主动性不强，非公经济组织和社会组织中党的组织和工作覆盖面窄，社会组织主动参与社区治理的主动意识不足、自觉程度不高，仍停留在政府召集和动员的表层，政府部门与社会组织共同管理的理念还未构建，导致党组织成为社区治理的"局外人"。此外，居民自觉参与城市社区治理的热情不高，居民始终把社区事务看作是街道办事处和社区居委会的职能，社区居民人人参与、人人负责、人人奉献、人人共享的主体意识需强化。

（四）城市社区治理的应急预判能力弱

社区应急反应能力主要表现为抵御自然灾害、处置突发事件和危机管理。一方面，社区应对突发事件的应急动员能力不足，管理逻辑混乱、管理职责不清、信息处理不及时等问题频发，快速反应和处置的联动机制不健全，应急预案和应急处置方案缺失，队伍建设亟待提升；另一方面，社区应对新兴风险的危机意识薄弱，缺乏常态化的风险监测预判机制，城市生命线监测预警处置和风险防控机制不健全，风险信息缺乏共享机制，特别是城市规划建设管理部门的基层数据的智慧化应用不足，在线上与线下的综合管理中大数据应用不强，业务匹配度不高、信息不同步、管理流程不衔接、运行管理"两张皮"等问题，线上应用对线下业务优化的驱动不足，精准研判的治理模式无法贯通。另外，社区信息化资源的整合亟须不断拓展，受制于体制、技术、保密等原因，多部门联动处置的业务存在"数据盲区、数据打架、信息孤岛"问题，部分市级平台应用系统实现了市区两级垂直管理，但到街道或社区层面出现断层，难以实现数据对接和资源共享。

二、贵阳市城市社区韧性治理的探索创新

1. 重塑整体性的治理结构

一是贵阳市城市社区以精准、韧性为目标，形成了网格化管理、信息化管控、标准化执行和定量化考核的架构，持续完善了资源配置、工作流程、管理标准、量化考核等一系列的规章制度和措施，实现城

市社区治理常态化、无缝隙和全覆盖，重构了城市社区自治系统的组织体系、管理目标、管理方法和激励机制。二是创新探索出针对社区治理整体性的治理结构，形成了市级城市综合管理平台（贵阳市城市运行管理中心）、区级城市综合管理中台、街道综合治理中心三级责任主体，建立了决策、执行和监督的整体治理体系。三是明确了市区街道三级治理权限和职能，特别强化了城市社区综治中心基础细胞的应用，进一步厘清了市级层面的政府规划管理职能、一网统管职能、综合行政执法职能、市场监管职能、城市公共安全保障职能，发挥了街道在社区治理和公共社会事务上的基础作用，适配街道的职权和事权，形成了集中归口管理和协同管理的运转机制。

2. 丰富多元化的治理主体

一是贵阳市城市社区治理以居民为中心，形成了政府、社会、街道和社区多元化扁平化的网络结构共治系统，治理主体由政府转变为政府+街道+公众+社会组织，权利关系由政府总体控制转变为政府引导、公民参与、社会组织合作的网络化。二是多元治理主体以对话、竞争、妥协、合作和集体行动形成了共治机制，政府明确了市、区、街道三级管理的体制机制，街道明确了片区责任人，社区明确了社区主任和社区工作者的责任，社会组织主要承担物业、专业服务和企事业单位的公共事务管理服务。三是多元治理主体坚持以共同利益为最终产出，通过"小政府、强政府、大社会"的共同治理模式，拓宽了政府+社会各界参与政府决策及城市公共事务管理的渠道，多元治理主体更加体现了社会公平、过程公平、机会均等和结果均等。同时，互动式的多元治理主体持续不断地扩大，片区负责人、网格员、社区报到党员、离退休老干部、驻地企事业单位、志愿者等也成为了新兴力量。

3. 完善标准化的治理过程

一是城市运行管理中心探索了以社区管理对象为尺度的标准体系，

通过部件标准化、事件标准化和管理制度标准化，对社区公共区域内的各项硬件设施进行编码，明确了各项设施的管理归属部门、现状、位置和名称。二是探索了社区事件韧性处理过程的标准化管理，对城市社区的硬件设备信息进行分类建库以及信息化运行管理，通过对外部扰动产生秩序变化的事件处理形成标准化操作流程，用于监测预警并实现城市社区安全的正常运行。三是持续完善社区韧性治理的规章制度，修订并实施城市管理中社区治理的规章、组织架构、职责清单、权力清单、管理流程、管理基本点、考核办法等一系列制度的标准化管理流程，分类构建了社区绿化、安全、交通、环境、应急管理和生态标准化体系。

4. 确立网格化的治理对象

一是贵阳市按照各区的行政边界和管理范围，依托街道将城市细分为 135 个 15 分钟生活圈，并基于 15 分钟生活圈将 147 个乡（镇、街道）、1670 个村（社区）划分成 12390 个网格单元，各网格单元成为社区管理的直接对象，更加细化了城市社区精细化管理的颗粒度，体现了社区韧性治理的关联机制和网格调度共享。二是各网格单元从城市多部门的管理向事件管理的动态综合治理拓展，贵阳已划分网格 1.2 万余个，联户单元 10 万余个，逐步将城市社区治理的内容分层、分类，通过"党小组+网格员+联户长"的社区治理架构不断延长治理链条，实现社区治理的信息动态随采、矛盾纠纷随调、任务要求随传，促进城市社区治理更加精细化，有效提升了城市社区碎片化的控制及治理效力。三是城市社区的治理主体主要由网格员对所分管的网格单元中的管理对象、管理责任进行落实，实现监督员和城市社区的全覆盖、准定位，推进城市社区开展分块精准管理，并且在传统化投入中与嵌入信息技术、城市运行管理中心系统的关联、末端管理资源的整合和持续学习，提升社区治理的韧性和精细化水平。

5. 采取智慧化的治理手段

一是贵阳市城市社区治理始终坚持智慧治理的根本要求，强调城市治理手段精确匹配、城市治理成本精打细算、城市治理绩效精益求精，依托城市运行管理中心，将静态治理升级为整合有关城市管理机构和部门的信息动态制定管理策略，实现了"上级部门—下级部门"的线性管理模式二维化，搭建了市级、区级和终端的多层级多模块的网格化结构。二是充分利用强大的数据分析能力解决城市社区韧性治理的潜在问题，如城市社区的智慧城管、智慧交通、智慧医疗、非接触式执法，有效提升了跨部门决策和资源协调能力，增强了常态化城市运行能力。三是借助城市运行管理中心的指挥中心，形成了一个集成、智慧、高效的城市综合管理平台，对城市社区宏观层面的动态变化进行实时监测，辅助城市社区管理者处理日常和应急事件，快速捕捉城市运行过程中的问题，为社区应急管理、食品安全追溯、智慧卫生监督、城市大脑等常态化和突发性的事件管理，提供了可视一体化的管理网格，有效提升了城市社区治理的韧性效能。

6. 规范法治化的治理行为

一是贵阳市完善了城市社区精细化管理的法规体系，法律法规层面先后修订了《贵阳市城市管理条例》《贵阳市城镇生活垃圾分类管理条例》，对城市管理的性质机构、权利义务、职责范围、执法模式、行政监督、队伍建设、装备保障等内容进行统一规范，为城市管理提供了基本遵循。二是贵阳市政府从市级层面出台了市容市貌、环境卫生、户外广告、生活垃圾处理、城管综合执法、违法建设、夜间经济等管理规定，从区级层面结合社区的空间分布特点、地域特征、经济发展水平、社区分布和规模、人口流动特点和城市发展趋势等制定了《贵阳市综合行政执法办法》等政策文件。三是城市社区管理的主管部门从操作层面提出了更加具体的工作目标、内容和措施，如《贵阳市城市生活垃圾分类指引》《贵阳市建立综合行政执法与社区日常监管协调配合机制的指导意见（试行）的通知》等工作方案，为贵阳市城市社区的日常管理工作提供了重要的制度支撑。

三、贵阳市城市社区韧性治理的启示

第一，把握好党建引领社区治理全覆盖是关键。构建全覆盖的城市社区党建引领的基本框架是关键，只有强化市、区、街道、社区和网格党组织的五级纵向联动体系，强化街道社区党建、行业党建横向联动体系，才能完善城市社区党建工作考核评价体系，以党建引领促进社区精治、共治提质增效。才能积极探索社区定向培植，形成"一街一品、一社一品"的党建品牌格局，推动形成由点到片、由片到面的城市社区治理格局，做实做强街道社区，促进城市社区自我管理和规范化标准化管理相融共生。

第二，持续提升精细治理的法治化水平是保障。完善并细化城市社区的管理法规，健全城市管理法规体系、配套政策和实施方案，为城市社区精细化治理提供了解决管理顽疾的法治思维和法治方式，也为进一步理顺管理与执法以及执法部门间的职能边界提供了依据，为城市社区韧性治理的理论建构提供了一套衔接配合、信息互通、资源共享、协调联动、监督制约等运行机制，有助于推进城市社区标准化建设，提升城市社区韧性治理的法律、规范、条例和技术标准化水平。

第三，加快构建社区多元共治的新格局是重点。充分发挥市民的主体作用，推进城市社区从政府的"我治理"转变为全民共治的"我们治理"，常态化设置城市社区管理的问政、问需、问计和问效议事渠道，不断完善社区公共事务决策机制和矛盾调解机制，推动形成党政群共同协商、共同参与、共同治理的良好格局。

第四，全面用好智慧手段赋能精准治理再升级。强化以数据价值为核心的智慧管理模式，完善市、区、街道三级网格化管理体系，强

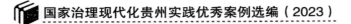

化市、区城市管理部门与街道的网格单元之间的治理协调对接，强力推进城市运行管理中心建设，发挥城市运行"一网统管"的治理优势和技术优势，倒逼城市社区线下业务流程全面优化和管理创新、开展流程再造和业务创新，助力城市共治共管。

作者信息：

陈其荣　贵州省社会科学院城市经济研究所助理研究员

郭　峰　贵州大学管理学院副教授

陈明曼　贵州财经大学管理科学与工程学院副教授

张应青　贵州财经大学工商管理学院副教授

曾杰钰　贵州省城镇化发展中心助理规划师

六盘水市钟山区推行"党建+积分"的主要做法和经验启示研究

党的二十大报告指出，健全城乡社区治理体系，及时把矛盾纠纷化解在基层、化解在萌芽状态。村（社区）是党和政府密切联系群众的神经末梢，肩负着落实上级政府工作任务的神圣使命，是民意传达和政策落地的重要"桥梁"和"纽带"，是实现国家治理体系和治理能力现代化的"最后一公里"。同时，作为基层治理的关键环节和主要载体，村（社区）治理成效的好坏，直接关系到百姓的幸福感、获得感和安全感，直接体现了基层的治理水平和能力。探索"党建+积分"的创新治理模式，对于激发基层治理新活力具有重要作用。

一、钟山区推行"党建+积分"的背景

为进一步提升六盘水市基层党建工作质量，2022 年 4 月中共六盘水市委党的建设工作领导小组办公室印发了《六盘水市基层党建"543"工程实施方案》（以下简称《方案》），《方案》中的基层党建"543"工程，即实施基础提质、覆盖扩面、创新增效、示范集成、影响提升"五项行动"，抓好产业转型升级、乡村振兴、城市基层治理和新业态新就业群体健康发展党建引领"四项突破"，建立健全清单推进、双线管理、观摩倒逼保障落实"三项机制"，以更加过硬的基层基础保障高质量发展。

为有效推动"543"工程各项任务的落实，抓好党建引领城市基层治理，把居民实际需求作为基层党建工作的出发点和落脚点，钟山区以"绣花精神"织绘基层治理"新画卷"，推行"党建+积分"的城乡社区治理新模式，引领基层治理能力现代化。结合实际治理成效、模式的可推广性和借鉴意义，本文以基础设施好、党员"双报到"活动开展成效显著的德宏社区德馨园小区和金盆乡生活垃圾分类工作示范点的天生桥村为研究对象。

德宏社区德馨园小区建于 2007 年，现有 32 栋楼，住房 3913 套，已入住 2700 多户 1 万余人，报到党员 641 人。

天生桥村位于钟山区北部，全村总面积达 18.64 平方千米，管辖 21 个村民组，总人口达 5052 人，少数民族有 4697 人，占总人口的 93%，党员有 45 名。

二、钟山区推行"党建+积分"的主要做法和成效

"治大国若烹小鲜"，基层"微治理"体现的是我们党治国理政的"大智慧"。改革开放的 40 多年，是我国制度创新的 40 多年。新征程上我们在推进基层治理现代化的过程中，同样需要找到试点、探索基层治理模式的创新。钟山区在织绘基层治理"新画卷"中做出了尝试，并取得了一些成效。

《方案》指出：规范街道、社区党群服务中心建设，完善服务功能，试点开展"十五分钟党群服务圈"建设；建立闭环管理机制，推行"群众点单、社区派单、党员接单"模式，常态化推进党员"双报到"工作；推动社区"两委"成员和业委会、物业服务企业党组织负责人"双向进入、交叉任职"，健全社区党组织领导下的"三方共议"机制；全面推进农村网格党支部（党小组）和组务管理委员会建设，

完善村党组织领导下的自治、法治、德治"三治"融合机制；规范村级组织学习、议事、公开、监督、项目和财务管理"六项"制度。

（一）突出党建引领，发挥领头雁作用

德坞街道党工委不断加强党在城市基层社会治理的延伸，突出党建工作在"十联户"工作中的"领头雁"作用，切实加强党建工作与"十联户"工作的系统性、整体性和协同性。一是优势互补，打通堵点。按照"党建引领、部门联动、群众参与"的思路，德坞街道党工委成立德馨园党群服务站，把城市基层党建和联户工作融为一体，以"党建+十联户"为纽带，引导驻区单位党组织主动融入联户工作，推动党建与"十联户"工作同频共振，不断提升组织的凝聚力，持续提高服务居民的能力，从根本上解决新建小区凝聚力不强、居民对社区治理认可度不高等难点、堵点问题。二是三方联席，满足需求。德坞街道党工委依托德馨园党群服务站阵地，围绕"十联户"具体需求，建立健全社区居民委员会、业主委员会、物业公司三方协调运行机制。德馨园党群服务站通过组织德馨园小区业委会、物业公司及联户长代表召开"十联户"联席会议，围绕"十联户"的具体需求，在小区文化塑造、公共设施维护、小区治安防护、养老托幼服务、邻里互帮互助、环境卫生治理、矛盾纠纷化解等8个方面24个事项，逐条逐项列出三方"责任清单""服务清单"并对外公开明示，实现小区事务"权责明确、公平公开、充分监督"。三是述评问效，形成共治。德馨园通过"十联户"联席会议，小区物业、业主委员会每月定期向小区联户长报告工作开展、经费收支、日常管护等情况，每月公示居民关切的物管、业委会及居委会履职情况，组织小区联户长对物业和业委会的工作成效进行认可度、满意度测评，实时监督共建成效，对不达标的负责人，按照相关程序进行更换。德馨园以工作述评问效，推动小区党组织、物业、业主委员会三方深度融合，从而提高居民的主人

翁意识，形成从人员到管理再到服务的全面共治体系。

金盆乡强化了基层党组织的战斗堡垒作用，实现了党建引领与乡村治理的深度融合。一是健全机制，人居环境实现大变样。天生桥村通过"支部牵头、干群联动、机制保障"三项举措凸显党组织的"领头雁"作用，激发村民发挥乡村治理主体作用，发挥机制保障作用。村党支部党员干部分片召开院坝会、火炉会等80余次，进行垃圾分类处理培训，开展垃圾分类双语培训60次，广泛发动群众参加，形成干群合力，实现了人居环境焕然一新。二是凝聚思想，美丽乡村建设大合唱。天生桥党支部充分发挥村"党支部""龙头"作用，组织党员干部召开党员大会、支委会深入学习人居环境整治相关文件精神13次，进一步凝聚思想，形成合力，将全村人居环境整治工作划分为21个责任区，交由45名党员干部包保，广泛发动党员、志愿者、群众、学生等参与，让人居环境整治实现全方位覆盖、全社会参与，奏响"美丽乡村建设"大合唱。三是主动担当，破解"黑校车"难题。为保证村里的学生安全上下学，由村党支部选定村合作社担任经营主体，组织村内符合条件的22名驾驶员和20辆社会车辆成立便学服务车队，同步联系联通公司、平安保险公司、晶发加油站等企业，为便学服务车辆提供安装定位器、免费提升车辆座位险赔付额度、加油优惠等服务，在驾驶员正式上岗前，还联系交警支队为驾驶员提供岗前培训、车辆检查等服务，并在日常运营过程中加以监督，保障行车安全。村党支部持续推进组织引领，夯实基础，凝心聚力，着力破解了乡村治理中人居环境、乡风文明、治安管理等方面的难题。

（二）建立奖励机制，"小积分"推动"大治理"

德宏社区建立了小区居民联户长"资源清单、需求清单、服务清单"，实施网格员统筹辖区市直、区直单位，公立学校、医院，非公企业及社会组织成员通过线上德宏先锋App平台与线下报到相结合的方式，提高志愿者报到服务组织化程度。截至目前，德宏社区线上线下报到党员967人，均分门别类登记特长、技能、可服务时段等信息，为后续开展精准服务奠定了扎实的基础。一是积分运用，确保劳有所得。社区每半年综合志愿者及联户长的工作实绩、成效和群众反映等情况，对报到人员进行"评星定级"，把到党群服务站报到开展服务情况作为向党员所在单位推荐其参与评先评优、提拔任用等方面的一项内容，目前配合六盘水职业技术学院、区科协等单位完成干部提拔任免征求意见；同时针对联户长开展服务积分情况，提供联户长所在家庭在辖区超市购物、物业费用减免等方面的优惠，确保联户长劳有所得。二是"双轮驱动"，确保人到服务到。通过在网格上组建党员冲锋队、志愿者服务队两支队伍的"双轮驱动"模式，精准发力，督促报道志愿者落实"固定日集中服务"及线上领办服务项目制度，实现"联户长点单、网格长派单、志愿者领单、党小组长晒单"的"闭环服务"模式。截至目前，已开展夜间治安巡逻、高考期间防扰民善意提醒等集中服务10余次，志愿者认领服务事项634件，完成500多件。

金盆乡积极探索联户长积分奖励管理机制，进一步优化网格化管理，配齐配强网格员、联户长，凝聚起基层组织与群众自治合力，不断激发群众参与基层治理的积极性和主动性。一是积分兑换生活用品，激发群众参与的积极性。天生桥村以《金盆乡联户长积分兑换管理办法（试行）》为抓手，积分可用于在积分超市兑换相应的生活用品，通过给予适当的物质奖励充分调动联户长和广大群众参与基层自治的积极性，通过树立典型标杆打造五星级联户长，在激励联户长尽职尽责的同时激发群众参与基层治理的主动性。如按时参加乡村相关会议，每次加3分（该项每个月最高可加12分，加完为止）。积极参与排查非法种植情况，发现一处加100分。二是共商积分管理办法，解决环境脏乱差问题。依托"村村联建"人大代表联络室履职平台，设立人大代表服务岗，通过"定时""定岗""定人"等方式畅通人大代表与人民群众的联系，组织人大代表常态化服务选民。全村 12 名各级人大代表通过宣传引导、走访调研与村民共同商定出《金盆乡天生桥村垃圾分类文明诚信积分管理办法》，办法明确了收集整理回收塑料类 10 斤以上、纸类 30 斤以上、金属类 100 斤以上、玻璃类 50 斤以上，加 10 分。通过本办法的实施有效改变了村里脏乱差的问题。

（三）建立联动机制，人人参与为人人

德馨园小区通过德馨园党群服务站线下渠道和德宏先锋 App、"十联户"微信群两个线上渠道，依托线上平台开辟设置了"主题党日、达人挑战""政策咨询、服务认领"项目等板块，实现了报到人员线上自主学习服务，切实解决了学习碎片化问题。线下开设了"新时代讲堂"，四点半阅读空间（含教师志愿者给小区孩子辅导作业），日间照料中心、乒乓球、羽毛球等运动场馆，丰富居民的精神世界。目前，线下开展主题党日、新时代讲堂、红色影视展播 30 余次，举办民情议事、红色文化体验、党群半月谈等活动 20 余期，选树"德宏先锋"78 人，评选"身边好人"4 人。

天生桥村根据本村实际情况通过人大代表联络室、联户长微信群收集村民意见、建议和诉求，形成了全方位了解村情、民情，及时了解民意的长效机制。党员、村干部入户开展垃圾分类现场指导，双语政策宣传、"手把手"教会群众正确开展垃圾分类投放准确率，开展入户指导垃圾分类 9500 人次，做到户户覆盖、人人皆知、家喻户晓。通过发放宣传单、签订门前三包责任书，群众环保意识明显增强，主动性显著提高。通过户层面、组层面、村层面、乡层面四个层面确定工作标准，目前完成天生桥 1~3 组污水治理项目，覆盖 182 户村民，村庄居住环境实现了更加宜居优美。

三、钟山区推行"党建+积分"机制对提升基层治理现代化的经验启示

（一）以党建为引领，把加强党的建设贯穿到基层治理全过程

以党建引领为核心推进基层治理，可以充分地整合各方资源与力量，把各类主体凝聚到一起，在党组织的领导下实现发挥作用的最大化。德馨园小区、天生桥村通过"党建+"的方式实现了聚"民心"、暖"民心"，其核心就在于基层党组织勇于创新，和时代共同进步，在于基层治理工作前进到哪里，党建工作就跟进到哪里，让党的组织、党的基层工作全面覆盖到小区、物管、乡村，使基层党组织真正发挥领导基层治理不断实现现代化的战斗堡垒作用。时代是思想之母，新时代的基层治理需要思想先行，只有思想上接受了，才能付诸行动。首先，基层党组织要做好思想引领。基层党组织要凝聚起基层治理的广泛共识，把各种资源和力量统一到基层治理的大局上来。其次，基层党组织要充分汇聚区域内的党员力量。选优配强"主心骨"、扎实开展"双报到"活动，盘活区域内党员，并充分发挥其作用。不断完善党员双向沟通机制，建立网格员制度，织密组织与党员之网、加强党员与群众的联系。社区、村以党建为核心，提升基层党组织的动员力、凝聚力、组织力和领导力，始终将党建引领贯穿到基层治理的各方面。

（二）以问题为导向，切实为民排忧解难

随着社会主要矛盾的转化，人们对美好社区的需求呈现出多样化、多层次、多方位的复杂特征，基层治理的要求越来越高。这就启示我

们在创新基层治理的时候必须坚持以问题为导向，切实从群众关心的急难愁盼问题、长期未解决的难题出发，着手解决。第一，不能避重就轻，要敢于正视矛盾。在城市，住宅小区是社区居民的安身立命之所，但受主客观原因的影响，小区往往也成为矛盾集中、问题交织之所，其中小区物业管理不规范、服务滞后等问题较为突出。在农村，改善人居环境、歪风陋习等问题比较严重。所以，在党建引领基层治理的过程中基层党组织必须始终把群众放在心中最高的位置，对于发生在群众身边的各种问题要马上发现、马上解决，不能回避问题，更不能逃避问题。第二，要实事求是，讲求策略。基层的各种难题并非一成不变和简单明了，而是发展变化着的。因此，基层党组织在直面困难的时候，要做到实事求是，客观分析和研判具体问题，讲究破题的策略，用群众乐于接受的言语和方式解决问题，避免出现形式主义。

（三）以人民为中心，满足群众对美好生活的需要

党的二十大报告强调："江山就是人民，人民就是江山。中国共产党领导人民打江山、守江山，守的是人民的心。"现阶段，我国社会的主要矛盾已经发生转变。对公共服务的要求从"有没有"变成了"好不好"，对公共资源的需求从"基础性"变成了"高质量"。因此，基层治理既要求党组织坚持以人民为中心的发展理念、走好新时代的群众路线、认真践行全心全意为人民服务的宗旨，又要尽力提供高质量的服务，满足群众多层次的需求，提升其幸福感。以贴心的服务，务实的行动，回应基层群众的呼声，守好群众的心，始终将群众的满意度作为检验基层治理能力现代化的标准。

（四）以利益协调为抓手，推动基层协商民主落地见效

党的二十大报告强调，协商民主是实践全过程人民民主的重要形

式。从本质上看，基层治理也是一个协调多方利益的过程。因此，基层协商民主发挥作用的大小关系到社区、村治理的成效如何。社区、村民协商寻求多方主体利益的最大公约数，是丰富基层治理实践的有效途径。总体来说，德馨园小区、天生桥村的探索之所以取得了实效，精髓就是基层党组织在推进基层治理现代化的过程中十分重视协调大家的利益，通过多方共议，公正合理地解决各方需求、寻找共识，满足了广大群众的所盼、所需，进而赢得了群众的信任和支持。坚持"众人的事情由众人商量"，既有表达诉求的顺畅通道，也有多方互动的信息反馈渠道，这样才能够更好地实现共议共建共治，进而推进基层治理现代化。

作者信息：

黄部泽　六盘水幼儿师范高等专科学校讲师

王其能　六盘水幼儿师范高等专科学校讲师

胡文凤　六盘水市第十九中学二级教师（中）

江　霞　六盘水幼儿师范高等专科学校助教

贵阳市民族互嵌社区精准治理实践经验研究

——以南溪苑易地扶贫搬迁社区为例

社区精准治理是新时代的需求，2023 年南溪苑成为贵州省易地扶贫搬迁后续扶持省级示范点，在党建引领、精准引导多元主体协商、打造"十联户"网格化治理方面，为探索提升治理水平和治理体系现代化提供了经验借鉴，提炼本土化经验，有益于促成全国社区精准治理的治理样本。

一、贵阳市民族互嵌社区精准治理的背景

（一）社区精准治理的需求

一是以共建共享共治为行动指南，构建社区共同体。"十三五"时期，贵阳市易地扶贫搬迁 3009 户 12090 人，建成 6 个县城集中安置区，完成了"搬得出"指标任务。党的二十大报告中提出了健全城乡社区治理体系，要依托完善网格化管理、精细化服务、信息化支撑基层治理平台。二是要求向"稳得住""能致富"目标迈进。2021 年 12 月，贵阳被评选为"全国民族团结示范城市"，截至 2022 年贵阳市共建成 2000 余个民族互嵌社区。其中，2019 年贵阳市花溪区南溪苑社区作为易地扶贫搬迁社区，搬迁了花溪区 7 个乡镇、54 个村寨的少数

民族贫困户而形成多民族互嵌式社区，南溪苑苗族、布依族居多，其具有多民族的特殊性与异质性，不能出现此消彼长，增加民族矛盾，而是既要完善中华民族共同性的特征，又要尊重与发扬民族良好的特殊性。基于此特征，传统的治理模式容易出现"碎片化"服务、"一刀切"管理的现象，从而导致"瞄不准、管不精"的现实困境和事倍功半的治理成效，因此，社区在空间与结构上是一个共同体，那么精准治理的核心就是以人为核心，达到治理共同体的愿景。

（二）社区精准治理的理念

铸牢中华民族共同体意识的主线，彰显社会共建共享的治理理念。在贵阳市新型城镇化建设过程中，依托贵阳市已建成的 45 个"三感社区"试点、"一圈两场三改"建设的治理理念，整合城市公共资源要素，优化公共资源配置，精准着力解决城市痛点、打通城市堵点。为实现城市社区的便捷程度，打造 67 个"15 分钟生活圈"，为解决城市停车难问题，已建成 70000 个停车位；为规划城市形象面貌，改造城中村棚户区 3734 万平方米、改造城市老旧小区 579 万平方米、综合整治背街小巷 610 条。运用贵阳市大数据广覆盖优势，社区赋能精准治理经过 4 年的不懈努力，取得了显著的效果。

（三）调研社区基本情况

花溪南溪苑的选址前身是花溪桐木岭苗族跳场。南溪苑是花溪区唯一的易地扶贫搬迁安置社区，占地 3.5 万平方米，房屋 303 套，搬迁入住 290 户，1060 名易迁群众。其中，苗族 117 户 498 人，布依族 18 户 67 人，汉族 155 户 490 人。建档立卡贫困户、低保户、低收入家庭共 139 户。社区内建有幼儿园、小学、中学，设立了 400 平方米的活动空间，配备了社区医务室、民族民俗乡愁馆、老年人日料中心、青少年活动室等公共活动场所等基本公共服务场所，建成了扶贫车间，引进了社区企业和打造了便捷生活超市等，贵阳市"三感社区"是贵阳市民族团结进步模范点。表1为南溪苑社区人口情况统计。

表1　南溪苑社区人口情况统计

搬出地	户数（户）	人数（人）
高坡乡	111	491
久安乡	68	184
马玲乡	30	121
麦坪乡	30	100
黔陶乡	22	74
燕楼镇	15	51
石板镇	14	39
合计	290	1060

二、贵阳市民族互嵌社区精准治理的主要做法和成效

（一）党建引领，精准构建多元主体协商

1. 精准构建创新模式，精准施策

坚定党建的核心地位、发挥党建的引擎功能，创新探索"1+5+N"的治理模式，精准结合社区功能，引导社区居民参与治理。"1"，即成立社区党组织，统筹负责社区全局事务。"5"，即做好"五治融合"，分别在政治方面、法治层面、德治方面、自治发展、智治层面，团结易迁少数民族社区群众，增强社区认同感。"N"，即以党建引领，根据多元需求，拓展多方面多渠道、有的放矢地实施政策与发展社区精准治理，取得的成效有：一是与高校联建，精准为社区少数民族群

体提供社区教育、科学知识、健康养生、实践活动服务；二是精准联通 8 个行政部门，拓宽民族居民就业渠道，开发民族居民就业援助补贴岗位 74 个，开发公益性岗位 33 个；三是精准联结 17 家企业帮建，发挥少数民族群体的手工艺技能，精准促进 191 名民族居民就业。

2. 夯实社区党组织建设

一是建立专业化治理队伍。成立了清溪街道党工委、组建了南溪苑社区党支部，精选社区党员 14 名。

二是精准选拔配优。设立社区党总支实行"一肩挑"重担工作，专业化分配党支部委员的职责，设组织委员、宣传委员、纪检委员，落实事务性工作，选优两名少数民族支部委员，选拔高学历配置。

三是对社区党支部书记进行双向考核机制。通过社区居委会集中评议、街道绩效考核制度，设立驻村第一书记工作机制，对社区党支部书记的工作开展情况进行精准追踪考核，不断加强党支部书记的创新能力与专业化管理能力。

四是实行党员学习常态化管理。分别采取线下集中学习和线上自主学习相结合的方式，线下定期开展党员活动、党员党性教育、业务学习、优化素质服务学习、外出调研交流、组织学习解读中央、省、市级文件精神；线上党员通过"学习强国"App、"筑红云"App 等方式自主学习，实现党员学习常态化。

在有效建设下，2021 年 7 月南溪苑社区基层党组织被评为"贵州省先进基层党组织"，2022 年 6 月南溪苑社区基层党组织被评为"贵州省党支部标准化规范化建设示范点"。

3. 激活基层自治组织，构建"三社联动"和"三工协作"机制

一是成立社区居委会。通过社区民族居民自愿选举，由社区居委会投票决议社区大小事务，社区居委会由民族群体担任，承担物管工作，如建立垃圾分类管理制度、垃圾分类公约、分类投放指南，落实与公示垃圾分类责任人，完善收运责任体系等。

二是精准设立居民共治议事机制。采用"议事会""坝坝会"等，代表由社区经济能人、社区党支部书记、社区居委会干部担任，社区大事通过"议事会"讨论研究。建立民意会、听证会、协调会、评议会等议事机制实现民主管理，将参与流程逐渐规范，公开议事事项，提高群众知晓率到100%。做好"四议两公开"的议事制度，通过党支部会议提议、"两委"会商议、党员大会审议、居民代表会议或居民会议决议，对决议公开，实施结构公开。

三是精准培育公益性社工组织。引进贵阳市诚善助老助残公益互助餐厅和运营日间照料中心。2023年1~5月，贵阳诚善助老助残公益互助餐厅南溪苑店共计为少数民族老人、残疾人免费供餐10683人次，对丧失生活能力、无人赡养的老人和行动困难的残疾人免费上门送餐524人次。联结公益性组织对20户特殊困难户红十字救助慰问金2万元。自主孵化社工组织"益馨社"，重点关爱老年人的生活服务，移风易俗宣传，关注少数民族青少年的教育与学习、心理健康等问题。

四是全方位完善志愿者服务队伍。充分考虑各类多元需求，成立"幸福妈妈"关注少数民族妇女权益，成立医疗服务队做好少数民族老龄人口健康养生，慢性疾病规范管理100%全覆盖，保证社区少数民族居民移风易俗的卫生监督队、成立少数民族居民退役军人福利保障队、"雏鹰计划·五型少年"计划，设立五点半课堂、特色课堂，开设普及国家通用语言、安全教育等课程，关爱社区少数民族儿童、青少年全面成长，少数民族青年就业队等多个志愿服务队，精细完善管理服务范畴。调研发现，2023年上半年开展20余次，服务150余人次。社区获2022年贵州省"终身学习品牌项目"，获贵阳市社区教育试点单位，民族团结进步教育基地。

（二）打造"十联户"网格化治理

1. 精准划分"十联户"网格

精准创新网格管理队伍。打造实行"党支部+居委会+物业+网格+

楼栋"的亮点治理模式，精准运行"一个中心+一张网+十联户"机制，设立南溪苑为一个网格，实行三级网格，建立"红管家"由社区党支部书记担任网格长，1 名网格员，联户长 20 人，建立了 20 个联户群，设立起 4 个少数民族党员先锋队，划分了 9 个党员责任区。

2. 划分权责，明确职责

第一，精准定位网格员服务理念。提升网格员的业务能力和服务水平，定位"服务"作为首要职责落实在社区网格化管理中。第二，明确十联户责任，定岗定责定职责，创新职责界定，精细定位，任务具体。打造"党支部领导—社区综治中心调度—辖区内及下辖部门联动—党小组+网格员+联户长"的铁三角兜底流程，5 名专职网格联络员分管党建、健康、平安、民生、社工五大板块工作，社区网格员通过社区 App、微信群、QQ 等信息技术手段，第一时间反馈、第一时间处置。

3. 科学厘清权责

贵阳市通过借助大数据、云计算、人工智能等精准技术，精准梳理了贵阳市 1871 项政务内容清单，系统全面地分类了"全程网办"的事务清单 761 项和不能办事务清单 368 项，以及待开发办理事务清单 742 项。厘清了社区网格和多职能部门的工作细项。科学制定网格员考核标准，变主观评价为客观考核。街道办制定网格员的科学考核标准，按照标准进行动态管理、科学有序、公开公平。

4. 以信息技术为支撑，搭建网格化平台建设

第一，精准摸排社区数据，平台上传云数据。网格员摸清社区的人、物、屋、财信息采集，通过花溪"社会和云"上传信息，实现社区与职能部门的信息数据共享共建，信息全周期保存。第二，搭建警民安全平台，有效化解民族纠纷。线下精准配置片区与楼栋联系民警，走访排查，做好少数民族纠纷调解工作，有效化解易地扶贫搬迁少数民族群众因生活习俗、利益等民族纠纷问题，联合社区网格员开展普

法知识、防诈骗、禁毒知识等宣传，提升少数民族居民的意识与"新市民"素质；线上运用"云警花溪"警务服务平台，及时预警和出警执法，保证社区的安全稳定。搬迁 4 年来，共化解各类矛盾纠纷 100 余起，达到社区零治安、零刑事案件和零群体性事件的治理成效。第三，搭建精准社区公共服务平台。"一网通办"贵州省政务平台，平台为少数民族居民提供了民族窗口服务，方便社区少数民族申办代办民生事务。精准识别社区少数民族劳动力，通过引进南溪苑自强藤艺工厂、黔灵女家政服务有限公司、贵阳黔乐创包装有限公司、贵阳汇明商贸有限公司等企业入驻，开发公益性岗位和采茶、采葱、绿化等灵活就业，保障有劳动力家庭一人以上就业目标，现有劳动力家庭 239 户 455 人，实现就业 239 户 434 人，其中县内务工 279 人。志愿者及公益性岗位服务 1541 人次。同时，开设苗族、布依族的民俗文化活动。尤其对有手工艺基础的妇女提供技术赋能、就业推荐，传播苗绣、苗族大歌等非遗文化。

基于以上精准有效的实践，南溪苑做到了"社会协同、公众参与"的治理格局，形成了"六清楚""六闭环"的管理模式。"六清楚"即网格队伍对政策法规掌握清楚、人口基数掌握清楚、矛盾纠纷排查清楚、社情民意收集清楚、基础报表梳理清楚、安全隐患排查清楚。"六闭环"即惠民政策宣传闭环、重点人员管控闭环、矛盾纠纷化解闭环、社情民意落实闭环、数据信息整合闭环、安全隐患整改闭环。2020 年被评选为贵阳市花溪区网格化服务管理示范村（社区）。

三、贵阳市民族互嵌社区精准治理的建议

通过调研发现，该社区由于搬迁时间不长，社区微型、短、平、快的治理成效显著。但也在精准治理过程中出现了一定的短板，因此，在此提出几点建议，可供参考。

（一）凝聚多元力量，落实落地服务重点

1. 党组织队伍要精干、务实

社区党组织要发挥好领导核心作用，要优化党组织人才结构。添补有先进治理观念和专业服务能力的人才。

2. 持续注入多元主体，构建共建共享共治

一是以少数民族居民为主体，持续强化社区动员参与。营造社区的良好秩序与氛围，扩大居民志愿者规模，加强团队建设。二是权力要下沉、赋能、减负、增效。优化社区治理信息"多位一体"共享机制，形成了社区精准治理共同体雏形，赋能居民自治组织，减负政府职能部门，形成"三位一体"融合机制，将智慧党建等平台载体接入街道社区服务大平台，使信息及时、准确、高效地传递给治理主体，实现信息的互联互通。

3. 以项目为载体，培育公益性、互助性对口服务

以党组织引导社会组织提供服务为重点，社区公共服务项目精准对口。重点扶持生活服务、公益慈善、居民互助以及为困难群体服务的社区型社会组织发展，以服务项目建设助推精准对口服务。

4. 以市场为导向，提升民族互嵌式社区族际互动水平

发挥社区少数民族劳动力优势，引进长期扎根社区企业、引入龙头企业发展适合社区可持续发展产业，提供长期稳定就业。

（二）有效整合资源，实现网格无缝覆盖

1. 人才要素

要持续将党组织建在网格上，优化网格化服务管理机制。一是网格员的配置应当补齐，避免工作倦怠，提高福利待遇，推动高效治理。专业化、高素质的复合型人才队伍是推动基层治理现代化的重要保障。

二是网格员应聘、工作内容、考核应该科学化制定标准。三是完善准入机制，剥离过载职能。要按照"权、责、利"统一原则做到"权随责走、费随事转"。

2. 智慧平台要素

要打造数字化平台等载体，以社区网格服务为依托，力求治理内容精准，就要落在实打实的服务上，要充分利用"互联网+网格"优势，掌握信息技术能力，社区公共服务平台作用精准辐射。

3. 公共服务要素

细化服务项目，精准满足社区居民的多元化需求。创新"互联网+公共服务"模式，以打造社区政务服务、民生服务和惠民商业服务为目标，以满足社区居民的多元化需求为核心，创新服务方式，破解公共服务的痛点，完善服务内容，即充分运用"互联网+"广覆盖、高效率的便捷优势，开发"互联网+医疗""互联网+社区教育""互联网+社区民族文化""社区+非遗文化"等项目，提高服务供给的效率。

作者信息：

张　萌　贵阳人文科技学院讲师

数字治理

贵州基层电信网络诈骗犯罪治理实践经验研究

——以金沙县为例

近年来，电信网络诈骗犯罪①（以下简称电诈犯罪）现象逐渐取代毒品、命案等类型，上升为危害面最广、最为突出且多发高发的社会治安问题。以习近平同志为核心的党中央对此历来高度重视，习近平总书记不仅专门作出"坚持以人民为中心，全面落实打防管控措施，坚决遏制电信网络诈骗犯罪多发高发态势"等一系列重要指示，更亲自推动《中华人民共和国反电信网络诈骗法》颁布实施，将我国电诈犯罪治理工作全面导入制度化、法制化轨道，并产生深刻、巨大的历史性、实质性成效。金沙县近年来的相关治理实践就是其中的一个缩影，本文尝试对其进行梳理总结，以期为基层进一步推进电诈违法治理工作提供参考。

一、当前电信网络诈骗犯罪治理存在的主要问题

（一）电信网络诈骗犯罪的趋势特点

诈骗犯罪从传统的接触性犯罪到非接触性的电诈犯罪演变并非一

---

① 根据《中华人民共和国反电信网络诈骗法》，电信网络诈骗犯罪，是指以非法占有为目的，利用电信网络技术手段，通过远程、非接触等方式，诈骗公私财物的行为。

蹴而就，而是不断迭代升级，日益形成较完备的犯罪体系，并呈现出一些新的趋势特点。

1. 作案手段快准狠，社会迷惑性强

目前，根据国家相关部门统计，已知的电诈类型已逾 200 种，仅金沙县公安局自主接报即达 50 余种，且呈不断翻新扩展之势。总体来看，电诈的手法"话术"惯常把握社会热点，针对网络贷款、网络刷单、消除不良征信等社会需求，利用 5G、物联网、人工智能等技术，采取引诱、恫吓以及 AI 换脸等伎俩，对个人量身定制诈骗剧本，并快速狠毒实施，令人防不胜防。

2. 跨境犯罪不良诱惑多，偷渡问题根治难

慑于目前国内雷霆打击的压力，电诈犯罪团伙已逐步转移至境外，并与贩毒、赌博等跨境犯罪团伙合流，呈以下特征：一是反面示范诱惑力强。许多偷渡人员进入诈骗公司一旦"业绩"突出后，惯用"一掷千金"的表演进行网络炫耀，蛊惑境内一些青年偷渡出境寻求"快富"之路。二是偷渡成因结构复杂。据上级通报信息显示，偷渡高发区与曾经的外流贩毒突出地区大多重叠，偷渡群体普遍年轻化且有前科的劣迹人员占相当比例。

3. 暗网渐成体系，职业化倾向明显

境外电诈犯罪活动已基本实现组团式公司化运作，惯常利用虚拟货币监管空白地带，对赃款转移实行暗网洗钱一体化运行，涉卡关联犯罪中，专业收卡人、跑分洗钱及引流团伙分工明确、配合默契、行动高效，"流水线"似的职业化特征不断凸显。

4. 关联犯罪成本低，治理难度高

如以银行卡、电信卡"两卡"违法犯罪为代表的关联性犯罪，因量刑短致犯罪成本低，使涉卡行为人对其行为的危害后果过分低估，甚至诱使部分在校大学生也参与其中。此外，公、检、法对电诈犯罪

的构成和认定在客观上存在争议，使一些涉卡犯罪钻法律的空子，在转账次数、涉卡金额上刻意规避，导致法律震慑力不足。

（二）当前打击治理电诈犯罪工作的痛点、堵点

面对与电诈犯罪持续升级的"遭遇战"，不少基层公安机关由于受诸多客观条件制约，均普遍存在以下"攻""防"多端短板的典型问题。

1. 阻骗难阻，预防端矛盾突出

由于诈骗分子的洗脑技能不断升级，诈骗话术层出不穷，致使常规干预手段易于失灵，如因"水土不服"，不少群众对国家反诈 App 的注册使用兴趣不浓，不愿注册，注册不用现象明显，从而未能从根本上发挥出其保护罩功能。

2. 内外关联，链条端跨境犯罪难断

电诈犯罪链条不断延伸，境内偷渡输送人员—境外设立诈骗窝点—中间"两卡"洗钱通道连接境内外，致使公安机关体系化打击治理面临两难境地，往往打偷渡与打窝点难兼顾，治"两卡"与治幕后金主难两全，全链条斩断困难重重。

3. 技能陈旧，打击端缺乏强力支撑

基层反诈民辅警大多缺乏系统培训，专业人才培养滞后，传统侦查思维固化，角色转换不适应，自身技能与犯罪端急剧变化明显不对称，导致打不深、打不透现象普遍存在。如处置虚拟货币相关案件时，往往无从着手。

4. 合力欠缺，整治端齐抓共管未形成

如金融、通信等协作单位的工作联动不强不深、宣传不实不透，导致涉"两卡"等关联犯罪难以根治。此外，不少窗口工作人员对反诈信息知识储备不够，运用乏力，也是群众上当受骗现象层出不穷的诱因。

二、金沙县电信网络诈骗犯罪治理的主要做法

从 2021 年下半年起，金沙县公安局党委围绕进一步贯彻落实习近平总书记的重要指示精神，针对电诈犯罪打击治理展开全新的系统谋划实践，并取得显著成效。一是发案率显著下降。2022 年，全县电诈犯罪案件发案数较 2021 年下降了 51.6%，损失金额同比下降 38.6%，电诈犯罪增量得到明显遏制。二是破案率连年攀升。2020~2022 年，全县电诈犯罪破案率分别为 13%、22%、36%，实现一年上一个新台阶。其主要做法如下：

（一）锤炼政治担当，牢固树立电诈犯罪可防可治可破信心

2021 年下半年以来，金沙县公安局党委坚持以铸魂、固本、塑形、聚力、健体的"党建五项行动"为重要抓手，不断锤炼民辅警"忠诚、干净、担当"的政治品质，实现从思想到行动高度统一，自觉贯彻执行以习近平同志为核心的党中央的各项决策部署。首先，客观看待电诈犯罪。电诈犯罪绝非洪水猛兽，只要科学精准施策、穿透研判，充分把控其规律特点，必然形成"魔高一尺，道高一丈"的高压态势。其次，充分发挥人的主观能动性。始终坚持以人民为中心，积极强化能力建设，广泛动员全社会参与，警民同心反诈的钢铁屏障必然建立。

（二）三"创"一体，大力推进执法队伍建设

针对打击治理电诈犯罪中的痛点、堵点问题，提出建立"打造全省一流反诈中心、培育独有技战法、培养全能反诈专家"的工作目标。持续创新推进软硬件建设，不断强化执法力量。

1. 创新打造中心阵地

为加快打击治理专业化、规范化、高效化步伐，在毕节市率先创新建成"网络犯罪大数据侦防中心"。"中心"充分整合全局人力资源优势，组成拥有30名专职民辅警、8个专业部门（见图1）的强大阵容。集查控、止付、冻结、防范、宣传、研判、打击等职能于一体。"中心"实行24小时全天候运行，建立起与各派出所、业务警种捆绑作战机制以及警银、警企高效联动合作机制，形成"警情汇总、集中研判、统一指挥、集约打击"的强大工作体系。

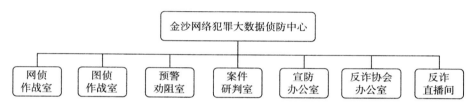

图1　金沙县网络犯罪大数据侦防中心结构

2. 创新培养专家团队

为贴合实战需求，主动树立"培养全能反诈专家"的工作目标，重点培养"会研判、会止付、会阻骗、会打击"的基层多功能反诈人才，全力推动科技兴警、人才强警战略。如创新设立民警个人工作室，在打造出更多专业分享平台的同时，又有效促进了干警的工作积极性。一是创新成立"王薇心理服务工作室"。该工作室致力于面向实战，完善机制，全面打造一套具有公安特色的心理健康服务体系。既将心理健康服务带到一线民辅警身边，又将安抚疏导运用到电诈案件处置及隐患化解之中。二是创新成立"潘维军网侦工作室"。该工作室作为明确的作战单元，积极适应实战需求，将大数据与公安业务充分融合，成为金沙公安信息化支撑实战应用的重要窗口，目前已有效协助侦破多起盗窃系列案、网络赌博、"断卡"等刑事案件。三是及时按需引进熟悉网安及平台的经济人才。有效弥补了互联网信息技术的短板弱项，持续强化打击电诈犯罪特别是涉虚拟货币等新型犯罪的技术侦察能力。

3. 创新组建专业宣防体系

本着"破十起不如防一起"的工作理念，不断注重防范关口前移，大力强化专业宣防体系建设。首先，通过汇聚全局才艺能手，在毕节市率先创新组建反诈小分队。反诈小分队针对电诈犯罪形势的变化，结合警务专业精心制定反诈宣传策略，如通过编制小品、魔术，拍摄制作情景剧等形式使广大群众在喜闻乐见的氛围中获得"识、防、反"电诈犯罪的知识。截至 2023 年 6 月，反诈小分队共组织开展文艺演出 50 余场、反诈讲座 120 余次、宣传走访 50000 余次、普及群众逾 10 万余人。其次，用好微信扩展功能，不断强化宣传及互动。例如，在推出"平安金沙""金沙反诈"等微信公众号的同时，还发布了更接地气的防诈小程序"金钟罩"以及创新开通了"码上办"多网合一线上服务等，让群众在足不出户掌握更多"识、防、反"电诈犯罪知识的同时，又成为报案咨询和提高处警效率的重要平台。最后，紧盯电诈犯罪热点问题，适时开通"反诈直播间"。由专职警察结合电诈犯罪新动向新热点，在线上向群众进行宣传解答，不断强化警民交流互动。截至 2023 年 6 月，该"反诈直播间"已举行直播活动 5次，线上观众累计达上万人次。

（三）两"破"并用，全力提高电诈犯罪破案率

切实提高破案率，是对电诈犯罪形成根本性震慑的关键。金沙县公安局提出锚定"三定五清"①，通过不断总结发掘犯罪链条中的规律特点，实现"破一获十、以战代训"，推动破案率提升。

---

① "三定"：定人、定案、定位。"五清"：查清幕后金主、窝点位置、窝点人员、洗钱通道、技术平台。

1. 善于"破网"，形成境内外贯通合力

针对电诈犯罪与跨境犯罪网络普遍交织延缠的情况，制定出"坚持系统观念，运用综合治理手段，实现境外犯罪境内打，境外文章境内作"的"破网"策略。一方面，狠抓源头治理。首先，把偷渡治理纳入基层社会治理工作重点。在加大警示教育的同时，切实管控源头，压紧压实属地党委政府主体责任，完善涉诈高危人员"一人一档"工作，落实包保稳控措施并严格执行责任倒查制度。其次，着力解决回流人员生计问题。将回流人员纳入就业扶持对象，并因人施策助其就业，避免再次偷渡出境。最后，调整重点人员管理类别。及时把回流人员纳入公安机关管控范围，防止此类人员将境外学到的诈骗术、洗钱术移植到国内，产生新的犯罪集聚地。另一方面，着力斩断黑金。如紧盯电诈犯罪"境外累积黑金→暗网洗钱→将非法收入转移境内→变为合法财产"各环节空白地带穷追猛打，彻底摧毁其经济基础，形成根本震慑。例如，金沙县警方通过对"6·09"案持续侦查，最终锁定该案境外犯罪分子转移犯罪所得的国内利益团伙，并一举抓获犯罪嫌疑人7人，收缴涉案现金1503万元，查封房屋、车辆一批。该案的侦破不仅成功斩断了境内洗钱通道，同时对后期逼投劝返工作起到了巨大的推动作用。

2. 能于"破链"，线上线下共同发力

针对电诈犯罪活动普遍存在"线上是重点、线下有痕迹"的共性。提出"线上查通道与线下落地到人相叠加，实现体系化全链条打击"的作战思路。即无论是电诈犯罪还是跨境违法犯罪，线上都要着力于深入穿透分析，精准摸清犯罪的网上运作体系，理出其组织架构，收集涉案证据。线下则充分用好大数据、银联信息等顺藤摸瓜，将网上的虚拟身份逐一落地，转为现实化具体化，形成充分的证据链，让每一个犯罪环节都原形毕露，最终实现对电诈犯罪打深打透的质效最大化。

（四）三"式"同建，合力营造全民全社会反诈氛围

打击治理电诈犯罪是一场"持久战"。充分整合一切有利因素，动员一切力量参与尤为关键。围绕"齐抓共管、群防群治"总方针，金沙县公安局立足于紧盯重点行业和关键性群体，不断创新协作方法路径，全力营造"全民反诈""全社会反诈"新格局。

1. 积极构建"联盟式"反诈氛围

针对反诈风险高发易发行业或群体，积极与教育、商务、工信、金融等多个职能部门沟通配合，逐步构建出主体鲜明的行业联盟反诈态势，如教师联盟、商圈联盟、工厂联盟等均已搭建完毕并全部启动。以"金沙县义乌城商业圈反诈联盟"为例，该联盟共联合商家280余户、1400余人。金沙县警方通过为联盟商户颁发平安守护聘书，建立警企合作机制，形成商户人人争当反诈宣传员，共同参与反诈宣传工作的良好氛围，不断筑牢商圈的反诈屏障。

2. 深入构建"社区共建式"反诈氛围

坚持机关警力常态化下沉，深入城区各社区，以"反诈社区共建"为抓手，配合社区干部开展宣传工作。一方面，联动宣传扩影响。截至2023年6月已创建"社区网格员+局机关民警+社区群众"于一体的微信反诈宣传群56个，使居民能适时了解电诈犯罪的新形态、新动态，提高防范意识。另一方面，打造"全民反诈主题小区"树典型。如警方与街道办合作，将反诈主题元素融入"水岸绿洲"小区建设，打造出特色、趣味的反诈知识长廊，使该小区居民在浓厚的文化氛围中提高反诈意识。

3. 广泛构建"参与式"反诈氛围

首先，注册成立全省首家反诈协会。协会不仅建立起拥有48家企业、厂矿、社会组织作为会员单位的反诈"统一战线"，各会员单位还立足自身工作领域，通过组织宣传、筹备成立反诈专项基金等形式

积极推动反诈活动的深入开展。其次，建立"全民反诈"举报奖励办法。警方通过设置金额不等的奖金，引导大众积极参与"线索举报"和"宣传劝阻"相关活动。最后，广泛招募并系统培训反诈公益宣传员。由多行业人士共同参与的公益宣传员目前已达 400 余名，宣传员们身着统一服装，按"五进"① 原则，采用集中宣传和上门精准劝阻等形式，持续增扩反诈辐射力。

三、金沙县电信网络诈骗犯罪治理的经验启示

金沙县电诈犯罪治理工作初步取得成效，是全面贯彻执行习近平总书记相关各项重要指示精神的集中体现。同时，围绕反诈"攻""防"能力建设，其还带来了以下经验启示。

（一）立足实际，主动作为，及时整合提升执法力量

首先，坚持党建引领，切实将"守土有责"贯穿于各级各部门工作始终，充分发挥党员民辅警的先锋模范作用，锤炼坚守岗位、忠诚履职的优良作风。其次，不"等靠要"，积极从内部挖潜力铸战力，充分尊重人才，激发人的主观能动性，强调有为必有位，为人才价值发挥提供平台。最后，勇于突破创新，在基础设施建设、岗位编制扩增、建章立制等方面能打破常规，以时不我待的精神意识推动各项基础工作落细落实，不断强化中心阵地建设。

（二）正视困难，深自砥砺，勇于打磨独有技战法

电诈犯罪治理工作必须树牢长期作战思想，"咬定青山不放松"。应不断拓展思维、优化策略、创新打磨独有技战法，培养内外兼修的专业团队。首先，抓总结。坚持让每起案件的侦办过程都成为技战法

---

① 反诈宣传"五进"：进社区、进企业、进学校、进农村、进家庭。

锤炼提升的过程，引导广大参战干辅警及时研究探讨犯罪链条中的规律和特点，积极总结提炼多种灵活、实用的技战策略，实现"破一获十"。其次，抓提升。一方面，通过持续"老带新""强辅弱"推动干辅警间交流互动，加快破案成果经验转化和运用；另一方面，强化"走出去""请进来"，积极与兄弟单位交流互动、取长补短，找准切合实际的创新转化路径，不断打磨"独门武功"。

（三）广泛动员，依靠群众，充分打造多元共治格局

"齐抓共管、群防群治"是提升电诈犯罪治理成效的根本路径。本着"破十起不如防一起"的工作理念，加强预警劝阻和宣传防范工作，必然需要广泛的社会动员支撑。首先，宣传上不留死角。积极构建多部门协作宣传机制，从创新拓展宣传平台和参与形式入手，持续丰富多维度、多层面宣传教育体系，千方百计地实现反诈宣传最大限度地覆盖到所有群体，使大众不断提高识诈防诈的能力意识，切实守护好"钱袋子"。其次，反诈阵线持续巩固升级。坚持多维构建机制，引导社会大众踊跃参与，共筑全民全社会反诈阵线。一是从群众便捷、快速易于操作的需求入手，不断更新强化举报平台、举报渠道，充分提高警民交流效率以及办案效率。二是联合更多社会力量共同打击治理电诈犯罪活动，充分营造"有人出人、有钱出钱"的良好氛围，推动"各部门齐抓共管，全社会警民携手"的多元共治格局发展壮大。三是及时建立完善相应的物质、精神奖励机制，充分肯定、支持社会大众参与的积极性，使电诈犯罪活动长期陷入"人民战争"的汪洋大海，难以滋生蔓延。

作者信息：

韩　缙　贵州省社科院农村发展研究所副研究员

明泽磊　金沙县政府副县长、公安局局长

黔西市数字乡村建设的
探索实践与经验启示
——以化屋村国家级数字乡村试点为例

党的十八大以来，贵州乡村发生了翻天覆地的变化，基础设施、公共服务以及乡风文明等得到了极大改善。其中，数字乡村建设的探索实践在巩固拓展脱贫攻坚成果与乡村振兴有效衔接中发挥了积极作用，有力推动了乡村建设的现代化发展。可以说，数字化、网络化、智能化技术在乡村的广泛运用，不仅深刻影响着农民群众的生产生活方式，同时为黔西市乡村建设的高质量发展提供了新的动能。

一、黔西市化屋村数字乡村建设探索实践的背景

（一）国家和省数字乡村建设顶层设计的在地化

数字乡村既是数字中国的战略方向，也是数字赋能贵州乡村振兴的重要内容。

2018 年，《中共中央、国务院关于实施乡村振兴战略的意见》明确提出，要实施数字乡村战略，做好整体规划设计，加快农村地区宽带网络和第四代移动通信网络覆盖步伐，开发适应"三农"特点的信息技术、产品、应用和服务，推动远程医疗、远程教育等应用的普及，

弥合城乡数字鸿沟。2019年，中共中央办公厅、国务院办公厅印发的《数字乡村发展战略纲要》指出，到2025年，数字乡村建设要取得重要进展，城乡"数字鸿沟"明显缩小；到2035年，数字乡村建设要取得长足进展，城乡"数字鸿沟"大幅缩小，农民数字化素养显著提升；到21世纪中叶，全面建成数字乡村，助力乡村全面振兴，全面实现农业强、农村美、农民富。2020年，浙江、江苏、广东等22个省份相继出台了数字乡村发展政策文件，中国数字乡村建设加快推进。同年，中共中央网络安全和信息化委员会办公室会同农业农村部等七部门联合印发的《关于开展国家数字乡村试点工作的通知》，确定了117个县（市、区）为国家数字乡村试点地区，贵州省黔西市位列其中。立足当前贵州省数字乡村探索实践，数字乡村建设的目标是乡村数字信息基础设施得到健全，数字赋能乡村治理得到提升，数字经济得到快速发展，农业科技化供给水平得到提高，农业成本降低，城乡一体化教育、医疗等水平显著进步，数字乡村建设将助力乡村建设迈入现代化快车道。

（二）黔西市高位推动数字乡村建设探索实践

国家数字乡村试点建设工作开展以来，黔西市立足实际，成立了以市委书记和市长任双指挥长、市委副书记任常务副指挥长、相关市领导为副指挥长、市直单位负责人为成员的黔西市国家数字乡村试点工作指挥部，负责统筹协调具体抓国家数字乡村试点建设，并将此项工作列入《黔西市国民经济和社会发展第十四个五年规划和二〇三五年远景目标纲要》，按"一年试点、三年推广、五年铺开"的战略，筹备制定全市数字乡村建设总体规划，印发《黔西市国家数字乡村建设试点工作实施方案》，明确工作目标、工作任务，按照时间节点有序推进。2020~2022年，黔西市共整合涉农财政资金33586.63万元，投入数字乡村试点涉农信息化资金1590.04万元，吸引社会资金1000

余万元，采取"一基三化"措施加速试点建设，成功打造了化屋村、黔西市110联动中心和"供销同城"平台等数字乡村建设试点。

（三）化屋村探索实践数字乡村建设的比较优势

化屋村是黔西市重点谋划推进的建设试点。化屋村紧邻百里乌江画廊鸭池河大峡谷，是一个苗族人口占98%的典型苗族聚居村落，具有绮丽的自然风光和浓厚的民族风情。西部大开发战略实施前，化屋苗寨人均纯收入仅214元，乌江资源综合开发后，造就了神奇的乌江源百里画廊。在各级政府和社会各界的鼎力帮扶下，化屋苗寨整合了旅游资源，旅游产业成为化屋村脱贫致富的主导产业。2021年春节前夕，习近平总书记赴贵州考察调研，其间实地察看了乌江六冲河段的生态环境，对化屋村进行了走访。这次考察，习近平总书记明确要求贵州在新时代西部大开发上闯新路，在乡村振兴上开新局，在实施数字经济战略上抢新机，在生态文明建设上出新绩。

化屋村数字乡村建设具备软件、硬件合宜的比较优势，作为贵州首批四个国家级数字乡村试点之一，于2021年春季启动了数字乡村建设的探索实践。

二、黔西市化屋村数字乡村建设典型做法

（一）完善优化乡村数字基础设施硬件

1. 在全市范围内加强数字乡村基础设施建设

目前，黔西市已在全市范围内建成3581个通信基站，全市包括化屋村在内的364个行政村及30户以上的自然村寨实现了4G网络乡村全覆盖；建成5G基站666个，5G网络覆盖城区、乡镇集镇、经济开发区和部分AAA级以上景点。此外，黔西市加快了农村广播电视和光

纤宽带网基础建设，广播电视和光纤网络已实现行政村全覆盖，乡村网络不断改善优化，为数字乡村建设稳步推进提供了硬件保障。

2. 以化屋村为试点聚焦数字乡村治理平台应用

2021 年 3 月，化屋村国家级数字乡村试点"5G+数智"乡村治理信息平台启动建设。该平台由贵州移动毕节分公司承建，包含了综合治理、智慧旅游、文明实践、智慧停车场、元宇宙电商、元宇宙旅游、数字联户连心和信息设施 8 个中心板块，依托大数据分析，服务全村，覆盖化屋村乡村治理的方方面面，为化屋村的村民、游客提供数字化、信息化、智能化的服务。目前，化屋村已经实现 5G 网络全覆盖，全村政务服务、旅游产业智慧管理惠及全体村民和游客。

（二）打造智慧管网助力乡村"产业数字化"

1. 推动本地农特产品实现产销数字化

乡村数字化建设开展以来，化屋村的家家户户都用上了宽带、装上了高清网络电视，村民们逛淘宝、开直播，还能通过网络让化屋的特色农产品、苗绣产品、旅游产品等足不出村就能销售到全世界，智慧管网为化屋村产业发展带来了新机遇。化屋村 2022 年 10 月开始摸索启用网络直播销售，当年总营业额 182 万元中有 59.8 万元是线上销售营业额，互联网销售渠道的强大购买力让化屋村苗绣车间决定在2023 年打造 3 个直播间，并培训直播人员 12 名，继续拓宽线上销售渠道，带动更多群众就业。

2. 推动本土旅游产业实现服务数字化

化屋村位于乌江源百里画廊风景区内，已经过数十年发展，旅游产业初具规模。化屋村为做好数字化旅游管理工作，建立了"全域智慧旅游平台"，为旅游服务提供了诸多便利。依托 5G、云计算和大数据优势，平台将实时分析景区客流量、发送落地欢迎短信和人员告警短信，有效引导游客错峰旅游，让景区信息化管理惠及每位游客。在

"智慧旅游"板块中，游客流量、游客来源、游客消费等数据一目了然，根据大数据分析，可对来访游客进行有针对性的服务，景区农家乐经营户还可通过游客流量情况按需准备食材。通过搭建"5G+VR"技术平台，将化屋村美丽的自然风景和民族文化推向世界，游客可通过该平台实现"云游"化屋。

3. 以点带面推动全市产业数字化升级

黔西市通过化屋村试点的探索实践，积极发挥点多、面广、线长的服务网络优势，搭建线上"供销同城""万村互联"平台，通过现代化的分拣和物流管理，将本地自产的生鲜农产品通过电商平台平价配送给城市居民，畅通农产品市内流通渠道。依托大数据技术打通线上线下的销售网，黔西市乡村振兴农业大数据平台实现了从基地到市场、从田间到餐桌，线上线下同步、批发零售为一体的运营体系，每日可销售果蔬 80 吨，线上线下结合年均累计销售额预计可达 4000 万元。黔西市通过挖掘市场消费活力，畅通农产品市内流通渠道，确保农产品卖得出、卖得好，同时，通过市场需求，引导种植基地形成订单种植，培育职业农民，带动农户就业增收，实现了乡村产业数字化升级。

（三）搭建数智平台实现乡村"治理数字化"

1. 推动"互联网+政务服务"向乡村延伸

目前，黔西市已经投入 426.93 万元开通 1 个市级、30 个乡级、364 个村级政务服务网。其中，化屋村"5G+数智"乡村信息平台是以数字乡村治理为出发点建立的可视化操作系统，可收集和处理化屋村的生产、政务、服务、指挥四个环节的数据，为数字乡村建设注入了新动能。在"综合治理"板块，平台通过大数据分析实现对化屋村乡村治理中的生产、政务、服务三个环节的数据收集和处理，实现了乡村智能办公。"5G+数智"乡村信息平台投入使用，不仅便捷了化屋村村民的日常生活，增加了收入，还提升了乡村治理的水平，管理工作更加高效，成为化屋村数字化治理的"数字大脑"。此外，化屋村还搭建了遍及全村的云喇叭广播设备，通过云喇叭的视频监控平台，化屋村工作人员可以足不出户实现对全村的实时监测、重要事项通知，有效对违法、违规事件进行制止，为乡村文明树新风提供技术保障。在化屋村微信小程序"数字化屋"中，村支"两委"利用小程序进行网上"三务"公开，实现全村全覆盖，运用钉钉直播等开展党员"三线联动"学习培训，打造"智慧党建"。

2. 数字平台赋能乌江百里画廊沿线水域管理能力提升

在化屋村乌江百里画廊风景区沿线水域，搭建了"5G+智慧水质检测点"数字平台，该平台不仅涵盖当地全天候实时乌江水文情况水质监测等基础功能，还结合化屋村"5G+数智"乡村信息平台设置了沿线水域"电子围栏"，使化屋村乌江沿线水域应急事件处理能力得到有效补充。利用5G网络与大数据分析，通过江边区域布置的摄像头建设的"电子围栏"，当人或动物触及警戒线时，云喇叭会自动播放驱离警告，同时，"5G+数智"乡村信息平台会将预警短信发送给该区域负责人，通过"电子围栏"对乌江百里画廊沿线水域实现管理数字化。

（四）实施"互联网+"工程弥合数字鸿沟

黔西市将"互联网+"工程向包括化屋村在内的乡村地区延伸，为广大农村带来了先进的科学技术和信息，既是缩小城乡"数字鸿沟"的有效办法，也是乡村惠民服务的重要内容。农村地区教育、医疗软件、硬件资源短缺落后是造成城乡差距的主要原因，在贵州省尤为明显。在过去，乡村基础教育条件差、医疗卫生条件落后，导致贵州省农村地区农民受教育程度偏低，农民群众基础医疗需求得不到及时满足。数字乡村建设启动后，黔西市将"互联网+教育"工程、"互联网+医疗健康"工程、"互联网+人社"工程向乡村地区推进，整合国家和省级、市级资源平台，利用互联网技术为农民群众提供远程科教惠民服务，利用互联网技术远程解决农民群众的教育、医疗等实际问题，并不断尝试扩展"互联网+"工程的应用场景和功能。

三、黔西市化屋村数字乡村建设经验启示

黔西市化屋村启动数字乡村建设探索实践以来，依托"5G+数智"平台建设数字乡村，不仅将乡村治理、乡村精神文明建设提上了新高度，让化屋村村民过上了便捷的数字生活，依托数字化、网络化、智能化技术，还实现了党建和村务管理、农村信息管理、乡村应急管理、便民服务等乡村治理和智慧文旅功能。化屋村数字乡村建设探索实践对贵州省数字乡村建设全面推进具有经验启示意义。

（一）数字乡村建设必须向"网"延伸打通农民致富路

数字技术必须立足于促进农村产业结构升级提质，让广大农民群众富起来。乡村现代化革命带给农民先进的科技和理念，化屋村乡村旅游依托互联网技术实现了产业提质、效益增收，不但将全村丰富的自然风光和民族风情向全世界网民推广，还依托网络带货平台把化屋村的苗绣手工制品也销往世界各地，让农民群众切身感受到数字乡村建设带来的变化，让农民群众享受到国家治理现代化带来的红利。在数字乡村建设过程中，不仅能让农民群众在物质上富起来，也能让农民群众在网络社会享受到精神文明的熏陶和培养，既能让农民群众的钱袋子鼓起来，也能把农民群众的大脑武装起来。

（二）数字乡村建设必须用"数"赋能打造农村新环境

数字乡村建设必须将"数字理念"贯彻到底，提升农业、农村、

农民的整体环境。在乡村治理现代化上，大数据应用于乡村治理政务服务工作中，既减轻了基层干部的工作负担，也提高了基层干部的政务服务能力和效率。在农业生产现代化上，智能控制系统能够为现代化农业提供精准的信息，智慧农业是未来农业发展的方向，农业高效发展离不开现代科技的助力，大数据"订单式"的定向定量种植、智能灌溉等技术在很大程度上降低了农业成本，提高了农业产量。在数字赋能农村环境改善的过程中，必须以农民群众的需求为导向，以解决农村、农民群众的实际困难为目标，不能为了实现数字化而给农民群众增加负担、对农村的实际问题视而不见。

（三）数字乡村建设必须抓"特"精准对接产业大升级

数字乡村建设必须将发展本地特色放在首位，对接本地优势产业提质升级。化屋村数字乡村建设试点取得的成功，归功于找准了乡村发展的具体实施路径，立足本地特色将数字化、信息化、智能化技术精准应用在乡村治理和乡村振兴中。化屋村具有较好的乡村旅游产业基础，是当地农民群众的优势产业，将数字技术与旅游产业结合，经济产业发展起来了，更直观地让农民群众享受到了乡村现代化带来的红利。互联网、大数据、云计算等高科技技术必须服务于农民群众的增产增收，只有实际的福利效益才会让广大农民群众觉得数字乡村好、乡村治理现代化好。

（四）数字乡村建设必须借"合"支持统筹注入新力量

乡村数字化探索实践需要引入各方力量不断优化完善。2022年，在中央网信办信息化发展局的指导下，中国互联网发展基金会聚集社会资源、动员社会力量参与支持信息化发展，使用互联网平台企业捐赠到中国互联网发展基金会信息化发展专项基金善款中的 2000 万元启动数字乡村聚力行动示范村建设公益项目，化屋村成为入选示范村建设资助的 10 个项目之一。获得资助后，化屋村在专项基金的资助下数字乡村信息化平台不断优化，大大提升了乡村服务能力和经济收益。化屋村数字乡村试点建设至今，除了黔西市委市政府的整体布局、统筹规划外，更离不开社会力量的支持。

作者信息：

刘杨祎伊　贵州省社会科学院传媒与舆情研究所研究实习员

丁　　胜　贵州省社会科学院传媒与舆情研究所副所长、研究员

李恒全　贵州省社会科学院传媒与舆情研究所副所长、副研究员

刘　　毅　贵州民族大学传媒学院高级记者

贵州省公共资源交易领域推进"区块链+"数据治理，健全阳光可信交易机制的实践经验研究

　　提升政府治理能力是政府改革的重要领域，直接关乎国家治理能效的提升，对更好地满足人民群众的需求、推进国家综合实力和竞争力有重要意义。区块链等新兴技术对推进社会治理数字化、提升政府治理能力有重要价值。贵州省公共资源交易领域在全省较早开展"区块链+"数据治理，构建了基于区块链的统一交易平台和全省"一张网"平台，积累了丰富的经验并取得了积极成效，这些经验和成效能为贵州省其他领域的治理能力提升提供良好的借鉴。

一、贵州省公共资源交易领域推进"区块链+"数据治理的背景

（一）区块链成为推进数字化创新和数字化治理的重要工具

　　2021 年 3 月，《中华人民共和国国民经济和社会发展在第十四个五年规划和 2035 年远景目标纲要》提出加快推动数字产业化，培育壮大区块链等在内的多项新兴数字产业，提高数字产业的发展水平。2022 年 4 月，中共中央、国务院发布了《关于加快建设全国统一大市

场的意见》，强调要加快建立全国统一市场的相关制度规则，健全区块链等领域的标准体系建设。近年来，国家明确要求加快推动区块链技术和产业创新发展，相继推出了一系列支持区块链技术创新发展的政策，以期超前布局、快速占领区块链技术高地。国家信息中心不断加大力度建设能够覆盖公共资源交易全流程的全国统一服务平台。在建设过程中以区块链技术为抓手，充分利用区块链的一致性、不可篡改、可追溯等特点，努力解决公共资源交易过程中的数据信任难题。2020年8月，广州市召开了全国公共资源交易领域首个区块链应用主题大会，发布了业内首部《公共资源交易区块链应用白皮书》。我国"区块链+"公共资源交易最早是从北京、广州、南京、福建等地开始实施，并逐步从探索实践中走向成熟。

（二）贵州省高度重视区块链在公共资源交易等数字化治理中的应用

贵州省高度重视以区块链为核心技术的创新应用。2020年，贵州省人民政府印发了《关于加快区块链技术应用和产业发展的意见》，提出要加快推动区块链等新一代信息技术与经济社会深度融合，推动国家治理体系和治理能力现代化。省政府工作报告要求"建成全省统一的公共资源交易平台"，省公共资源交易中心以"全省一张网"建设为核心，协同全省各公共资源交易机构，不断深化公共资源交易平台的建设、改革、数据资源整合与共享。2021年，贵州省的公共资源交易中心全面完成了区块链数据共享平台的建设。该平台构建了全省统一的区块链数据治理、共享及应用体系，以支持公共资源交易的顺利进行；实现了全省"一张网"建设、数据"一网共享"、交易"一网通办"、服务"一网集成"、监管"一网协同"。目前，在全省范围内已建立了覆盖全省各级中心的"公共资源交易+区块链"数据存证、共享的创新模式。2023年，贵州省公共资源交易区块链数据共享平台进入全国"区块链+政务服务"方向典型应用案例名单，成为公共资源交易领域首个入围的平台，填补了本领域的空白。

二、贵州省公共资源交易领域推进"区块链+"数据治理的主要做法

在省公共资源交易领域推进"区块链+"数据治理的过程中，形成了政策争取、组织机构建设、规范与技术构建、组织与管理模式创新等方面的探索经验。

1. 积极争取国家和省政府的政策支持，构建良好的政策环境基础

2019 年 10 月，习近平总书记在中央政治局集体学习中指出，区块链技术的集成应用在新的技术革新和产业变革中起着重要作用。在此背景下，省公共资源交易中心积极和国家部委沟通，争取各项试点、示范项目和政策支持。2020 年 12 月，国家信息中心批复同意贵州省实施公共资源交易的区块链数据共享试点，力图在全国形成区块链应用示范。2021 年 8 月，贵州省公共资源交易中心发布了《贵州省公共资源交易区块链数据共享工作试点实施方案》，明确了在国家信息中心、省人民政府办公厅以及省大数据管理局的指导下，各级公共资源交易中心要充分发挥区块链技术的数据一致存储、难以篡改和可追溯的优势。

2. 持续强化组织机构建设并明确职责边界，为数据治理改革奠定组织保障

在试点工作中，贵州省公共资源交易中心组织全省各级公共资源交易机构共同参与，并在各层机构中设立相关部门负责具体事务。这些部门的设立旨在统筹组织建设、夯实数据管理、促进数据共享应用、确保数据质量和规范标准的划定。在建设公共资源交易区块链数据共享平台时，明确规定了涉及交易主体隐私的交易数据的所有权归属于

交易主体，而其他交易数据的所有权则归属于各级交易中心。此外，还建立了交易数据的权属确认和授权机制，以确保上链交易数据的权属关系清晰明确。这些规定和机制有助于保护交易主体的隐私权益，并确保了数据的可信和安全共享。

3. 不断推进技术规范与技术应用创新，全面提高"区块链+"数据治理的创新质量

第一，充分发挥区块链技术的集成能力并运用区块链的去中心化、不可篡改、全程留痕、可以追溯、集体维护、公开透明等技术特点，使交易信息可以被多个参与方共享和验证以提高交易的可信度；实现交易过程的公开透明，减少信息不对称和潜在的腐败行为；确保交易信息的安全性，通过区块链技术促进数据流通的安全及质量提升。第二，开展了一系列技术标准和技术管理制度制定的工作，包括数据标准制定、链上数据目录设计与制定、存证数据规范建立、数据共享规则制定和责任管理制度颁布。第三，建设了一个区块链数据共享平台，将其部署在云上贵州云平台上，推动公共资源交易数据在区块链上存储，并要求全省各公共资源交易机构对交易系统和结构开发进行改造和设计。按照全面性、完整性、合规性、准确性、及时性的要求，对有关交易业务进行调整、规范，实现与区块链数据共享平台统一对接。第四，完善了数据共享应用的信任机制，优化了交易服务水平，强化了交易监管支撑，积极打造了区块链数据共享的新模式。

4. 加大力度进行组织模式创新，提升"区块链+"数据治理的成效

一是协调机制创新。贵州省公共资源交易区块链数据共享平台建立了跨部门协调机制，包括与相关政府部门和机构的合作与沟通，以确保数据共享平台的正常运行和各方利益的平衡。平台通过与其他部门和机构的数据接口对接，实现了数据的互联互通，提高了资源交易的透明度和效率。二是汇报机制创新。贵州省公共资源交易区块链数

据共享平台定期向上级政府部门进行工作汇报，包括平台的运行情况、数据统计和分析等。平台设立了内部汇报机制，各部门按照一定的时间节点和要求向中心提交工作报告，以便及时了解各部门的工作进展和问题。三是反馈机制创新。贵州省公共资源交易区块链数据共享平台建立了用户反馈渠道，接受用户对平台功能、体验和服务的意见和建议。平台设立了客户服务部门，及时处理用户的反馈和问题，提供令用户满意的解决方案。平台通过定期组织用户满意度调查，了解用户对平台的评价，并根据反馈意见进行改进和优化。

5. 不断进行管理模式改革创新，加大"区块链+"数据治理成效的落地性

贵州省公共资源交易中心充分利用区块链数据的可信优势，系统性地形成了数据基础管理模式、数据共享应用管理模式和数据安全管理模式。第一，在数据基础管理方面，贵州省公共资源交易中心着重强调统一交易数据标准，加强数据质量管理，并制定存证数据规范，从而实现公共资源交易数据的成功上链。同时，也重视数据的质量管理，采取相关措施来提升数据的准确性和完整性。此外，制定存证数据规范是为了确保上链数据的可信度和可追溯性。第二，在数据共享应用管理模式方面，贵州省公共资源交易中心持续深化贵州省的"互联网+公共资源交易"管理格局，包括网络覆盖、流程交易、规则主导、专家共享、通用证书、数据汇聚和风险防控。发展了基于区块链的数据共享存证系统，以加强监管支持，为行业相关主管部门提供完整和可信的数据支持。第三，在数据安全管理方面，贵州省公共资源交易中心建立了安全防护体系，通过基于区块链的共享平台，实现了数据存储与访问、密钥生成与管理、权属管理与分离。该安全管理模式能有效保障交易数据在采集、归集和使用的全过程中的安全性，为数据安全提供了可靠保障，使交易数据在整个过程中得到安全可控的处理。

三、贵州公共资源交易中心推进"区块链+"数据治理的积极成效

1. 建成了全省统一的公共资源交易一张网平台,以"区块链"为核心实现了可信、可管、可用的统一交易

在政策争取方面,通过政府和相关方案的实施,平台数据的安全性得到了有效的保护。同时,建立了数据闭环治理机制,并完善了数据评判标准,提高了数据的质量和稳定性,有助于实现数据的可信性和安全共享,并为公共资源交易提供了更加高效和便捷的服务。全省还创建了统一的公共资源交易平台,进一步优化了交易服务和加强了交易监管。经过近两年的建设,贵州省顺利完成了国家级试点工作,成功建立了全省范围的公共资源交易区块链数据共享平台。数据的合规性和全面性接近100%,准确性、及时性和完整性达到了90%以上。

2. 实现了基于"区块链"的全省公共资源交易数据共享,打通了全省的公共资源交易数据的"链"上互信

通过实现企业招投标数据的全面上链共享,成功实现了全省招投标主体信息一次登记,处处使用的目标,大幅度减少了企业重复录入数据和提交资料的负担。数据质量保证相关部门通过统一数据标准、建设部署区块链数据共享平台、推动公共资源交易数据上链等举措,在云上贵州云平台上搭建了区块链数据共享平台,实现了对全省各级公共资源交易系统数据的全面采集。在确保数据归属权清晰、加密控制管理、共享可追溯可跟踪的前提下,我们成功地对全省各级交易中心的数据进行了实时、可靠的监控和管理,实现了全省数据的统一和互联。

3. 实现了基于"区块链"的可信业务溯源,大幅度提高了对公共资源交易活动的监管面和监管深度

通过狠抓制度、标准等规则的制定和技术的应用与创新,制定了

详细的工程建设和政府采购领域数据上链目录，数据存证、管理与应用标准，确保了数据的完整性和可靠性。通过增加业务环节和数据项，成功地将数据覆盖范围扩大了数倍，实现了对全省各级交易中心数据的全流程标准化采集。利用区块链技术打造了一个打通全省各市州公共资源交易异构系统、实现了跨平台交易数据"点对点实时流通共享"的一体化数据管理平台；建立了覆盖全省各级中心的"公共资源交易+区块链"数据存证、共享的创新模式，在不改变交易活动和系统现状的基础上，打造了数据按需快速共享、闭环实时治理、使用跟踪记录、便捷高效服务的数据共享"高速公路"。

4. 实现了基于"区块链"的明确职责划分和业务集中办理机制，大幅度减轻了公共资源参与主体的负担

一是大力统筹协调，明确各部门各岗位职责。建立了全省公共资源交易工作联席会议制度，办公室设在省公共资源交易中心，以确保各级公共资源交易中心业务职责的协调和顺畅。通过理顺各行业部门的监管职责，成功地优化了全省公共资源交易工作的组织和管理模式。二是落实公共资源交易"全省一张网"建设。建设了全省统一的数据底座，实现了全省所有各级交易平台系统的纵向贯通和 14 家省级行政监管部门的各类平台系统的横向联通。制定了详细的数据接口和字段规范，以确保各异构系统之间的互联互通。通过在全省统一的交易大厅中嵌入各交易中心门户网站，实现了对金融、数字证书和异地评标等工作的集中化办理和监管，使各方交易主体不必到省级交易中心即可完成开标活动。

四、贵州省"区块链+"数据治理模式对提升政务数字化治理水平的启示

1. 进一步强化政策和法律法规的顶层设计，以试点示范引领推进区块链在数字化治理的深入应用

为了推动区块链技术在政府数据治理中的广泛应用，政府需要加

强顶层规划，系统谋划区块链应用的未来前景，并出台相应的政策文件。同时，鼓励省级政府先行先试，贵州各级政府可以制定专项政策，鼓励和支持"区块链+"数据治理的应用和创新。此外，政府各部门之间应建立跨部门的合作共享机制，促进数据的互通和共享。另外，为了确保区块链技术在政府数据治理中的安全应用，国家层面和省级政府应建立区块链应用监管机制，防范区块链应用的各类管理、技术风险。助力确保区块链技术在政府数据治理中的安全应用，并促进数据的可信性和安全共享。

2. 进一步推进区块链等新兴技术的创新与技术攻关，以"标准+技术"创新贵州"区块链+"数字化治理模式

为了发展区块链核心技术，应完善数字政府区块链基础建设。政府要大力支持和鼓励自主知识产权的区块链核心技术的研发和应用，加大算力、算网、通信等关键技术的研发力度。同时，积极开展全球规则制定的中国方案，推进国产技术标准和安全规范的国际化，以确保区块链技术在政府数据治理中的安全应用。同时，要制定全省信息化平台发展规划，提前做好技术研究与储备，在政务数字化转型过程中积极开展试点，积极推广数字治理创新改革。省级机构应统一建设标准版的公共服务和行政监督平台，各地市进行二次个性化开发，实现全省的统一和规范。

3. 进一步推进区块链的"产学研用"跨界合作，以应用推广为抓手创新区块链在各行业的治理能力提升

由于区块链技术可以提供分布式存储和加密保护，确保敏感数据的安全，并防止未经授权的访问和篡改。因此，在项目建设过程中，应该优先考虑采用区块链技术来加强数据的安全性和保护机制。区块链技术的引入可以促进政务数字化治理项目中的创新与合作。通过与公共部门、企业和科研机构等合作，可以共同探索区块链应用场景，并结合实际需求进行创新试验。这种跨界的合作有助于培养创新能力

和提高项目的成功率。此外，考虑到贵州的产业结构和优势，政府应选择几个关键领域作为"区块链+"数据治理项目的重点发展方向，如农业、旅游、物流、能源等。通过有针对性地推进项目建设，以更好地发挥区块链技术的作用，提升数字化治理效能。

4. 进一步夯实"区块链+政务应用"的深度融合，以可信数字政府建设为契机提升数字化治理水平

区块链在数字政府中的应用和发展尚处于初期阶段，区块链仅能解决技术层面的问题，但在业务落地层面，数字政府的深度应用和广度应用在各个地区之间的发展仍不平衡，建设效果还未充分体现，"区块链+数字政府"的应用广度和深度还有待加强。因此，随着政务区块链技术的日益成熟，政府应当大力开展政务区块链的试点及普及工作，在安全高效的基础上促进政务部门和人民"敢用""会用"政务区块链，真正使区块链技术在"数字政府"的建立过程中持续性发挥多方协作、互通互连的高效作用。贵州政府应加大"区块链+"数据治理模式的宣传推广力度，提高公众对其优势和应用场景的认知度。通过举办专题讲座、组织示范项目、发布成功案例等方式，增强社会各界对"区块链+"数据治理的关注和支持，并且及时把地方经验提升总结为国家政策。

作者信息：
丁红发　贵州财经大学副教授
吴　彦　贵州省公共资源交易中心信息化处副处长、高级工程师

检察机关推行数字赋能
促耕地占用税征收调查
——以贵阳市开阳县为例

耕地占用税是国家税收的重要组成部分，以纳税人实际占用的农用地面积作为计税依据，规范耕地占用税征管工作是服务乡村振兴高质量发展、合理利用土地资源、加强耕地管理保护耕地的题中之义。但实践中，由于税务部门与相关行政机关的涉税信息共享机制和工作配合机制不健全，涉税信息交互不畅，漏征耕地占用税的现象普遍存在。有鉴于此，开阳县检察院依托数字赋能，以耕地占用税征管监督为切入点，联合多个行政机关与行政部门建立可推广的大数据法律监督模型以及部门工作联动机制，堵塞税收漏洞，推动耕地复垦，促进耕地资源保护，以个案办理促进社会治理，积极助力乡村振兴。

一、开阳县检察院推行"数字"赋能促耕地占用税征收的背景

《国务院关于支持贵州在新时代西部大开发上闯新路的意见》明确强调，"全面推进乡村振兴和新型城镇化"。贵州省委在"加强农业基础设施建设"中指出，必须"加强耕地保护和用途管控，严守耕地保护红线，严格规范耕地占补平衡管理"。当前，我国正处于"治理现代化"的法治新征程中，检察机关作为国家法律监督机关，对于依法推

进乡村振兴、加强耕地保护具有至关重要的作用。然而，由于受各类主客观因素的综合影响，我国耕地保护的形势依然严峻，成为制约农村地区乡村振兴发展的主要障碍之一。如何建立切实可行、行之有效的耕地占用治理体系，既是时代之问，也需时代之答。

在此情况下，开阳县检察院结合社会快速发展建设数字中国的新时代背景，以大数据赋能法律监督。开阳县检察院紧紧围绕最高人民检察院应勇检察长提出的"业务主导、数据整合、技术支撑、重在应用"的工作要求，将数字检察建设作为党组重头工作和"一把手"工程抓实抓细，及时召开党组专题会研究部署谋划推进。检察长作为第一责任人成立工作领导小组靠前指挥，亲自协调解决工作的重点难点堵点问题，并对数字检察工作一周一调度，明确目标任务和完成时间节点，充分发挥院党组牵头抓总作用，增强大数据赋能检察监督的组织领导力。确立分管副检察长牵头，部门主任具体负责，条线员额检察官抓落实，技术部门专人协同指导的工作原则，通过业务主导、技术支撑，以业务应用实战导向高标准建设大数据法律监督模型。由此合理利用土地资源，加强土地管理，保护耕地，规范耕地占用税征管工作，服务乡村振兴高质量发展。

二、推行"数字"赋能促耕地占用税征收的主要做法以及成效

《中华人民共和国耕地占用税法》规定，占用耕地、园地、林地、草地等农用地进行非农建设的，应当缴纳耕地占用税；依法复垦占用耕地，恢复种植条件的，全额退还已经缴纳的耕地占用税；自然资源、税务等部门应当建立耕地占用税涉税信息共享机制和工作配合机制，做好耕地占用税的征收管理工作。然而在实践中，《中华人民共和国耕地占用税法》相关规定的宣传普及工作相对乏力，不少单位和个人对耕

地占用税知之甚少，税务部门实际征收耕地占用税的情况不容乐观。

2022 年 11 月，开阳县检察院在办理一起非法占用农用地的案件中，查出贵州开阳经开产业投资发展有限公司非农建设占用林地16948 平方米，未依法申报耕地占用税。税务机关未掌握该信息，亦未依法征收耕地占用税。发现该案线索后，开阳县检察院依法立案向开阳县税务局制发检察建议，督促税务机关向该公司征缴漏缴的30.5064 万元耕地占用税款。

开阳县检察院通过调研发现，上述案件并非个案。实践中，税务机关几乎不掌握除农用地转用以外的其他农用地的用地信息，税务机关和自然资源部门之间存在较为严重的数据壁垒，严重制约了耕地占用税征管工作。由此导致税务机关不能及时对临时占地、非法占地行为征收耕地占用税，相关部门也未建立涉税信息共享机制和工作配合机制，部分非法占地或临时占地行为未缴纳耕地占用税。于是，通过个案引入，依托监督模型获取涉耕地占用税异常数据，梳理甄别有效线索，集中开展耕地占用税专项监督工作。检察长高度重视模型搭建工作，多次召开法律监督模型专题调度推进会，对拟建模型设计理念、思路、规则设定全程指导把关，安排检察技术部门专人全面配合参与，并出面协调涉及行政部门数据，确保监督模型成功搭建完成。以此种类案治理的方式开展耕地占用税征管监督、农用地资源保护监督、行政违法监督，以社会治理检察建议和建章立制组合发力的方式延伸监督触角，能够实现以依法监督的"我管"促职能部门依法履职的"都管"，凝聚治理合力。

开阳县检察院充分利用网络信息数据平台，从自然资源局获取近五年的临时用地信息和非法占地处罚信息数据，在市场监督管理局调取企业登记信息数据，向税务机关调取耕地占用税申报入库信息数据。在此基础上，以占用耕地、林地等农用地非农建设的用地单位个人信息为切入点，提炼用地人和纳税人为同一主体、应纳税额为用地人实际用地面积乘以适用税额两个基本要素特征，依托"数字"赋能建立耕地占用税法律监督模型，以税务机关入库查询信息为基础，结合用地信息、非法占地处罚信息以及企业登记信息，逐一比对、研判，获取耕地占用税欠税线索。最终发现耕地占用税线索 284 条，涉及欠税款 6200 余万元。针对上述线索，开阳县检察院向县自然资源局和税务局制发类案检察建议 2 件，并同步推送相关涉税用地信息。截至 2023 年 7 月 15 日，开阳县自然资源局已对 211 个用地人的 284 条欠税线索的基础信息进行核实确认，发出办理耕地占用税手续通知 220 份并通报税务机关，税务机关现已完成税款征收入库 2000 余万元。

最终，开阳县检察院通过个案引入，构建模型批量筛查线索延展类案监督，收集土地监管和税收征管信息建立"数据池"，运用监督模型开展系统排查，在全县范围筛查耕地占用税公益诉讼案件线索，经快速甄别后开展耕地占用税专项监督工作，监督税务机关及时征收应纳税款，并开展农用地资源复垦监督工作。针对发现的耕地占用税征管漏洞和信息共享机制、工作配合机制不健全等问题，向自然资源局、税务局、农业农村局等单位发出社会治理检察建议 4 件，协助完善内部监管机制和外部信息共享机制和工作配合机制，推动耕地占用税征收闭环监管和涉耕地占用税农用地修复。

此外，开阳县检察院与县税务局、农业农村局、水务管理局联合制定了《加强耕地占用税征管工作协作办法》，建立了联席会议机制、耕地占用税涉税信息共享机制和工作配合机制，有效破除了部门信息壁垒，强化了耕地占用税征管各环节的衔接配合，实现了耕地占用税应征尽征的长效治理与农用地资源保护线索一站式精准排查。为切实打破部门"数据孤岛"，开阳县检察院聚焦自然资源部门和税务机关之间的涉税信息交互梗阻突出问题，建构耕地占用税类案法律监督模型，赋能公益诉讼检察监督，以整体思维督促协同履职，促进建章立制，推动耕地占用税征管工作的系统治理。

三、"数字"赋能促耕地占用税征收的可推广式经验启示

耕地占用税收征管实践中，税务机关和土地行政主管机关信息不对称、涉税信息推送不畅，导致漏征耕地占用税的现象普遍存在，造成耕地资源损失。开阳县检察院将学习贯彻习近平新时代中国特色社会主义思想主题教育与数字检察建设工作有机融合，通过建构大数据法律监督模型实现数据碰撞，批量发掘高质量的类案线索。充分行使调查权，对比、碰撞、筛查异常涉税数据信息开展调查，查实偷税、骗税、未缴、少缴税款等行为，提出类案检察建议，督促土地行政主管部门推送涉税信息，监督税务部门依法履行税收征管职责，实现税款颗粒归仓，助力"为国聚财，为民收税"。此种耕地保护以及耕地占用税征收的实践检验是有效的、可推广的。

（一）识别耕地占用案件线索

耕地占用税纳税人为占用农用地建设建筑物、构筑物或者从事非农业建设的单位和个人，以纳税人实际占用农用地面积为计税依据，按照规定的适用税额一次性征收，应纳税额为纳税人实际占用的农用地面积（平方米）乘以适用税额，包含经批准占用农用地和未经批准占用农用地。对于经批准占用农用地的，用地申请人或建设用地人应当在收到农用地转用审批文件之日起 30 日内缴纳，严格执行"先税后证"政策，极少出现偷漏税情况；对于未经批准占用农用地的，征税信息和计税依据均来源于土地行政主管部门，部门信息壁垒导致涉税信息推送不畅，容易造成耕地占用税纳税人未依法进行纳税申报而无法监管。但是通过大数据比对排查，能够发现大量未进行纳税申报用地信息和未足额申报纳税入库信息等，这些正是需要关注的异常信息点。

1. 数据筛选确认应纳税人信息

第一步：通过对土地行政处罚案件、农用地转用审批文件、临时用地审批文件进行系统筛选，获取用地人信息明细，将获取的用地人信息，以农用地类别为关键信息整合筛查耕地占用税应纳税人信息清单。

第二步：通过裁判文书网、检察机关统一业务应用系统，以"非法占用农用地"为关键词筛选相关"判决书""不起诉决定书"，提取用地人姓名、名称、纳税义务发生时间、占用农用地面积等信息，形成涉刑事犯罪应纳税人信息清单。

第三步：对上述两组信息进行合并，并与市场监督管理部门的企业及其他组织的注销、分立、合并等信息进行比对、替换、整合，形成耕地占用税应纳税人信息列表。

2. 比对识别涉耕地占用税案件线索

第一步：系统将耕地占用税应纳税人信息列表的用地人信息与税务部门的耕地占用税纳税申报入库信息中的纳税信息进行比对，无两相对应的"应纳税人"信息直接判定为未依法进行纳税申报的用地人；两相对应的"应纳税人"信息，提取实际占地面积，适用相应税额、所属税期政策条件计算应纳税额，再比对入库税额，应纳税额不等于入库税额即判定为异常点。对于临时用地信息，可能存在未按规定复垦或建设永久性建筑的可能。

第二步：通过耕地占用税纳税申报入库信息比对耕地占用税退（抵）税清册，适用用地性质、所属税期政策条件等比对筛查，形成多退、少退等非正常退税异常信息和复垦退税信息。对于复垦退税的，可能存在复垦不符合要求。

简而言之，通过自然资源局获得的行政处罚决定书、用地审批文件（含临时用地），筛选提取用地项目信息。通过裁判文书网、法院、检察业务系统获得的刑事判决书、不起诉决定书，筛选出"非法占用农用地"相关信息要素。通过市场监督管理局获得的企业基本信息，以及税务局征管系统获得的耕地占用税征管信息，形成农用地的用地人信息清单列表（A组），通过市场监督管理局调取企业及其他组织注销、分立、合并等信息，与 A 组信息进行比对、替换，形成应纳税用地人清单列表 2（B组），通过协查机制从税务局调取耕地占用税征管清单列表（C 组）及耕地占用税退抵税清册（D 组）。用上述 B 组数据和 C 组数据进行比对，形成未依法纳税申报用地人清单、未足额纳税清单、非正常减免税清单。C 组数据比对 D 组数据，则形成非正常退税清单列表。最后，对最终得出的四个清单开展线下核查，查清涉税农用地修复情况。

图 1 为识别涉耕地占用税案件线索思维导图。

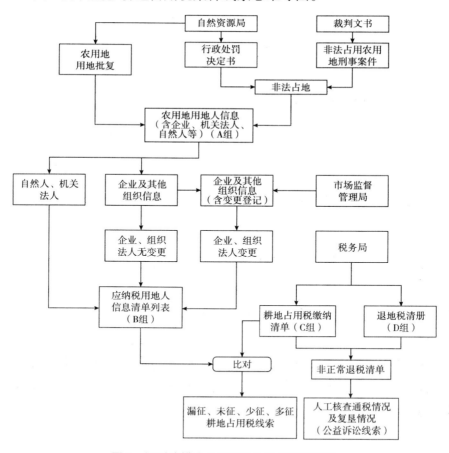

图 1　识别涉耕地占用税案件线索思维导图

（二）核实耕地占用案件线索

耕地占用税的线索调查，要明确调查思路，通过数据筛查，进行身份信息比对、入库税额信息比对、询问行政相对人和行政机关工作人员、调取行政执法卷宗等多种途径调查，全面查清未依法纳税申报、未足额缴纳税款、多征、多退、少退税款信息，以及土地复垦情况。

1. 调取行政执法案卷等文书材料

对接土地行政部门，调取核实经批准和未经批准占用农用地的用地人身份信息、用地面积、宗地坐标、用地性质等信息，即为应纳税人信息。

2. 与税务部门沟通确认纳税人纳税申报入库信息

调取纳税人纳税申报记录和申报材料，对无法确认是否足额缴纳税款或明显未足额缴纳税款的，重点向税源管理员了解适用税额及所属税期政策等信息。

3. 核实退（抵）税信息

退（抵）税信息核查，对照所属税期政策、咨询税务管理员，排查是否存在多退、少退等非正常退税异常信息。

4. 询问调查

确定调查人员及顺序，对相关人员进行询问。对涉税用地关键信息有出入的，在审查相关书面材料的基础上，询问土地行政管理部门工作人员和用地人了解情况，确认相关信息。

5. 现场调查

对发现的未经批准占用农用地、临时用地等信息，组织检察人员现场核实土地恢复情况，未按规定恢复土地即为需要进行农用地修复的生态环境资源保护领域公益诉讼线索。

（三）耕地占用案件监督开展

1. 行政公益诉讼

对于纳税人未依法进行纳税申报的，检察机关可以通过行政公益诉讼诉前程序进行监督，督促土地行政管理部门及时向征管机关推送涉税信息，并监督税务机关督促纳税人依法进行纳税申报；对于未足额缴纳税款或多退税款的，检察机关可以通过行政公益诉讼诉前程序进行监督，督促征管机关依法全面履行征管职责。

2. 民事公益诉讼

对于临时用地和非法占用农用地的，检察机关经综合研判，既可以选择行政公益诉讼诉前程序监督相关单位履行土地行政管理职责，也可以启动民事公益诉讼程序，提起民事公益诉讼督促用地人开展土地复垦工作。

3. 行政检察监督

对发现的多征税款等其他非公益诉讼领域的违法情形，可以向行政检察部门移送线索，通过纠正违法检察建议进行监督。

4. 社会治理检察建议

针对土地行政主管机关推送涉税用地信息不及时，导致大量耕地占用税未能及时征缴入库问题，检察机关可以通过向相关行政机关制发社会治理检察建议，督促其加强执法人员培训，强化责任意识，及时向征管机关推送涉税用地信息。

综上所述，检察机关在模型搭建运用的基础上，进一步依托法律监督平台，通过数据筛查比对发现案件线索，将耕地占用税作为公益诉讼工作的重点，组建耕地占用税监督工作专班，融合公益诉讼检察和行政检察开展监督，在督促征缴税款、农用地复垦的同时，开展行政违法监督工作，促进乡村振兴。检察机关同各行政机关行政部门开

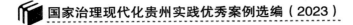

展耕地占用税涉税信息共享机制和工作配合机制，能够有效破除部门的信息壁垒，强化耕地占用税征管各环节的衔接配合，实现耕地占用税征管工作的长效治理。

作者信息：

李德红　贵阳市开阳县人民检察院党组书记、检察长、三级高级检察官

张　伟　贵阳市开阳县人民检察院副检察长、一级检察官

夏宏宇　贵阳市开阳县人民检察院副检察长、一级检察官

罗　胜　贵阳市开阳县人民检察院检察官助理

曹　波　贵州大学法学院副教授

"党建引领+三治融合+数智支撑" 助推乡村振兴的兴义实践研究

黔西南州兴义市在"党建引领+三治融合+数智支撑"助推乡村振兴方面做出了一些有益的探索，取得了一些较好的成效。

一、研究背景

为了深入贯彻党的二十大精神，兴义市认真按照中央、省、州关于基层治理体系和治理能力现代化建设、巩固拓展脱贫攻坚成果接续乡村振兴工作的决策部署；全面贯彻落实习近平总书记关于推进国家治理体系和治理能力现代化、全面推进乡村振兴的重要论述；坚持问题导向，积极、精准地破解全省脱贫攻坚之后乡村治理与推进乡村振兴战略所面对的新问题；紧紧围绕人民对美好生活向往的期盼，提升乡村群众的安全感、获得感和幸福感；需要扎实、高效能的党建引领乡村治理并助推乡村振兴战略的顺利实施。

二、举措和成效

兴义市在乡村治理中采用"党建引领+三治融合+数智支撑"［也可理解为"五治"融合，即党建（政治）引领、法治保障、德治教化、自治强基、智治支撑］的新举措提升治理效能，进而助力乡村振兴和乡村高质量发展。治理有效是乡村振兴的主要内涵之一和重要保障，乡村振兴又是乡村治理的重要支撑，两者之间相互促进、相互协调并良性发展。二者都体现了以人为本的发展理念、为人民服务的根本宗旨、从群众中来到群众中去的工作方法。

兴义市在基层治理中坚持党建引领，突出政治站位高并强化组织领导，建构"五治"融合的治理体系，坚持上级党委、政府、政法委统筹领导，村委负责，涉及的部门协同，社会力量和村民参与，建构"人人有责、人人尽责、人人享有"的"共建共治共享"的乡村治理共同体，用高效能的乡村治理助推乡村振兴。

（一）政治引领

兴义市在乡村治理中深入学习贯彻习近平总书记关于推进国家治理体系与治理能力现代化的论述，"坚持用党建铸魂"，"坚持以政治引领为主线，突出政治引领的关键作用"。在市级层面将基层治理纳入地方经济发展的重大事项，在村级层面发挥好基层党支部的战斗堡垒作用、党员的先锋模范作用，做实乡村治理。全市通过村"两委"换届实现"一升（学历上升）一降（年龄下降）"与选优培强目标。同时，对"五类村"继续选派好驻村工作队，驻村第一书记和队员来源于省、州、市和乡（镇）的部门，多为政治过硬、业务娴熟的骨干。同时州、市两级直属部门继续实施定点帮扶。通过常态化的党建学习和专业的业务培训，用习近平新时代中国特色社会主义思想武装，提升思想境界、理论水平和服务能力，锻造信念更牢、立场坚定、为民负责、敢于担当的基层为民服务队伍。以党建效能提升，更好地发挥政治引领作用，实现治理高效并强力助推乡村振兴。

白河村党建引领治理有效助推乡村振兴的实践探索。白河村党支部牵头、全体党员带头，创新并建构起"大管家+管家婆+小管家"基层组织服务体系，落实"一宣两讲三帮"（一宣：宣讲精神；两讲：

讲文明、讲新风；三帮：帮产业、帮就业、帮增收），在乡村治理、为民服务实践中淬炼党性，密切党与群众的联系，在服务群众中提升党支部的引领力、凝聚力、组织力和战斗力。白河村党支部和全体党员强化自身政治建设，坚持以人民为中心引领乡村治理并有力促进乡村振兴战略的实施。

（二）法治保障

兴义市贯彻习近平的法治思想，依法推进乡村治理的法治化，"运用法治思维和法治方式从源头上化解各类矛盾"。乡村治理的高效能与乡村振兴的高质量推进、人民群众合法利益的保护等都必须要依靠法治提供坚实的、牢固的基础。兴义市政法系统在乡村治理中加强依法决策、深入落实重大决策社会稳定风险评估机制并扎实开展风险评估工作、严格执法司法、加强法律服务；以"民主法治示范村"建设为载体，健全完善乡村治理体系，夯实民主法治建设的根基。在乡村开展常态化的普法宣传，综治、司法、公安、法院、检察院和法学会等部门通过赶集普法、校园普法、入户普法等方式开展宪法、禁毒、扫黑除恶、《中华人民共和国民法典》、《中华人民共和国未成年人保护法》、反邪教、反诈、道路交通安全、打击非法集资等法律法规宣传，培养学法、懂法、守法、用法的公民，提升村民的法治素养。从外部的强力刚性约束入手，使其不敢乱为。指导村里做实矛盾纠纷排查与化解，将前置性、预防性措施做到位，将潜在的治安风险、社会矛盾风险尽最大可能地提前化解，2023年上半年全市乡（镇）排查出矛盾纠纷1840件，已化解约80%；指导村里做实重点人群的摸排、管理、服务和管控等工作，特别是吸毒人员、精神障碍患者和刑满释放人员；确保防范化解乡村政治风险、公共安全风险、网络安全风险，做好乡村反邪教工作、做好防电信网络诈骗工作等。

村聘请法律顾问实现全覆盖，为村民提供法律服务；村内按照要求规范推进法律明白人的培养，着力打造一支扎根乡村、服务群众、依法推进乡村治理并助推乡村振兴的队伍。强化乡村治理的法治保障是固根本、利长远之略；新时代，村民的合理诉求相较于以前涉及面更广、受教育程度较高的年青一代维护其合法权益的意愿强；乡村振兴战略的实施与推进也将在法治化的轨道上行稳致远。

龙滩村法治保障助推乡村振兴的实践探索。龙滩村在 2019 年通过扫黑除恶专项斗争，抓一批、打击一批和治理一批，实现了村由乱到治、基层党组织由软弱涣散到强、较多项目由没法实施到乡村振兴产业项目有序推进、民风民俗由彪悍向文明方向转变等，村里通过法治保障实现了翻天覆地的变化。

（三）德治教化

兴义市在乡村善治中坚持德治，从内部德润人心的自我约束入手。通过激活优秀传统文化积淀中蕴含的道德规范和挖掘地方多彩民族文化中的优秀传统，结合核心价值观、习近平新时代中国特色社会主义思想中的德治要求，通过润物细无声的方式建构村民良好的道德精神生活、"涵养气质，熏陶德性"，使其从内心不愿做不当行为。

一些村通过新时代文明实践活动的积分超市，对村民的文明行为张榜公布并给予一定的积分奖励，积分可以直接冲抵购物现金。通过对文明行为进行物质与精神上的奖赏与诱导，乡村文明新风的力量越来越强。

兴义市在乡村中广泛开展道德模范、身边好人、文明家庭、好婆婆、好媳妇、最美庭院、最美少年、最美共产党员、最美兴义人等先进典型的评选与宣传，营造见贤思齐的氛围和弘扬见义勇为的精神等，引导广大家庭以德治家、以学兴家、文明立家、忠厚传家，形成家庭文明新风尚，以良好的家风为支点推进乡村文明乡风、淳朴民风建设。加强对群众的道德教化引导与示范引领，在"富口袋"的同时解决好

"富脑袋"的问题，让村民在潜移默化中增强行为自觉，涵养守望相助、崇德向善的文明新风尚。

（四）自治强基

兴义市健全乡村基层自治组织，指导村"两委"换届完成，指导建立红白理事会、村民议事会、道德评议会、人民调解委员会、禁毒禁赌委员会、妇女联合会等群众组织；指导村建立完善的村务公开制度，村务定期公开并接受群众监督；健全基层党组织领导的群众自治机制，开展各种民情恳谈活动，在乡村广泛实行群众自我管理、自我服务、自我教育、自我监督。指导村党支部和全体党员充分发动群众、依靠群众、为了群众，聚众智探讨《村规民约》的制定与实施，将反对铺张浪费、反对婚丧大操大办、抵制封建迷信等纳入村规民约，开展滥办酒席治理等移风易俗工作，倡导"婚事新办、丧事简办、余事不办"，切实减轻农民物质和精神负担。在此过程中引导村民自觉遵守相关规定，提升村民的精神文明素养和共建共享美好家园的意识。敬南镇契合村民需求、因势利导开展全域整"五脏"、治"八乱"行动，效果好。兴义市以整治厚葬为突破口，推进移风易俗和减轻村民负担。

有些村因地制宜地成立乡贤会、寨老会等组织，并引入这些组织参与村级事务管理，形成"自家人管自家事"的村民自治模式，及时劝导陈规陋习，组织、承办和主持村内重大活动，进一步深化村民自治，基本实现小矛盾就地化解、一般矛盾村里协商处理的较好局面。

（五）智治支撑

兴义市注重通过运用最新的数字技术发展成就为乡村治理插上智慧的翅膀，提升治理效能。兴义市广大乡村在"天网工程""雪亮工程"的基础上，与通信公司合作推出"平安黔哨"项目建设，共建有对讲功能的视频 54136 路并实现全网整合，网络覆盖到村、组、户，在全省走在前列。利用省综治信息系统，发挥"一中心一张网十联户"治理机制的作用，网格员全面采集、录入和维护本网格区域内的人、地、物、事、网、组织等数据，实现辖区的基础数据一网尽览；通过省平台横向集成社会综治相关单位，纵向贯通市、乡、村、网格和联户，实现矛盾纠纷、风险隐患、情报信息、重点人员（场所）巡查走访一键上报、一键分流、一体派单、联动联处、反馈报告、督查督办的工作闭环，逐步实现智慧建设与网格管理的有机融合。有些村目前在关键节点、路口和农户家中已安装摄像头数百个，初步建成串联全村的联防联控数字网络；运用大数据技术并集成数字监控系统，尝试通过数据收集、整理、分析实现村科学、高效、精准治理，打造数字化、智能化的管理和服务，实现让数字多跑路、让村民少跑路。

兴义市乡村的"五治"融合发展使得乡村内各种生产生活秩序井然、充满活力，为当下巩固拓展脱贫攻坚成果接续乡村振兴战略的顺利实施保驾护航，乡村振兴战略的推进又为治理有效添彩；两者之间呈现同向发展的正相关关系。

三、经验与启示

（一）坚持党领导的系统统筹推进

兴义市在治理有效助推乡村振兴实践中始终坚持党的全面领导，在习近平新时代中国特色社会主义思想的领航下，将党中央和各级党委关于基层治理和乡村振兴的部署落实到乡村一线。同时，治理有效助推乡村振兴是一个系统工程，不仅仅是政法部门和乡村振兴部门的事，涉及方方面面，需要党的全面领导、系统统筹推进、集中统一协调各方力量与资源，形成合力，更好地实现治理有效的同时助推乡村振兴战略的顺利实施。

（二）全覆盖的网格化精准治理

兴义市落实了"一中心一张网十联户"的社会治理机制、大力实施了"党小组+网格员+联户长"的基层治理"铁三角"模式。村级综治中心由村支书任主任，统筹数名包片网格长（一个网格一般不低于30户、不多于150户）、多位村民小组网格员，一般每10户左右明确一名联户长，联户长包保到户。按照"住户相邻、邻里守望"的原则，将相对集中居住的村民按照十户左右的标准划分联防联治服务单元，明确社情民意联排、安全隐患联防、矛盾纠纷联调、重点人员联管等责任，发动老党员、老干部、治安积极分子等担任联户长，加强政治激励、精神鼓励、物质奖励，充分发挥他们威望较高、熟悉情况、经验丰富等优势，通过走街串户、邻里往来，第一时间排查风险、报告隐患，帮助群众解决了大量操心事、烦心事、揪心事，打通了基层治理的"神经末梢"，从提高认识、明确职责和压实责任的视角形成了上下联动、左右协调的基层治理局面。在网格化治理中提升治理效能，通过"人技"双防打造"智慧+平安"村居，促进党建与网格精细化、精准化治理深度融合，助推乡村振兴有序实施。

（三）为人民谋幸福的协同整合推进

乡村治理有效、乡村振兴战略的实施都是为人民谋幸福。二者是围绕同一目标的两条实现路径，这两条路径既有交点，又有并行不悖。兴义市在网格治理体系中嵌入服务群众的内涵、嵌入助力产业发展的内涵、嵌入助力创文和村居环境整治的内涵等，实现"一中心一张网十联户"多功能，集多用途于"党小组+网格员+联户长"的"铁三角"中。例如，村内的数字监控平台既可以围绕治理有效服务，也可以为留守儿童、老人和重点人群服务，利用该平台及时发现问题并提供精准的帮扶；关键节点的摄像头为乡村治理服务的同时，也可及时了解村民种植养殖产业等发展情况等；村主干道路监控等可第一时间发现冬天道路凝冻状况和道路受灾情况，及时做好防护措施便于村民安全出行等。

（四）尊重人民的首创精神

兴义市治理有效助推乡村振兴的事业一直注重聚集广大群众的智慧与力量、尊重群众的首创精神来解决发展中的问题。例如，白河村某村民小组集体山地被征收用于修建风电塔，得到一笔不菲的补偿款，怎么分配没共识；该组需对串户路扩建，组群众会一致同意将该补偿款作为道路扩建资金使用，不足部分向上级申请补贴，在该组村民的团结协作下，在村、镇、市的帮助下，解决了资金不足问题，路高质量完成，提升了村民通行的便利性，也增进了彼此间的理解。

治理有效助推乡村振兴的兴义实践始终渗透着人民主体的理念，村党支部紧紧团结群众并形成强大合力，探索更好的治理有效性并强力助推乡村振兴实现路径，为实现乡村治理的高效能并助力乡村振兴提供了一个可资借鉴的有益范本。

作者信息：
黄　昊　贵州省社会科学院社会学研究所副研究员
黄　鑫　银川科技学院

黔西市化屋村探索"党建引领+大数据"乡村治理新模式研究

党的二十大报告提出，健全共建共治共享的社会治理制度，提升社会治理效能。乡村治理是国家治理体系的重要组成部分，是治理体系中最基本的治理单元。当前，我国进入社会主义现代化国家建设新的历史阶段，探索具有中国特色的乡村治理创新模式，尤其是充分运用"数字+"治理手段，对于推进乡村振兴、加快实现农业现代化和共同富裕有重要的现实意义。

一、黔西市化屋村推行"党建引领+大数据"乡村治理的背景

习近平总书记强调，要"把加强基层党的建设、巩固党的执政基础作为贯穿社会治理和基层建设的一条红线""要运用大数据提升国家治理现代化水平。要建立健全大数据辅助科学决策和社会治理的机制，推进政府管理和社会治理模式创新，实现政府决策科学化、社会治理精准化、公共服务高效化"。也就是说，充分发挥党组织的领导作用，推进基层治理数字化，积极构建和完善基层数字化治理联动体系，对于基层治理现代化具有十分重要的意义。近年来，各地都在积极探索党建与大数据融合的治理新模式，并取得了突出的成绩，黔西市化屋村在积极建设宜居宜业和美乡村的过程中，探索出了一条"党

建引领+大数据"的乡村治理的新路径：以党建为引领，不断加强和创新基层社会治理体系构建，打造"智治"数字治理融合乡村治理新模式，不断提升基层治理效能，夯实基层治理基础，确保社会安定有序，人民安居乐业，建设和谐美丽苗寨。

（一）黔西市乡化屋村有成熟的数字基础和条件

化屋村是毕节市第一个开通移动 5G 网络服务的乡村。在村里，两套 5G+智慧地灾预警系统正在实时监测着悬崖一带的地质运动情况。这两套地质灾害监测设备集合了智能传感技术、大数据技术、云计算技术，一旦发现监测环境出现滑坡、地面沉降等地质灾害隐患，就会第一时间通过监测点的警报器和"5G+数字乡村统一平台"报警。"5G+数字乡村统一平台"是毕节移动为化屋村专门打造的乡村数字化治理平台，包含了"数字治理、智慧旅游、数字生态、智慧经济、智慧医疗、智慧教育、文明实践、信息设施"八个中心板块，乡村治理方方面面的数据可以实现"一屏尽览"。这为化屋村打造"智治"数字治理融合乡村治理新模式提供了先天优势。

（二）化屋村乡村治理现代化的迫切需求

化屋村作为一个民族文化旅游村落，在现代化快速推进的今天，面临着更加多样化的治理需求和挑战，各项管理工作更加繁杂，治理能力亟待提升。在经济发展方面迫切需要精准规划、科学发展；在环境保护方面迫切需要精准监测、高效治理；在社会稳定方面需要精细服务，丰富手段。基于此，迫切需要信息化、数据化赋能化屋村乡村治理现代化社会治理。"党建引领+大数据"的乡村治理新模式的实施可以为乡村治理提供根本保证、数据支撑、信息共享和智能决策等功能，满足化屋村乡村治理现代化的需求。

二、化屋村"党建引领+大数据"乡村治理新模式创新实践内容

化屋村在强化基层党组织作用思路的指引下，为更好提升党建工作成效，丰富传统治理手段，运用"大数据"思维，逐步探索出"党建'穿针'、数据'引线'、基层落地"的数字化治理新模式，真正让治理实效在基层落地。

（一）党建引领

化屋村发挥了党组织在乡村治理中的领导作用，借助"大数据+"的思维，摒弃了以党建论党建的工作方法，努力克服传统观念和手段的局限，积极推动基层党建现代化、科学化、智能化，积极推动党支部建设工作，抓班子、带队伍，带头落实"三会一课"和"第一议题"制度，扎实抓好党支部标准化建设工作与党支部信息化建设工作。化屋村依托主题党日活动开展了乡村治理的一系列活动，形成了"一中心一张网十联户"的工作运行机制，化屋村充分运用这一社会治理机制，吸收村内所有党员、小组长、民生监督员、农村"十大员""五老"人员等参与网格服务管理，以信息化为支撑，将服务管理资源进一步向网格、联户单元下沉，确保网格服务全覆盖，不留服务盲区盲点，提升了乡村治理精准化、服务水平精细化，筑牢党建引领在基层社会治理中的基础，提升社会治理水平。

（二）党员引导

基层党员干部是乡村治理及乡村建设的领头雁，要充分发挥党员干部的先锋模范作用。在党建引领乡村治理的实践中，化屋村积极探索本地"头雁"模式，注重从致富能手、优秀青年等能人志士中发展

党员，吸引一批有文化、有思路、有能力的青年群众积极向党组织靠拢，并通过政治标准考察，形成一批党建引领的先锋队、排头兵。同时，在党员教育与管理方面，制定统一的"党建+数据"业务规范，使村里的各项事务办理具有统一标准，使乡村治理更加科学、便捷，工作流程更加合理、便民。同时，在党员队伍中，培养一批大数据人才队伍，提高对算法的分级分类安全管理，有效识别高风险。

（三）党员力量下沉与践行群众路线

化屋村通过"党小组+网格员+联户长""铁三角"模式，积极运用信息技术手段，打造"智能化"网格治理，激活网格员作用。化屋村让党员干部积极联系群众、帮扶群众、引导群众，实现党员干部身入基层联系、心入基层联络、党的政策落实在基层联动，有效地组织动员群众、发挥了党建的引领作用，在基层社会治理中实现了党的引导力量全覆盖，提升了群众满意度。

（四）数字化平台的开发与建设

未来乡村社会的发展趋势必然是以数字化、信息化为基础的，这是时代发展的要求，也是未来乡村社会发展的趋势。化屋村紧扣这一发展趋势，建成"数字化屋"小程序、"5G+数字乡村统一平台"，在当地党组织的领导下探索群众积分线上管理模式，实现村务公开、政策宣传、遵守村规民约积分等，为乡村治理水平的提升打下了坚实的基础。同时，整合"雪亮工程""天网工程""阳光儿童关爱工程"等项目，化屋村成功建立了13个高清视频监控探头，依托"云平台"建立了大数据库，将全村每户的基础信息录入"贵州省综治信息平台"，实现与村综治中心信息联通，涵盖了公安、民政、教育、卫生、金融、扶贫等内容的相关数据，为村级社会治理提供了基础保障。同时，不断优化"5G+X"数字乡村信息化平台，依托数字化、网络化、智能化技术，实现党建和村务管理、农村信息管理、乡村应急管理、便民服务等乡村治理和智慧文旅功能以大力推进乡村振兴战略行动，着力打造集"平安稳定、和谐幸福、山水美丽、文化浓郁、治理有效、产业兴旺"等特色的民族自然村寨，重塑乌江源的美丽景色。

三、化屋村"党建引领+大数据"乡村治理新模式主要成效

化屋村通过"党建引领+大数据"的模式，激励引导村民参与乡村治理中，将乡村治理与村民利益共同体构建紧密联系起来，推进了乡村治理的有形、有效、有质，各方面取得了显著效果。

（一）化屋村的生态环境得到持续改善

"党建引领+大数据"提升了村民共建共治共享的"主人翁"意识，有效改善了农村传统环境的面貌，把"绿水青山就是金山银山"的理念深深刻入了化屋人的基因中。生态环境持续改善，实现"三季有花、四季常绿"，高质量发展的生态底色得到厚植，绿色发展道路越走越顺、越走越宽。2021 年 11 月，化屋村获评贵州省"绿水青山就是金山银山"实践创新基地。

（二）化屋村的乡风文明水平得到显著提升

"党建引领+大数据"极大地促进了乡村文明程度的提升，化屋村充分发挥基层党组织的引领作用，通过数字化平台和数据分析，加强了村民自我管理、自我服务、自我教育和自我监督的意识。党员干部和村民之间形成了更加密切的联系和互动，通过开展乡风文明"六项活动"，积极开展政策讲习、志愿服务、文明创建等活动，大力弘扬优秀传统文化、推广文明礼仪等方式，乡村文明水平得到显著提升。

被评为"全国基层理论宣讲先进集体""全国乡村治理示范村"。

（三）化屋村的乡村氛围更加和谐

党的二十大报告提出，建设宜居宜业和美乡村。基层党组织作为凝聚民心的有力和有效抓手，通过大数据赋能治理实践，精细化积分管理制度，强化党建的引导激励作用，村民更加热心于参与乡村治理和公共服务事业，村民能够更加方便地参与村庄事务、表达意见和参与决策，这就加强了社会参与和治理的民主性，使得乡村社区更加和谐，增强了村集体的凝聚力和村民之间的合作意识，整个村庄呈现出更加和谐美好的氛围。

（四）化屋村的民俗文化传承更加兴旺

数字化平台提供了宣传和传播民俗文化的渠道，通过多媒体展示和互动交流，推动化屋村民俗文化传承和创新。在"党建引领+大数据"模式的推动下，村党组织协调拍摄了化屋民俗文化的大型纪录片，大力宣传化屋村优美生态、民族文化的生动故事，推动化屋故事蜚声海内外，同时也使村民更加受鼓舞、有动力，积极参与宣传和传承自身民族文化，使化屋独具特色的文化产品更加丰富，乡村旅游更具质感。化屋村先后获得全国文化和旅游系统先进集体、贵州 100 个魅力民族村寨称号。

（五）化屋村特色优势产业发展得到大力推动

通过党组织的引领作用和数据驱动的研判，化屋村优势产业的发展得到了党组织的扶持帮助、大数据分析和相应决策系统的支持，能够更加准确地掌握市场需求，制定发展策略和优化资源配置，特色产业得到了科学规划和发展，与乡村治理的其他领域形成了良性互动，为乡村经济的可持续发展提供了坚实基础。同时，数字化平台从供给侧、需求侧、投资侧等方面拓宽了化屋特色产业的市场和销售渠道。化屋村有力地带动群众持续稳定增收，先后被评为"全国乡村旅游重点村""中国美丽休闲乡村""全国一村一品示范村"。2022年，化屋村实现群众分红100万元。

四、化屋村"党建引领＋大数据"乡村治理新模式经验与启示

这一模式为乡村治理蹚出了一条"党建强、乡村美、民风好"的有效路径，为巩固脱贫成果、推进乡村振兴、促进共同富裕注入强大动力，也为乡村治理新模式的探索带来了新的经验与启示。

（一）坚持和加强党的领导是基层乡村治理有形、有效、有质的根本保证

党建引领在乡村治理中发挥着核心作用。党组织作为乡村治理的领导核心，能够统筹协调各方力量、组织村民参与决策和管理，能够提高治理工作的组织性、协调性和科学性，更好地满足农村居民的需求。在化屋村的创新治理模式中，党建引领起到了核心作用。在党的组织建设方面，化屋村将支部党员，划分为江源、天竹、新村3个党小组，融入22个联户片区与村民进行结对，确保每位党员都有结对帮扶群众。化屋村各党支部组织党员定期开展入户走访、政策宣传等工作，发挥了党的基层战斗堡垒作用，充分发挥了党组织的领导、组织和协调作用，统筹推进了乡村治理各项工作的开展，确保了各项工作的有序进行，形成了治理的统一合力。

（二）新技术的创新运用是基层乡村治理有形、有效、有质的重要条件

新技术的应用对于乡村治理具有重要意义。大数据、物联网、人

工智能等新技术的应用，能够提供全面的数据支持和决策分析，优化资源配置和提高治理效率。乡村治理需要利用新技术服务，打破信息壁垒，促进信息共享和互动，提高决策的科学性和精准性。化屋村注重发挥村民的主体作用，鼓励村民积极参与乡村治理和决策过程，运用新技术，通过数字化平台，村民可以方便地参与村务事务的讨论、提出意见和参与决策。这种村民主体作用的发挥，使治理工作更加贴近实际需求，增强了村民对治理决策的认可度和参与度。

（三）体制机制创新是基层乡村治理有形、有效、有质的重要保障

传统的乡村治理模式可能面临着机制僵化、决策不灵活等问题。乡村治理需要创新新的机制，打破旧有的体制和思维束缚，建立灵活、高效的决策机制和运行机制。"党建引领+大数据"的新模式为乡村治理提供了一种新的机制突破，使得治理工作更具活力和适应性。数字化、信息化在推进乡村治理体系和治理能力现代化中起着基础支撑作用。通过平台提供、技术扩散和场景改造等手段，将数字技术融入"政、德、自、法、智"的"五治"融合的乡村治理体系中，为建设乡风文明、改进乡村治理注入智慧动力。采用"数字+"方法促进乡村智慧治理，为乡村治理的数字化提供了基础设施和运行平台，同时为村庄治理资源的跨界整合提供了技术支持，为建设乡风文明、乡村社会发展赋予了数字科技的强大推动力。

（四）政府推动是基层乡村治理有形、有效、有质的关键因素

政府在乡村治理中扮演着重要角色，需要在模式中进行创新突破，转变职能，从传统的"上级管、下级办"模式转向服务型政府模式，为乡村治理提供政策支持、资源保障和服务保障，积极推动乡村治理

创新和乡村振兴。政府作为推动乡村振兴的保障性要素，在诸多因素之中起着举足轻重的作用。化屋村的"党建引领+大数据"治理模式通过充分发挥党建引领作用、数字化技术的支持，为政府推动乡村产业发展、农村环境改善、农民收入增加等工作提供了关键支持。

（五）各方参与是基层乡村治理有形、有效、有质的重要途径

乡村治理不是单一部门的事务，而是需要各方面的综合努力。党组织、政府部门、村民、企业、社会组织等各方应该形成合力，共同参与乡村治理工作。化屋村通过"党建引领+大数据"的乡村治理新模式，创新了干群联系，打造了村民利益共同体，凝聚起了党组、政府部门、村民、企业及农村社会组织等各方力量，为化屋的乡村治理提供了有力的组织保障。

五、进一步深化化屋村"党建引领+大数据"乡村治理新模式发展建议

（一）深化党建引领

进一步加强党组织在乡村治理中的领导作用，加强党支部建设，用数字技术赋能基层党建，提高党员干部的组织能力和服务意识。加强党员大数据运用方面的教育培训，提升其理论水平和治理能力，使其在乡村治理中发挥更大的作用。

（二）加强数据应用与管理

进一步完善数字化平台建设，提升数据收集、分析和应用能力。加强数据保护和隐私保护，确保数据的安全和合法使用。利用大数据

技术，深入挖掘和分析与乡村治理相关的数据，为决策提供科学依据。

（三）推动创新发展

鼓励村民和企业参与乡村治理创新模式探索，支持创新创业，培育新的经济增长点和就业机会，促进乡村特色产业的发展。利用好基层党组织的引领作用和大数据分析技术，识别乡村发展的潜力和机遇，并制定相应的政策和措施，推动乡村经济的可持续发展、促进乡村治理的善治。

（四）强化社会参与合作

充分运用统一战线帮扶毕节的政策优势，加强与社会组织、企业和村民的合作与共建，形成多元治理格局。鼓励社会组织和居民参与乡村治理，提高社会参与度和治理的民主性。建立健全村民议事机制，广泛听取村民的意见和建议，增强群众的获得感和参与感。

黔西市新仁乡化屋村通过党建引领与数字技术的有机结合，成功构建了一种以基层党组织为核心，以大数据技术为支撑的现代化乡村治理新模式。在未来的乡村治理实践中，我们可以借鉴这一经验，加强基层党组织的建设，发挥党建引领作用，推动数字化建设，注重多方合作，实现基层治理能力现代化和乡村振兴的目标，为谱写百姓富、生态美的多彩贵州现代化新未来贡献力量。

作者信息：

王睿希　贵州省社会主义学院名师工作室青年教师，毕节市社会主义学院多党合作理论与实践研究所讲师

王　振　贵州省社会主义学院名师工作室领衔名师，贵州省社会主义学院科研处副处长，副教授

易地扶贫搬迁安置社区智慧治理的
实践经验研究
——以黔西市锦绣社区为例

智慧治理作为一种新型的社会治理模式，不仅反映了社会治理方式的创新，而且蕴含着社会治理价值理念的变革。智慧治理是一个涉及"利益博弈、权力制衡、资源配置、居民自治"的系统工程。它以整体性治理视角、合作治理思路、数字治理形式来协同多元治理主体之间的行动，强调价值整合、利益整合、主体整合，催发多元主体在权力结构、责任机制、文化网络等方面的创新，规避多元治理主体间的矛盾与冲突，破解社区治理碎片化难题，推动社区治理共同体重构，实现社区和谐、公共利益最大化，推进社区走向"善治"之路。

易地扶贫搬迁社区类型多样、民族文化习俗多元，移民构成复杂且流动性较强，这导致了社区治理的复杂性。如何借助现代数字信息技术、智能技术，构建智慧社区治理体系成为易地扶贫搬迁社区亟待研究的重要课题。黔西市锦绣社区通过以智带治，以治促融，充分借助现代信息技术和数字技术，打造智能化治理平台，致力于探索智慧治理运行机制，构建社区治理共同体，提升易地扶贫搬迁社区治理现代化水平，提高移民群众的满足感、获得感以及幸福感。

一、黔西市锦绣社区智慧治理提出的背景

国家对易地扶贫搬迁安置社区的精细化治理、智慧化服务、多元

化协同和高质量发展特别关注。2018 年 10 月 31 日，习近平同志在十九届中共中央政治局第九次集体学习时强调：要加强人工智能同社会治理的结合……促进人工智能在公共安全领域的深度应用，运用人工智能提高公共服务和社会治理水平。2023 年 2 月 2 日，国家发展改革委等部门的指导意见指出，在移民搬迁社区社会治理方面，从精细化治理、智慧化服务、多元化协同、高质量发展等方面进行考虑，引导各类社会力量参与社区治理。这足以看出国家政策层面对于智慧治理的重视和支持。在地方层面，贵州省也加强了对易地扶贫搬迁社区智慧治理的引导和支持。2017 年 2 月，贵州省大数据发展管理局成立，这为贵州智慧治理提供了重要的载体和基础。2022 年 12 月 14 日，贵州省政府新闻办召开的易地扶贫搬迁后续发展的新闻发布会，强调在社会治理方面，全面推广"一中心一张网十联户"的治理模式，制定了贵州省搬迁安置点治理专项行动方案。

锦绣社区是黔西市最大的易地扶贫搬迁安置点，这里集中安置了24 个乡镇 271 个村的 17903 名移民，位于"贵阳数谷"辐射区内，属"贵阳半小时经济圈"范围。锦绣社区智慧治理通过现代信息技术和科技手段把社区治理物理空间和"数字空间"链接起来，人网、天网、信息网三网同步，"智慧服务平台"的建设形成了"党建引领、政府主导、社区为纽带、居民为主体、社会组织为辅助、信息技术为载体"的现代社区智慧治理的长效机制，拓展了现代社区治理的场域，推动了社区治理共同体的数字化转型和网络化再造。

二、黔西市锦绣社区推进智慧治理的举措

为实现易地扶贫搬迁群众"稳得住、有就业、逐步能致富"的目标，破解其治理难题，黔西市锦绣社区探索智慧治理的"四一"运行机制。"四一"主要是指该社区的一图知全局、一码解民意、一网全

检测、一环破难题的服务运行模式。同时，该社区具备比较完善的治理体系基础，坚持党建引领，"三治"融合、"四化"并举，围绕共建共治共享目标，制定了"1+6"的社区治理体系，探索"99855"工作机制，实体化运行"一中心一张网十联户"，夯实"党小组+网格员+联户长"的"铁三角"基础，能够保障智慧社区"四一"机制的有效运行。这些综合举措对于易地扶贫搬迁社区治理效能的提升具有重要的借鉴和指导意义。该社区推进智慧治理的具体举措如下：

（一）"智慧大脑"助力社区治理云守护，足不出户知全局

整合多方资源，完善智慧治理基础设施建设，借助"云"端视野，守护社区全域。锦绣社区"智慧社区平台"的监控屏幕上，动态播放各类监控采集的实时画面，这是锦绣社区的整体鸟瞰图，社区重点区域、主要出入口实时情况一览无余。同时，干部用手机 App 采集生成数据，一图展示在平台。通过建立"片区+大网格+小网格+易搬群众"的四级网格治理模式，织牢包罗社会万象、覆盖群众民生的"人网"防线；社区联通市 110 社会联动中心平台，实现"探头站岗、鼠标巡查"，织密网格化治理互联互通"天网"防线；创新建设"5G+数字信息化"智慧小区平台，形成"123"应急处置机制，通过整合"三网"资源，构建一套全链条服务的"3117"工作模式，实现了智慧社区建设中的"一图知全局"功能。

（二）大数据"定制"贴心服务，满足移民个性化需求

巧用门牌二维码，社区诉求全知晓。随着现代化的发展，人们的个体化特征逐渐彰显，特别是在易地扶贫搬迁安置社区，居民实现了物理生活空间的转变，但个人的生活习惯、文化习俗等均有所不同，需求具有个性化、多样化的特征。为了让服务工作更便捷和人性化，

锦绣社区采取"大数据+文明实践"的方式，开发了"锦绣街道文明志愿服务平台"，实现了"数据多跑路，群众不跑腿"的高效服务，为每家每户制作了门牌"二维码"，把200多名社区干部、党员、志愿者等纳入社区自治管理，社区居民根据自身需求，通过扫描"二维码"便可使用智能化点单预约服务，社区干部通过"智慧社区"手机App可以第一时间进行核实处理，即实现"智慧社区"建设中的"一码解民意"功能，真正解决了服务群众"最后一公里"的问题。"现在办事太方便了！"社区居民ZCZ在家通过手机就办好了社会保险，他竖起大拇指高兴地说。智慧平台建设及其形成的完善的配套运行机制，使当地基层治理服务质量和水平有了飞跃的提升。

（三）建立"全天候、全方位、立体化"的社会治安数字化防控体系

在综治中心，电子大屏幕上会实时滚动切换各类监控画面。"我只要点开视频监控平台，就能看到公共区域摄像头里的实时画面。辖区居民特别是留守老人、病残人员等突发意外或有治安警情，值班人员第一时间即可发现并快速处理。我们利用大门口的人脸识别，还协助公安机关抓捕了一名网逃人员。"某党工委委员介绍说。锦绣社区安装了高清摄像头且全部接入综治中心，依托"天网""信息网"和"智慧社区"平台，实现了"探头站岗、屏幕巡逻、鼠标管理、人技同防、干群互动"，实现了"线上""线下""全天候、全方位、立体化"的社会治安数字化防控体系，即实现了智慧社区建设中的"一网全检测"功能。

（四）完善实时解决移民难题的智慧服务平台

佩戴数据智能环，居民健康有保障。针对搬迁群众以前看病远、就医难、医治贵等难题，社区高度重视社区医疗服务体系建设，完善了社区医械设备。与此同时，在县级以上医院看病产生的医疗费用会

通过大数据进行反馈，政府和社区借助大数据及时监测和排查，并做好积极推动落实健康扶贫政策，解决群众就医困境问题，确保易地扶贫搬迁群众不因病致贫、因病返贫。针对社区空巢老人、留守儿童较多的实际情况，锦绣社区争取资金为这些老人和小孩定制了"特殊"的智能手环，通过手环特有的健康监测和电子围栏功能，实时掌握特殊人群的健康状况和活动轨迹，数据直接同步到社区的智慧平台上，监测人员根据数据的异常情况，可及时联系社区干部、网络专员或志愿服务者去核实处理，全天候的监测减少了老人、小孩发生意外的情况，通过佩戴智能手环，有效解决了特殊群体的监管服务难问题，即实现了"智慧社区"建设中的"一环破难题"功能，将社会治理的范畴延伸到生命健康安全层面。

（五）"文化驿站"打造多元数字新空间

文化云驿站是由国家公共文化云和多彩贵州文化云联合打造的新型文化空间，承载了国家公共文化云和多彩贵州文化云提供的海量和不断更新的数字资源，内部设置了配套公共文化数字服务一体机、5G网络、安防、空调、数字屏幕、自动贩卖、休闲桌椅、平板电脑、朗读厅等现代化设备，借助互联网大数据、云计算、物联网、人机交互等信息技术，可实现驿站内容的常见常新、随时远程更换，硬件设备智能管理、远程维护，打造了一个多元互动的数字体验空间，为群众提供了舒适的文化空间，更好地体验文化生活，帮助和吸引广大搬迁民众完成了农村村民到文明新市民的身份转变。

三、黔西市锦绣社区智慧治理取得的成效

（一）全面准确了解社区运行的基本情况

智慧治理作为一种新型的社会治理模式，是智能技术与社会治理

的有机结合，强调了治理技术手段的应用与更新，为社会治理提供了全面、准确而科学的数据，从而提高了社会治理的成效。在人工智能、云计算、大数据的持续赋能下，黔西锦绣社区推行"三治"融合、"四化"并举，围绕"共建共治共享"目标，制定了"1+6"的社区治理体系，开发了"5G+智慧社区"服务平台，"诉源治理+5G"链接基层治理"智治网"的基层治理模式，全面覆盖了社区基本情况、公共服务、培训、就业服务、文化服务、社区治理、基层党建七个方面的内容，实现了治理手段和治理理念的革新与融合，能够全面准确地了解社区运行的基本情况。

（二）构建了共建共治共享的治理格局

坚持党建引领、凝聚团结力量。黔西锦绣社区深入推进了党员"1+1+N""党群联带"结对机制，依托感恩故事屋、乡愁馆、3个大型广场、老年活动中心等多种公共设施，举办了各种形式的民族特色文化活动，丰富了易搬群众的文化生活，传承了优秀民族文化，强化了感恩融入教育，增强了易搬群众的文化认同感与自信心。探索了"六个一批"的就业模式，帮助易搬群众实现有劳动力家庭户均1人以上就业，动态消除"零就业"家庭。多措并举，凝聚人心，引导各民族易搬群众积极参与到社区治理工作中来，推动构建各民族"共建、共治、共享"的社会治理新格局。

（三）推动了安置社区经济文化协同发展

锦绣社区作为黔西市最大的易地扶贫搬迁安置点，居住着汉族、彝族、苗族等18个民族，民族文化资源丰富。该社区通过整合各类资源打造感恩教育和公共文化服务阵地，举办多种形式的公共文化活动，推动搬迁社区各民族相互交流、理解、欣赏与交融。依托民族文化，开办特色苗绣车间，传承、发扬苗绣工艺与民族特色，吸纳社区居民就近就业，提升了民族文化的经济功能。通过聘请老师教授居民学习舞蹈、民间乐器、现代乐器与就业技能培训，组织群众文艺队伍。文艺队成员除了娱乐性活动与公益性展演，还能接受民间有偿商演活动，既能满足居民的文化需求，同时又能增长居民的文化技能与劳动技能获得经济收入。公共文化与经济融合的程度不断加深，推动了安置社区经济文化的协同发展。

（四）提高了移民的幸福感和获得感

首先，社区内配有学校 2 所、青少年活动中心、日间照料中心、老年大学、劳动技能培训场所，做到了"幼有所教、长有所术、老有所养"。其次，锦绣社区围绕"公共服务是基础、培训就业是核心、文化服务是载体、社区治理是途径、基层党建是保障"的工作思路，提供了多层次、多批次的就业服务，为困难群体提供定期免费医疗服务，切实保障了易搬群众的基本生活水平。社区 Z 姓居民表示："现在不仅居住条件比以前好很多，就算遇到问题也可以扫码去反映，社区就会派人来解决，特别是对于独居老人，通过智能手环可以实时了解独居老人的情况，社区通过大数据平台对我们社区居民的情况也很了解。"最后，通过完善公共基础设施与文化设施，提供参与场所与平台，倡导各民族易搬群众一起唱苗歌、跳芦笙舞、穿民族服饰，共同参与公共活动，在互动中增进交流、理解、尊重与团结，提升了搬迁移民的幸福感与获得感，铸牢了中华民族共同体意识。

四、黔西市锦绣社区智慧治理的经验启示

（一）树立共建共治共享治理理念，夯实社区智慧治理思想根基

一是建立多元共建理念。社区智慧治理是将治理内容与数字化建

设有机结合。智慧社区建设主体的多元性与复杂性决定了创新社区治理体制机制的必然性，通过现代化信息技术手段，动员多民族居民参与社区治理，实现人与社区的和谐共生，在共建中彰显社区居民的主体性地位和独有性价值。二是树立协同共治理念。由于搬迁群众来自不同的乡镇，社区个体的差异性、生活方式及思维方式的不同必然会带来一系列复杂的社区问题。因此，社区树立以人为本的治理理念，尊重个体特性，加强个性化服务，增强社区韧性，提升敏捷治理能力，注重协调与平衡好各群体之间的利益，发挥政府、市场、社会组织等不同主体的优势，打造信息化平台、完善管理机制、畅通治理渠道，通过以智带治，以治促融，推动社区治理共同体的形成。三是坚持成果共享理念。以线上线下相结合的方式，借助大数据平台营造文化氛围及以感恩故事屋等为载体强化宣传引导，将成果共享理念嵌入公众价值意识，推动技术进步和经济发展在更大范围内的正溢影响。

（二）完善社区数字化建设，增强社区智慧化规划

一是完善智慧基础设施建设，推进信息技术的广泛应用。通过运用数字化设施，如社区信息平台、社区便民小程序，收集居民在平台上反馈的需求，通过对智慧基础设施采集的数据和信息进行分析，准确发现社区问题和需求并及时对症下药，了解社区运行状态，提供有差异性的公共服务，有利于具有归属感、舒适感的智慧化社区单元的形成。二是以社区规划为抓手，对社区问题进行智能分析和决策。通过社区海量数据的采集和分析，对社区弱势群体的生活规律和空间需求有更加深入的了解，使资源配置向弱势群体倾斜。通过构建全天候的动态监测预警机制，增强对老人、小孩等特殊群体的监控，提供全面、及时的风险防范和应急处理保障。同时，在精准分析居民需求的基础上制定多情景方案，动态化配置社区公共服务资源，有助于实现社区资源要素的合理配置，提升社区的发展质量。

（三）完善社区治理体系，形成智慧治理的经验成果

一是促进基层党建与基层治理深度融合。创新基层党组织政治引领、组织引领的途径载体，不断提高社区的整体服务能力，创新智慧治理和服务方式，建设线上办事、网格管理、居民自治和生活服务等社区智慧治理应用系统。二是以人的需求和发展为导向，营造和谐的智慧社区。社区公共空间的营造及公共服务活动的开展，以及以感恩馆为依托开展的各类感恩党等活动，感恩文化和党建文化的宣传营造增强了社区居民对基层政府的认同和社区的归属感和满意度。利用大数据建立的"天网"，增强了社区治安，通过物联网技术及智能手环增强了社区独居老人的安全指数，打造了美好、安适的宜居环境。三是通过数字平台建设，促进多元主体之间的网络化协同。数字化是提升治理能力、实现治理精细化的重要抓手。政府作为引导者，市场和社会组织作为参与者，居民作为参与主体，鼓励社区居民以及相关群体共同参与其中，建立社区治理的协调机制，形成多元主体良性互动、持续更新的动态过程，促进了社区治理的有效运行。

作者信息：

康红梅　贵州民族大学教授

肖雪梅　贵州民族大学助教

罗　雪　贵州民族大学研究生

申玉芹　贵州民族大学研究生

其他领域治理

贵州省直单位深化创建模范机关提升机关治理水平调查研究

党的二十大明确提出，未来五年要深入推进国家治理体系和治理能力现代化。为贯彻落实党的二十大精神和省委有关部署要求，提升机关治理能力和治理水平，我们结合开展学习贯彻习近平新时代中国特色社会主义思想主题教育，采取实地调研、文献调研，召开小型座谈会、个别访谈等方式，先后到有关省直单位和市（州）直单位，聚焦深化创建模范机关提升机关治理水平，扎实开展调查研究，形成本调研报告。

一、深化创建模范机关提升机关治理水平的背景

党和国家各级机关是代表人民执掌政权的领导机构，在推进国家治理体系和治理能力现代化中发挥着重要作用。创建模范机关是新时代机关党的建设的重要目标，也是提升机关治理能力和治理水平、推进国家治理体系和治理能力现代化的重要举措。创建模范机关的质量提高了，就能不断增强机关基层党组织的政治功能和组织功能，充分发挥机关基层党组织的战斗堡垒作用和党员先锋模范作用，有力推动机关治理能力和治理水平不断提升，进而服务推动国家治理体系和治理能力现代化。

（一）推进转变政府职能，加快建设法治政府的必然要求

党和国家各级机关管理着国家经济、政治、文化、社会和生态文明等各方面的事务，担负着贯彻执行党的路线方针政策和国家法律法规的重要职责。转变政府职能、建设法治政府，最终要落实到党和国家各级机关的具体工作中。这就要求进一步深化创建模范机关，推动优化职责体系、理顺部门职责关系，强化行政权力制约和监督；推动加强法治机关建设，带动机关工作人员自觉学法尊法守法用法，不断提高运用法治思维和法治方式解决问题的能力。

（二）提升机关服务效能，更好地保障人民权益的必然要求

党和国家各级机关既是政治机关也是服务机关，是党和政府联系人民群众的桥梁纽带。当前，我国社会的主要矛盾已经转化为人民日益增长的美好生活需要和不平衡不充分的发展之间的矛盾，人民对美好生活有更多新期待。这就要求进一步深化创建模范机关，牢牢把握"让人民群众满意"这一目标要求，坚持人民至上，不断优化机关服务模式，增强机关服务能力，推动创造良好发展环境，积极回应人民群众的新要求新期盼，让人民群众有更多的获得感、幸福感、安全感。

（三）优化机关运行方式，提高机关运转效能的必然要求

当前，数字技术正引领和推动着经济发展、社会治理、百姓生活等方方面面的变革，机关工作也不例外。随着各种信息技术广泛应用于机关管理服务，机关的运行方式、业务流程和服务模式等更加趋向信息化、数字化、智能化。近年来，贵州依托大数据发展优势，数字

政府建设水平连续多年排名全国前列，但从调研了解的情况看，也还存在认识不足、定位不清、交互性不够、时效性不强、基础设施落后、人才储备不足等问题。这就要求进一步深化创建模范机关，突出机关信息化数字化建设，着力转变思想观念、培养专业人才队伍，不断提高机关工作的信息化数字化智能化水平。

（四）应对人员结构变化，加强机关干部队伍建设的必然要求

随着经济社会的发展，机关人员的组成越来越趋向年轻化、专业化、高学历化。根据调研组对省直单位 4 万余名党员干部的统计，40 岁以下的占 61%，本科以上的占 62%。这些同志学历层次高、综合能力强，思维活跃，充满热情，但共性问题是马克思主义理论基础不足、政治素养不足、党性锻炼不足，容易被问题困难"击倒"、被歪理邪说"误导"、被不正之风"诱导"。这就要求进一步深化创建模范机关，强化对机关干部的政治历练、思想淬炼、实践锻炼和专业训练，锻造一支具有较高政治素养、理论素养和专业素养的高素质机关干部队伍。

二、深化创建模范机关提升机关治理水平的做法与成效

近年来，省直各单位坚持把创建模范机关摆在突出位置，大力实施"双带五引"工程，推动机关党组织和党员干部带头衷心拥护"两个确立"、忠诚践行"两个维护"，带头围绕中心、服务大局，强化政治引领、制度引领、目标引领、标准引领、作风引领，在深入学习贯彻习近平新时代中国特色社会主义思想上作表率，在始终同以习近平同志为核心的党中央保持高度一致上作表率，在坚决贯彻落实党中央

各项决策部署上作表率，以深化创建模范机关提升机关治理水平，取得积极成效。

（一）聚焦坚决做到"两个维护"创建模范机关，以过硬的政治能力引领机关治理水平提升

"政治引领"是国家治理方式现代化中体现中国道路的特色标志。省直各单位始终把带头做到"两个维护"作为首要任务，着力建设政治过硬的模范机关，推动政治引领落实到机关治理的各方面各环节。一是强化政治机关意识。把铸牢政治忠诚贯穿学习教育始终，加强政治机关意识教育和党性教育，持续唱响"牢记嘱托、感恩思进、感恩奋进"的最强音。充分运用红色资源，挂牌命名26个省直机关党员教育基地，大力加强政治忠诚教育和理想信念教育。二是创新机制抓好落实。建立贯彻落实习近平总书记重要指示批示精神闭环管理和督查问责机制，坚持"第一议题"抓学习、"第一遵循"抓贯彻、"第一政治要件"抓落实。探索建立模范机关评价指标体系，评选命名一批创建模范机关先进单位和标兵单位（处室）。三是着力提升政治能力。深入实施机关党员干部政治能力提升行动，注重在"战贫""战疫"等重大实践中加强政治历练，不断提升党员干部的政治判断力、政治领悟力、政治执行力。

（二）聚焦增强政治功能和组织功能创建模范机关，以过硬的组织体系推动机关治理水平提升

基层党组织是国家治理体系的神经末梢，其功能的发挥直接关系着党的执政基础。省直各单位始终坚持大抓基层的鲜明导向，着力建设组织过硬的模范机关，不断将机关党组织的组织优势转化为治理优势。一是建强机关基层党组织。深入实施全面提升基层党建质量三年行动计划，推进党支部标准化规范化建设，开展星级党支部、示范党

支部创建评选，省直机关基层党组织全部如期实现达标。二是着力解决党建责任落实"软化"问题。制定印发覆盖党组（党委）、机关党委、机关纪委、党支部、党小组的 7 个"责任清单"和覆盖机关党委、机关纪委、党小组的 3 个"工作规则"，构建形成主体明确、职责清晰、上下衔接、齐抓共管的"7+3"机关党建责任体系。三是探索建立机关党建分析研判机制。聚焦政治建设忠诚度、思想建设深实度、组织建设过硬度、作风建设满意度、纪律建设清廉度、责任落实到位度、党建业务融合紧密度、党建创新活力度 8 个维度，构建分析研判体系，全方位、多角度分析研判机关党建工作。四是加强机关党建品牌创建。深化"一单位一品牌""一支部一特色"创建活动，着力打造彰显辨识度、具有影响力的党建品牌，切实发挥品牌示范引领作用。

（三）聚焦建设堪当新时代新征程重任的机关党员干部队伍创建模范机关，以过硬的工作本领推动机关治理水平提升

强大的执政能力和领导水平是国家治理体系有效运转的重要依托。省直各单位始终注重增强党员干部的执政本领，着力建设能力过硬的模范机关，为提升机关治理水平提供有力支撑。一是完善领学促学机制。开展中心组学习列席旁听工作，探索建立学习效果评价机制，充分发挥中心组学习领学促学作用。加强年轻干部理论武装，成立青年理论学习小组 2225 个，涌现出"青年说""青年微讲坛"等学习品牌。二是强化党员教育培训。把习近平新时代中国特色社会主义思想作为党员教育培训的首课、主课、必修课，推动把个人自学和组织培训、线下学习和线上教育、系统学习和专题研讨结合起来，开展差异化、全覆盖的学习教育。三是创新学习方式和载体。探索"新媒体+学习"模式，督促用好学习强国等平台载体，坚持每 3 年评选表彰一批学习型领导班子、学习型党组织、学习型党员、青年理论学习标兵。

四是加强机关党务干部队伍建设。深入实施机关党务干部履职能力提升行动，建立和落实党支部书记培训持证上岗制度。

（四）聚焦弘扬党的光荣传统和优良作风创建模范机关，以过硬的工作作风助力机关治理水平提升

有好的工作作风才有好的治理能力。省直各单位始终坚持以钉钉子精神打好作风建设攻坚战、持久战，着力建设作风过硬的模范机关，以优良作风深入推进机关治理不断取得新成效。一是驰而不息纠治"四风"。深入实施机关治理效能提升行动，推进作风建设常态化长效化，坚决纠治形式主义、官僚主义突出问题，防止和纠正不作为、慢作为等机关不良风气。二是弘扬担当实干之风。大力培育和弘扬新时代贵州精神，大兴调查研究、狠抓落实、担当尽责之风，采取调研式推动重点工作的方式研究问题、破解难题，每年开展机关大调研，实施综合大督查，推动抓具体抓深入在机关蔚然成风。三是持续提升服务效能。加强对政务服务窗口、行政审批效率的监督检查，开展窗口部门作风建设明察暗访，持续擦亮"贵人服务"品牌。持续深化"放管服"改革，建设营商环境新高地，贵州成为全国省直机关实施行政审批数量最少的省份之一，省、市、县三级政府服务事项实现100%网上办理，网上政务服务能力连续7年位居全国前列。

（五）聚焦巩固风清气正的政治生态创建模范机关，以过硬的纪律意识保障机关治理水平提升

营造风清气正的政治生态，是推进国家治理现代化的一项基础性、长期性工作。省直各单位始终坚持"严"的基调不动摇，着力建设纪律过硬的模范机关，不断巩固机关治理的良好政治生态。一是坚持党性党风党纪一起抓。深化运用监督执纪的"四种形态"，常态化开展提醒谈话、党纪党规学习教育和警示教育。大力加强机关廉洁文化建

设，推动争创清廉机关、争做廉洁党员，大兴务实之风、弘扬清廉之风、养成俭朴之风。二是始终保持惩治腐败高压态势。出台《关于省直机关预防腐败低龄化的若干意见》，切实加强年轻干部的教育管理监督。坚持抓早抓小，持续开展预防提醒谈话工作，严肃查处违纪违法案件。三是着力加强机关纪委建设。省委办公厅印发《关于加强新时代贵州省直部门机关纪委建设的意见》，深入实施机关纪委建设五年行动，促进机关纪委作用更有效、更充分地发挥。

（六）聚焦服务中心大局创建模范机关，以过硬的业绩检验机关治理的成效

推进机关治理最终要体现到服务发展上来。省直各单位始终坚持围绕中心、建设队伍、服务群众，着力建设业绩过硬的模范机关，以高质量党建引领高质量发展。一是紧扣中心大局抓规划。同《贵州省国民经济和社会发展第十四个五年规划和 2035 年远景目标纲要》相衔接，在全国率先编制出台了《贵州省直机关党的建设规划（2021—2025 年）》，创造性地提出了"116655"的工作思路，为"十四五"时期以高质量机关党建引领高质量发展确定了清晰的路径，在全国机关党建工作交流会上做大会经验交流，获评全国党建创新成果"十佳案例"。二是紧盯中心大局抓考核。持续优化绩效考核，健全完善制度机制，精简绩效考核指标，形成"1+X"的高质量发展绩效考核工作体系，推动考核的"指挥棒"作用更有效、更充分地发挥。创建省直机关"一年一创新"的改革品牌，推动形成鼓励创新、崇尚创新、争先创新的浓厚氛围。三是紧贴中心大局抓融合。制定专门指导意见，推动破解机关党建和业务工作"两张皮"问题。探索实施抓党建促发展质量提升行动，聚焦贵州实施围绕"四新"主攻"四化"主战略，实现"四区一高地"主定位，充分发挥机关党建优势，推动党中央和省委决策部署落地落实。

三、深化创建模范机关提升机关治理水平的经验启示

深化创建模范机关提升机关治理水平的过程是一个在转变中适应、在改进中加强、在继承中创新的过程。省直单位深化创建模范机关提升机关治理水平的实践做法，对进一步提升机关治理水平，具有以下借鉴启示。

（一）提升机关治理水平，必须强化政治引领，牢牢把握"为什么抓"的问题

习近平总书记强调，没有脱离政治的业务，也没有脱离业务的政治。政治引领在国家治理中具有先导性、决定性、根本性的作用。机关首先是政治机关，政治属性是第一属性。贵州省直单位始终坚持以党的政治建设为统领，凝聚机关治理的智慧力量，确保机关治理的正确方向。实践启示我们，提升机关治理水平，必须坚持把党的政治建设摆在首位，教育引导机关党员干部深刻认识"两个确立"的决定性意义，坚决做到"两个维护"。

（二）提升机关治理水平，必须强化责任落实，牢牢把握"谁来抓"的问题

贵州省直单位深化创建模范机关提升机关治理水平取得了积极成效，其重要原因就在于构建了完善的机关党建责任体系，确保一级抓一级，层层抓落实。实践启示我们，提升机关治理水平，就要强化责任落实，在机关的推动下形成责任层层落实、压力层层传导、高效规范运转的工作格局。

（三）提升机关治理水平，必须强化实践导向，牢牢把握"抓什么"的问题

贵州省直单位将创建模范机关同机关治理有机结合，建立一体化的工作机制，坚持做到"一个带头""三个表率""六个过硬"，在创建模范机关中提升治理工作质量、破解治理工作难题。实践启示我们，提升机关治理水平，就要强化实践导向，强化党建成效考核和高质量发展绩效考核，发挥考核的"指挥棒"作用，全力推动党中央决策部署在各级机关落地落实。

（四）提升机关治理水平，必须强化推进措施，牢牢把握"怎么抓"的问题

贵州省直单位在深化创建模范机关提升机关治理水平的实践中，贯穿始终的关键就是牢牢把握正确的工作方法，例如，注重抓分类指导，结合不同行业和单位的实际作出安排；注重抓典型引路，培育、选树立得起、站得住、叫得响、推得开的先进典型，营造学先进、赶先进、争先进的共创共建氛围。实践启示我们，提升机关治理水平，必须注重策略方法，在分类指导、典型引路等方面下功夫，增强机关治理工作的实效。

（五）提升机关治理水平，必须强化结果导向，牢牢把握"怎么评"的问题

贵州省直单位在深化创建模范机关提升机关治理水平的工作中，探索模范机关评价机制体系，科学开展评价工作；建立科学的激励约束机制，强化结果运用，评选创建模范机关工作标兵单位和先进单位，充分调动了各级机关的工作积极性。实践启示我们，提升机关治理水平，就要解决好"怎么评"的问题，着力健全完善考核评价和结果运

用机制，引导树立和践行正确的政绩观，推动干部能上能下、能进能出，形成"能者上、优者奖、庸者下、劣者汰"的良好局面。

（六）提升机关治理水平，必须把握特点规律，不断提升创建模范机关质量

总结贵州省直单位深化创建模范机关提升机关治理水平的实践，我们感到有几点规律需要着重把握：一是处理好当前与长远的关系，既要明确阶段性目标，又要做好长远谋划；二是处理好共性与个性的关系，既要突出政治机关定位，又要结合实际丰富内容和载体；三是处理好全局与局部的关系，既要着眼全局，又要善于抓住重点；四是处理好内容与形式的关系，做到内容和形式的有机统一；五是处理好继承与创新的关系，既要继承好传统，又要积极推进工作创新，探索破解难题的新途径、新办法。

作者信息：

吕忠飞　贵州省直机关工委调研督查室主任，贵州省党建研究会副秘书长（兼）、机关党建研究专委会秘书长（兼）

何　枫　贵州省直机关工委调研督查室干部

推进矛盾纠纷源头化解多元化解的
"贵州样本" 研究

——以诉源治理、执源治理为切入点

习近平同志指出，我国国情决定了我们不能成为"诉讼大国"，要坚持把非诉讼纠纷解决机制挺在前面，从源头上减少诉讼增量。进入 21 世纪以来，社会急剧转型，各种社会矛盾不断涌现、叠加。特别是近十年以来，我国各级法院受理的民商事案件数量几乎成倍增长，2015 年，全国新收一二审民商事案件历史性地突破千万大关。面对经济高速发展和社会急剧转型带来的"诉讼爆炸"现象，2021 年，中央全面深化改革委员会通过《关于加强诉源治理推动矛盾纠纷源头化解的意见》，从矛盾纠纷的"源头预防""前端化解"和"关口把控"三个方面作出部署，将诉源治理从地方实践上升为中央顶层制度设计。随着实践的深入，诉源治理工作逐渐成为"平安中国"建设的重要方面与推进基层治理体系和治理能力现代化的关键环节，其中蕴藏的理念，昭示着基层社会治理领域理念的革新。

一、贵州省推进矛盾纠纷源头化解多元化解的背景

从贵州省的情况看，伴随着"黄金十年"经济社会跨越式的发展，各类矛盾纠纷数量高速增长、种类更趋复杂，人民群众的"解纷需求"愈加多元。2016~2021 年，贵州省各级法院新收案件数量年均

增幅 21.02%；2019~2021 年，贵州省各级法院新收案件数量在全国分别排第 18 位、第 16 位和第 17 位，增幅在全国分别排第 8 位、第 6 位和第 11 位；2021 年全年，贵州各级法院共审结案件 96.4 万件，同比上升 29.05%，增幅高出全国平均值 10.51 个百分点，法官人均结案率 329 件，位列全国第五，创历史新高。[①] 随着大量矛盾纠纷涌入法院，"解纷供给"严重不足的问题暴露出来，"案多人少"矛盾加剧，司法机关不堪重负，社会潜在风险隐患堆积，基层社会治理受到严峻挑战。数据进一步显示，2019~2021 年，贵州省新收一审刑事案件总体平稳，新收一审行政案件总体下降，而新收一审民事案件和执行案件则呈高速增长态势。可见，坚持和发展好新时代"枫桥经验"，拓展民商事领域解纷渠道、强化解纷供给，对于当前提升基层社会治理效能具有极为重要的意义。基于此，贵州省以诉源治理、执源治理工作为切入点，积极探索深具地方特点的多元解纷"贵州样本"，取得了良好成效。

二、贵州省深入推进矛盾纠纷源头化解多元化解的做法和成效

以推动诉源治理、执源治理工作为切入点，贵州省着力构建矛盾纠纷源头化解多元化解的长效机制，使多元解纷效能持续巩固拓展。2022 年，在广泛开展诉源治理的背景下，贵州省新收案件总数 87.91 万件，同比下降 16.06%，实现五年以来新收案件数量首次下降；"万人起诉率"降幅和民事、行政一审新收案数量降幅全国第一，法院系统来信来访数量同比下降 29.64%。2023 年，在诉源治理工作格局的基础上，贵州省进一步推动执源治理和衍生诉讼案件治理工作。2023 年第

---

① 贵州省高级人民法院课题组：《习近平法治思想指导下深化诉源治理贵州实践研究——以贵州法院诉源治理为视角》，载吴大华主编：《贵州法治发展报告（2023）》，社会科学文献出版社 2023 年版，第 221 页。

一季度，贵州省法院新收案件数量 25.48 万件，同比下降 1.65%。[①]

（一）坚持系统谋划，强化顶层设计，构建多元共治格局

1. 聚焦顶层设计，初步构建起党委领导下的多元共治格局

2021 年，贵州省委全面深化改革委员会第十五次会议审议通过了《贵州省关于加强诉源治理推动矛盾纠纷源头化解的实施意见》，提出"着力形成党委领导、政府主导、多方参与、司法推动、法治保障的工作格局"，为贵州省诉源治理工作规划了路径。随后，贵州省委政法委在黔东南州召开了全省诉源治理工作现场观摩会，推动诉源治理工作在全省各地各级全面发力。2022 年，贵州省委平安办出台了《推动落实诉源治理多元共治具体工作措施》，明确由省委平安办主任与省法院院长担任省级诉源治理工作领导小组"双组长"，推动建立诉源治理联席会议工作机制。随后，各市（州）、县（区、市）相继成立由党委或党委政法委主要领导担任组长的诉源治理工作领导小组。2023 年 9 月 27 日，贵州省通过《贵州省矛盾纠纷多元化解条例》，进一步规范和促进矛盾纠纷多元化解工作。在党委的领导下，"党委领导、政府主导、多方参与、司法推动、法治保障"的多元共治格局逐步形成。

2. 聚焦考核指标，确保各项保障措施落地落实

2020 年，贵州省委平安办将"万人成诉率"作为"社会稳定指标"之一纳入"平安贵州"建设市（州）考核指标；以此为契机，"万人成诉率"指标被纳入各县（区、市）考核指标体系。2021 年，贵州省委平安办进一步将原"万人成讼率"考核指标细化调整为"诉源治理"和"万人起诉率"两项指标，并大幅提高了该项指标的权重。其中，"诉源治理"考核指标重点考核了市（州）诉源治理工作的组织保障、专项资金、责任落实等方面的情况。2022 年，该指标被

[①] 数据来源：贵州省高级人民法院。

进一步明确为"诉源治理"指标。2023年，指标内容进一步扩展，在分值权重不变的情况下，增加了"执源治理"的考核内容。通过考核的"指挥棒"层层传导压力，使诉源治理、执源治理工作逐步成为各地党委政府的中心工作，确保组织保障、经费保障等各项措施落地落实。

（二）坚持重点突破，强化基础建设，有效整合治理资源

1. 聚焦诉调对接，构建递进式矛盾纠纷过滤体系

2021年以来，贵州省法院先后出台《关于全面加强诉源治理工作推动矛盾纠纷多元化解的实施意见》《关于在人民法庭推进一站式多元纠纷和诉讼服务体系建设的指导意见》等文件，推动矛盾纠纷化解工作不断向基层延伸，向诉讼执行各环节延伸。2022年，在原有的诉源治理工作格局的基础上，进一步推进执源治理工作，建立完善各级法院"立审执监访一体化"工作联动机制和人民法庭"立调审执一体化"工作机制，强化前端执行引导，提升裁判自动履行率。同年，贵州法院首次将"诉源治理"工作纳入人民法庭年度考核，持续推动基层司法力量与"党小组+网格员+联户长""一中心一张网十联户"等基层治理机制融合，强化基层基础建设，打通诉调对接通道，凝聚工作合力。截至2023年初，贵州法院已通过法庭法官工作站（工作点）入驻乡镇综治中心和在法庭驻地外乡镇设立工作站（点）的方式，实现法院司法服务对乡镇的全覆盖，有效服务乡村振兴和基层社会治理。通过在各环节各层级持续强化诉调对接和诉前调解工作，2022年，贵州省各级法院调解平台共调解案件39.85万件，其中诉前调解结案36.47万件，诉前调解成功25.11万件，调解成功率为68.85%；2023年1~4月，各级法院诉前调解14.49万件（同比上升68.14%），调解成功9.33万件（同比上升73.36%），调解成功率为64.37%。①

---

① 数据来源：贵州省高级人民法院。

2. 聚焦重点环节，探索矛盾纠纷高发领域化解纠纷新路径

在党委、政府的支持下，针对建设工程、劳动争议、金融借款等 11 个矛盾纠纷高发频发的领域，贵州省高级人民法院先后与省发展改革委、省人社厅、省司法厅等 19 家单位建立对口诉调工作机制和"府院联动"机制，在沟通会商、信息共享、协同处置等方面开展协同；在省级"总对总"协同框架下，各地各级法院在职权范围内，纷纷建立起相应的"府院联动"或"府院协同"机制，广泛建立起条线化、行业化、类型化的矛盾纠纷解决机制。以金融纠纷为例，在贵州省法院与人民银行贵阳中心支行的协同推动下，各地各级陆续建立起符合地域特点的金融纠纷诉前调解平台，截至 2022 年底，全省共建成并入驻人民法院调解平台的金融纠纷调解组织 68 个，数量居全国第二；2022 年共受理金融纠纷 12011 件，其中调解完成 11467 件，是 2021 年的 17 倍；调解成功 10051 件，是上年度的 15.73 倍，调解成功率为 87.65%，居全国前列。

（三）坚持多向发力，强化科技赋能，实现线上线下高效协同

依托"智慧法院"建设和贵州大数据发展优势，坚持多向发力，强化科技赋能。自 2019 年起，贵州各级法院大力推广运用"人民法院调解平台"，推动法院调解平台进乡村、进社区、进网络，逐步构建起"线上+线下"的调解工作新模式，大幅提高了调解效率和调解工作覆盖半径。截至 2022 年底，贵州法院在线调解平台入驻调解组织 1973 个，入驻人民调解员 6854 人，有力推动了多元纠纷解决的高效运转。

（四）坚持问计于民，强化内驱动力，鼓励工作方式探索创新

有效推动矛盾纠纷多元化解源头化解，除了强化顶层制度设计，更需问计于民，尊重地方首创精神，强化基层的内驱动力，对富有地

方特色、符合地方实际的探索创新给予正向反馈，鼓励从贵州省深厚的红色基因、丰富的民族文化和传统的法治文化中，寻找优化基层治理的内生因子。在坚持和发展新时代"枫桥经验"的语境下，各地涌现出诸多颇具地方特色并且行之有效的矛盾纠纷化解新模式。

例如，黔东南州榕江的"民歌法庭"采取"歌师+法官""坐堂+巡回"的方式开展送法下乡活动；毕节市织金法院主动邀请当地威望高、能力强的"寨老、族老"参与少数民族地区的司法调解工作；黔南州福泉"112"多元纠纷解决机制推动案结事了、案结事好；毕节市纳雍县法院"商人治商"的多元解纷模式入选最高人民法院一站式服务典型经验；安顺市关岭县坡舟村从"传铜鼓"的习俗中提炼村规民约、逐渐形成自发自主的"道德评议团"等。以安顺市"无讼村（居）"创建工作为例，近年来，安顺市按照"整合资源、多方协作、一体推进"的总体思路，从"工作格局构建""自治资源挖掘""司法智慧嵌入""解纷矩阵构建"四个方面，深入推进"无讼村（居）"创建工作，截至2022年底，安顺六县（区、市）巩固并创建了龙宫油菜湖村、西秀青源村等16个"无讼村"，充分发挥了人民法庭的前沿阵地作用、基层党组织的战斗堡垒作用和村民委员会、村支部委员会"两委"的主体作用，凝聚工作合力，推动形成了矛盾纠纷源头治理的长效机制。2022年，所有"无讼村（居）"均实现了"零信访、零涉毒、零命案"，矛盾纠纷95%以上在诉前得到了化解，实现了"小事不出村、大事不成诉、矛盾不上交、化解在基层"的目标。

三、贵州省推进矛盾纠纷源头化解多元化解的经验启示

（一）准确认识和把握矛盾纠纷源头化解多元化解的重大意义和深刻内涵

一定时期内诉讼执行案件高速增长，虽然是经济社会发展到一定

阶段的必然产物，但也同时反映了基层社会治理中长期存在的矛盾纠纷前端预警治理弱化、多渠道多层次解纷供给和公共法律服务供给严重不足的问题。从更深层次看，以诉源治理、执源治理和衍生诉讼案件治理为主要范式的矛盾纠纷源头化解多元化解工作，着重强调了治理的前瞻性、系统性和整体性，其实质是要实现社会治理从"一元"到"多元"的深层次变革和对基层社会治理格局的重构。这是习近平法治思想关于国家治理体系和治理能力现代化重要论述的生动实践，也是坚持法治国家、法治政府、法治社会一体建设的题中应有之义。

（二）"党委领导、政府负责、民主协商、社会协同、公众参与、法治保障、科技支撑"的多元共治格局，是有效推动矛盾纠纷多元化解源头化解的根本路径

"党委领导、政府负责、民主协商、社会协同、公众参与、法治保障、科技支撑"的诉源治理、执源治理共治体系，是现今条件下最大限度地调动各方的积极性、缓解诉讼路径依赖、增强前端预警和治理能力、实现多元解纷渠道供给的现实选择。在共治体系中，要发挥各级地方党委总揽全局、协调各方的优势，夯实基层基础，加强组织保障，确保人员、经费向一线、基层倾斜，进一步推动综治中心规范化创建、实体化运行。由党委政法委牵头，整合信访、法院、检察院、公安、司法行政等部门，吸纳调解、评估、鉴定、咨询、心理服务等力量，探索设立一站式、实体化的县区矛盾纠纷解决中心，为群众提供包括咨询、调解、诉讼在内的全方位纠纷解决服务，受理纠纷后及时分流化解，委托有关调解组织开展调解，打通服务群众的"最后一公里"。

（三）挖掘多维治理资源、充分凝聚共识合力，是有效推动矛盾纠纷多元化解源头化解的必要方式

习近平同志深刻指出："现代社会，没有法律是万万不能的，但

法律也不是万能的。"无论是从传统文化和司法传统中挖掘"无讼"因子，还是新时期推动社会主义核心价值观融入裁判文书，无不是对多维社会治理资源的挖掘、补充和丰富。走出"法律万能论"或"诉讼万能论"，寻找和提供更多维的社会治理资源，才能建立起人人都可以参与的交往理性，增强社会活性和弹性，真正建立起矛盾纠纷源头化解多元化解源头化解的长效常治机制。

（四）强化调解队伍培育管理，是有效推动矛盾纠纷多元化解源头化解的重要举措

一是充分发挥人民调解的基础性作用。对矛盾纠纷多发易发领域，加强行业性、专业性人民调解组织建设，探索契合实际的新型人民调解组织培育和管理模式。深化"大数据+人民调解"机制建设，完善纠纷数据库，提升矛盾纠纷化解的针对性和有效性。二是有序推进行业调解。以社会需求为导向，强化社会调解，鼓励人民团体、行业协会、商会、民办非企业、商事仲裁机构等设立行业、专业调解组织，调解相关民商事纠纷。特别是进一步健全金融、保险、医疗、交通事故、物业、消费、电子商务等常见纠纷的专业化调解机制等。

习近平同志指出："要善于把党的领导和我国社会主义制度优势转化为社会治理效能。"贵州省近年来开展的诉源治理、执源治理工作，是植根于地方实际和新时代"枫桥经验"的本土法治经验和法治实践，为推进矛盾纠纷源头化解多元化解、推进基层社会治理体系和治理能力现代化提供了"贵州样本"。

作者信息：

贾梦嫣　贵州省社会科学院法律研究所副研究员

桐梓县推行"两心"融合发展提升基层治理效能的实践经验研究

近年来，在基层治理深化的大背景下，县级融媒体中心和新时代文明实践中心的融合发展（以下简称"两心"融合）在全国范围内已有一些先行示范者。本文试图以贵州省桐梓县为例，通过对"两心"融合提升基层治理效能的基本经验及其成效进行归纳总结，以期为全国县域范围内的"两心"融合提供启示。

一、桐梓县推行"两心"融合发展提升基层治理效能的背景

（一）"两心"融合发展是国家治理政策的必然导向

作为基层社会治理的重要抓手之一，近年来新时代文明实践中心和县级融媒体中心先后在中央有关政策文件中被提出。2018年8月，习近平同志在全国宣传思想工作会议上，对做好新时代党的宣传思想工作作出一系列部署，对"扎实抓好县级融媒体中心建设"和"推进新时代文明实践中心建设"同时进行了强调。这是两中心第一次同台亮相，两中心都能够从服务县域治理的角度夯实国家治理体系的基础，其融合发展是党和国家有关政策文件中的必然导向。

（二）"两心"融合发展是社会治理理论的内在逻辑

社会治理是一个多主体就公共事务展开沟通、协调和合作的过程，按照社会治理理论的内在逻辑，为了实现"引导群众、服务群众"这一共同目标，县级融媒体中心和新时代文明实践中心之间需要展开一系列角色互动过程，可以说融合发展是必然的。两中心都是基层宣传思想文化领域的重要平台，群众在哪里，党的声音就要传播到哪里；群众在哪里，文明实践活动就要延伸到哪里。两者在发展中都有借力对方的需要，这些共同点为两者融合发展提供了前提和基础，并给社会治理工作带来了巨大的想象空间。

（三）"两心"融合发展是基层治理实践的迫切需求

桐梓县融媒体中心是中宣部首批县级融媒体中心建设重点支持单位之一。该中心于 2018 年 12 月正式挂牌成立，通过不断深化改革、深耕内容，已成为当地主流舆论阵地。但在基层治理深化的大背景下，县级融媒体中心也面临着"媒体+服务"无法融合的困境。桐梓县新时代文明实践中心是全国第二批试点建设县之一，2019 年 11 月启动建设以来，已建成实践中心 1 个、实践所 25 个、实践站 230 个，开展了形式多样的文明实践活动。虽已形成以"娄山红"为品牌的志愿服务体系，但也面临着资源整合不够等困境。双方的现实困境决定了只有联合起来发展，才能更好地服务基层治理。

二、桐梓县推行"两心"融合发展提升基层治理效能的主要做法

（一）以空间融合完善基层治理场所配置

县级融媒体中心和新时代文明实践中心发挥治理效能的前提是基

层治理场所的有效配置，有了相应的办公场所，部门及其人员才能投入到基层治理工作当中。为实现目标共创、资源共享和平台互通，促进两中心从各自为政到矩阵管理，桐梓县从组织体系入手，着力解决两中心物理空间融合问题。自 2019 年 11 月新时代文明实践中心建设伊始，桐梓县便在融媒体中心一楼规划建设桐梓县新时代文明实践中心；2020 年 4 月，两中心实现合署办公，就具体的业务工作展开了深度往来，9 月新时代文明实践中心大厅及办公室正式入驻融媒体中心，在阵地建设上真正做到步调一致、目标统一。两中心在空间层面实现物理融合以来，一方面节省了办公层面的运营成本，通过在垂直层面上对空间实现集约化使用，避免各自选址所带来的建筑空间浪费，实现了对物力、财力资源的节约和最大化使用；另一方面也减少了人力层面的沟通成本，空间上的融合打破了两个中心沟通协作上的壁垒和隔阂，为资源共享、人员协作提供了便利，两中心工作人员的共事与协作有了良好的空间保障，从而为基层治理实践打下了合作基础。

（二）以平台融合推动基层治理信息共享

信息流动在基层治理中至关重要，为实现数据引流和用户共享，桐梓县坚持"线上+线下"平台融合搭建，两中心打通了各自的平台，通过数据的互联互通实现了两中心的信息融合。一是共建线上平台。2019 年 11 月，两中心依托科技网络平台公司，建成了桐梓县新时代文明实践中心志愿服务网络平台，并充分发挥融媒体中心技术优势，在"娄山资讯"App、"娄山关"及"桐梓发布"微信公众号中开设"文明实践"窗口，链接网络平台。该平台设有政策信息、项目发布、工作动态、点单评单等服务板块，能够实现在线志愿注册、征集广大群众需求、招募志愿者、听取志愿服务反馈等便捷功能，推动了文明实践志愿服务的便民化和精准化。同时，通过平台宣传亮点工作、特色经验和先进模范，扩大了志愿服务的影响力。二是共创线下栏目。

借助两中心设备及人员优势，在电视、电台等线下平台上，共同开设《空中桐课》《夜读》《初心热线》《志愿者风采》《我为群众办实事》民生服务栏目，围绕脱贫攻坚、疫情防控、抗洪抢险、文明城市创建等群众最关心、最直接的问题征集需求，梳理其中可以通过文明实践活动解决的问题，组织志愿队伍针对性地开展志愿服务，并将服务情况、解决效果通过微信公众号、抖音视频号宣传出去，实现"一次采集，多种生成，多元传播"的目标，达到开设栏目一手抓内容生产、一手抓文明实践的显著效果，在全社会营造尊重志愿者、学习志愿者、争当志愿者的良好氛围。通过两中心共通平台资源渠道，基层治理信息在两中心之间得到了有效共享，县级融媒体中心的宣传工作更有针对性，而新时代文明实践中心的一系列志愿服务活动则取得了更大的效益。

（三）以人员融合促进基层治理队伍建设

人是"两心"融合发展的主体，人才队伍的整合相融决定了在基层治理实践中信息宣传能否和服务群众统筹起来。县级融媒体中心人员长于宣传报道，对来自基层一线的新闻线索有需求；新时代文明实践中心人员则长于对基层志愿服务活动进行调度，对志愿活动的宣传报道有需求。两者刚好优势互补，两中心融合发展之后，桐梓县将文明实践中心及融媒体中心人员在角色上进行了融合。根据文明实践活动的需要，桐梓县将文明实践中心及融媒体中心人员整编为四个小组：接单入库组负责通过线上、线下平台双向收集群众需求，完善志愿服务项目库；志愿服务调度组负责根据群众点单，派单给相应志愿服务队伍，并通过文明实践专栏发布志愿者招募令，广泛招募志愿者上门为群众提供志愿服务；跟踪宣传组负责跟踪了解志愿服务的全过程，确保群众需求得到解决，同步拍摄图片和视频，做好宣传报道；资料收集组负责收集整理志愿服务活动图片、亮点工作、典型特色实例以及优秀志愿者的故事等相关信息并利用有关平台进行宣传。四个工作组密切配合、通力协作，统筹推进文明实践的各项工作。在基层治理实践过程中，以具体的项目为支点，县级融媒体中心记者承担起了文明服务志愿者的角色，而新时代文明实践中心的大部分志愿者则成为县级融媒体中心的通讯员。通过人员融合调配，两中心人员的交流更加便利，基层治理实践中的协作水平大幅提升。

（四）以制度融合规范基层治理体系运行

制度关系着基层治理体系能否良性运行，它是两中心规范化运营的基石，是两中心各项工作得以顺利开展的依据和准则。在推进"两心"融合发展过程中，桐梓县两中心建立了联席调度会机制，定期召开联合调度会议。在融媒体中心每周固定召开的编前会中，新时代文明实践中心人员会列席参加，融媒体中心会把新时代文明实践中心开展的实践活动纳入自身总体的宣传策划，从活动的策划、准备到实施阶段，共同谋划、组织和提升媒体的内容生产能力。为此双方还同步建立了微信工作群，融媒体中心将最新的报道策划、选题、制作情况上传，文明实践中心第一时间了解，并组织志愿者参与其中；文明实践中心的志愿服务项目库和文明实践专栏后台本身就是对县级融媒体中心开放的，记者编辑可以方便地了解本地文明实践活动的实时情况，进而从中找到宣传素材并组织宣传报道。在这一平台之外，文明实践中心人员通过对基层动态的掌握，提供更多补充性的内容，帮助记者编辑更好地判断志愿服务的哪些内容值得报道、哪些细节值得深挖。此外，文明实践中心还积极引导志愿者担任通讯员，利用手机、平板电脑等设备采集宣传素材，在第一时间向两中心沟通反馈。例如2020年6月，桐梓县木瓜镇突遇洪灾，道路交通中断，记者不能及时赶到现场，该镇志愿者用手机拍摄视频及时传递灾情到两中心，记者在最短时间内制播出详细生动的新闻，满足了广大群众对现场信息的知情权。通过一系列制度上的融合，两中心人员实现行动步伐一致，打出了漂亮的基层治理协作战。

三、桐梓县推行"两心"融合发展提升基层治理效能的成效

（一）"两心"融合为基层治理工作创造了良好的舆论氛围

首先是媒体传播力快速增长。通过 H5、小程序、短视频、互动游戏、直播等手段不断创新优质内容表现形式，桐梓县融媒体中心的爆款产品不断涌现，仅 2022 年，微信公众号点击量破 10 万次的作品有 13 条，短视频平台作品播放量 10 万级的有 505 条、100 万级的有 61 条、1000 万级的有 2 条。2022 年，桐梓县融媒体中心年度发布各类信息 2 万条，中央、省、市等各级媒体用稿近 2000 条，各平台点击量达 3.5 亿余次，目前，各平台用户总数达 95.8 余万人。"两心"融合后的一系列深入改革，使得融媒体中心的传播力不断得到提升，展现了桐梓县积极发展的良好形象。

其次是媒体影响力不断拓展。桐梓县融媒体中心积极运用新技术手段，创新内容生产形式，大力提升产品的竞争力。2020 年微信公众号"娄山关"第一季度获评贵州省媒体微信影响力排行榜第 10 名，"桐梓发布"获评全省市县级政务微信排行榜第 2 名。在全国广电榜月榜排名中，"娄山关"微信公众号最高月榜成绩第 26 名。"娄山关""桐梓发布"微信公众号在清博指数全省榜全部分类中，最高月排名分别为第 9 名、第 11 名，打破历史最高排名纪录。"两心"融合以后，桐梓县融媒体中心已成为贵州县域媒体影响力的标杆，省内外媒体纷纷前来取经学习。

最后是媒体引导力进一步深化。"两心"融合发展后，桐梓县融媒体中心能够更好地把握社情民意，围绕习近平同志的重要指示精神和中央、省、市、县安排部署，及时回应群众关切，抓好议程设置，

推动舆论引导能力不断深化。如 2020 年木瓜镇遭受特大洪灾袭击，融媒体中心以直播、Vlog、音频、图片等形式发布防灾减灾信息，把"及时发布"提升为"实时发布"，及时满足群众的信息需求，避免谣言传播，有力地引导了正确的舆论导向。在及时发布灾情预警信息后，党员干部赶在第一时间通知群众撤离，无一人伤亡。

（二）"两心"融合推动了群众对基层治理工作的认可和参与

首先是群众知晓度全面提升。为将党的声音、本土文化等传递到户到人，及时提供志愿服务，切实为群众排忧解难，桐梓县各新时代文明实践所/站打造了具有自身特色的志愿服务项目作为两"中心"线上线下平台的补充，例如"童谣唱响新时代""海校大妈""精准四助促和谐·乐业安居稳民心""志愿者亮身份·十五分钟志愿服务圈""古镇之声""候鸟黔飞新风来·客主相融一家亲"等 11 个志愿服务品牌项目。这些特色志愿服务项目通过县级融媒体中心的宣传和扩散，使群众对于桐梓文明实践和志愿服务活动有了更多的知晓和了解。

其次是群众参与度明显提高。拥有融媒体中心宣传之"口"，新时代文明实践中心的宣传声量得以扩大，群众参与的积极性显著提高。例如，围绕"牢记嘱托感恩奋进，德耀桐梓情满娄山"主题，新时代文明实践中心与融媒体中心"强强联合"，制作播出了"1+N"文明实践专题片，并组织志愿者参与拍摄了"唱支山歌给党听"快闪、"德耀桐梓　情满娄山"志愿者招募宣传片等，通过在全县持续宣传报道，扩大了文明实践活动的影响力，促进了广大市民文明素质的提升，吸引了更多群众加入文明实践活动的队伍。截至 2023 年 7 月，桐梓县共有实名注册志愿者 13.3 万人，志愿者队伍 430 支，发布项目 2.26 万余个，为社会提供服务 291.65 万小时。

最后是群众满意度持续上涨。通过开设《初心热线》《吐槽汇》

《我为群众办实事》等栏目，把"天线"架在群众家门口，借助融媒体中心的"发射塔"优势，发挥文明实践中心的"蓄水池"调度功能，让群众不出家门就能破解生产生活中的各种问题，增强文明实践的针对性、有效性，不断提升群众满意度。截至 2022 年 12 月，全平台"文明实践"相关栏目的点击率达 91 万余次，累计帮助群众解决实际困难 2 万余件，涉及群众 105.5 万人次。

四、桐梓县推行"两心"融合发展提升基层治理效能的经验启示

（一）注重顶层设计的引领，为基层治理赋能

桐梓县从一开始就统筹规划，将"文明实践之手"和"媒体宣传之口"同步谋划、同步推进，既让县级融媒体中心的服务有了实际落脚点，也让新时代文明实践中心的志愿服务工作获得了更大的宣传效应。如《桐梓县新时代文明实践中心建设工作实施方案》就对志愿服务和媒体宣传的联动提出了要求，新时代文明实践中心建设启动仪式上，县委领导强调要坚持与融媒体中心相融合，畅平台、畅桥梁、畅渠道；随后在各种工作推进会上，又提出注重与融媒体中心贯通融合，实现从"相加"向"相融"的转变。在一把手领导重视和顶层设计的推动下，2022 年桐梓县成为了遵义市"两心"融合示范点，为遵义全市新时代文明实践中心建设提供了借鉴。

（二）注重制度和流程的保障，为基层治理托底

县级融媒体中心与新时代文明实践中心的融合不是两个机构平台的简单相加，"两心"融合在工作上所做出的探索、所积累的经验和所取得的成绩，主要是有相应的制度和流程作为保障。桐梓经验的启

示就在于实现了两中心常态化的合作机制，从联席会议制度、选题策划制度、工作沟通制度到效果反馈制度，制度上的融合促进了两中心的一体化发展。在流程上，县级融媒体中心聚焦上游收集志愿服务需求、下游监测志愿服务效果；新时代文明实践中心则侧重中游的志愿服务实践，借助"百姓点单、中心派单、志愿者接单、群众评单"的志愿服务"四单"模式，"两心"融合真正实现了"宣传之口"和"服务之手"的连接，进而为基层治理工作带来新启发。

（三）注重数字科技的支撑，为基层治理增效

桐梓这一样本给我们的启示还在于"两心"融合发展不仅要注重制度和流程等软件层面的融合，也要注重空间和平台等硬件层面的融合，数字科技作为一种有效手段被广泛应用于"两心"发展之中。新时代文明实践中心偏向线下运营，尽管离群众距离近，却也面临着志愿服务供需对接困难等难题；在和县级融媒体中心融合发展的过程中，通过平台融合以及相应的数据融合、信息融合，新时代文明实践中心极大地提升了自己的志愿服务效率，而县级融媒体中心也不断地从新时代文明实践中心所开展的各种活动中获得"引流"，进而实现了"两心"融合发展。

桐梓县的经验表明，即使是在县域资源条件有限的情形下，只要地方领导重视、两中心组织层面有保障、融合发展制度建设到位、技术支撑有力，"两心"融合完全可以发展得很好。当然，也应意识到，"两心"融合发展仍然是一个有待展开的过程。未来，在探索县级融媒体中心和新时代文明实践中心融合发展的路上，在"两心"融合助推基层社会治理的过程中，仍然有很长的路要走。

作者信息：

张　波　贵州大学传媒学院新闻系主任、副教授

田珍珠　贵州大学传媒学院在读研究生

全国市域社会治理现代化试点的
铜仁实践研究

全国市域社会治理现代化在铜仁的试点，推动了全市社会治理现代化的进程，取得了阶段性成效。连续三年实现重大政治案事件、暴恐极端案事件、重大刑事治安案事件、重大群死群伤治安灾害事故、重大安全责任事故、重大群体性事件"六个零"发生；2021年，贵州省的反邪防邪、市域社会治理现代化试点工作现场观摩会在铜仁召开，并且再获平安中国建设示范市。

一、研究背景

（一）社会稳定风险评估工作的制度创新，为全国市域社会治理现代化试点选择提供了特色生动性样本

进入新时代，社会治理体系和治理能力现代化是实现最美好生活的根本要求。铜仁市创新的社会稳定风险评估工作法，得到了中央的认可，并在全国推广。① 2017年被中央综治委表彰为全国社会治安综合治理优秀市（2013—2016）；2020年入选全国首批市域社会治理现代化试点城市；2021年被平安中国建设协调小组表彰为"平安中国建

---

① 王鹤霖，王家梁，曾凡荣. 善用市域"微治理"构建城市"大平安"——全力打造市域社会治理现代化"铜仁样本"［N］. 法治日报，2023-06-19（1）.

设示范市（2017—2020）"。

（二）边缘的少数民族聚居地，为全国市域社会治理现代化试点选择提供了典型代表性范本

铜仁市地处黔湘渝三省市接合部，辖 2 区 8 县，国土面积达 1.8 万平方千米，总人口有 446 万人，聚居着汉族、苗族、侗族、土家族、仡佬族等 29 个民族，少数民族人口占总人口的 70.45%。少数民族聚居地在全国市域社会治理现代化试点中更容易彰显其特殊性，而且对推动全国社会治理体系和治理能力现代化，具有深远的理论和实践价值。

（三）社会治理现代化理论的实践与探索，为市域社会治理的试点选择提供了独特先行性标本

铜仁市将平安铜仁建设放在首位，守住风险底线，从社会治理体制机制的完善到治理手段的丰富，从基层基础的不断扎实到治理格局的初步形成，都充分体现了铜仁市市域治理的先行特色性实践特点。铜仁市域社会治理体制、治理能力、工作布局、治理方式现代化 4 个板块、16 个重点任务、38 个分解任务、87 个基本要求已具备试点的基本条件的要求。

基于此，2020 年，铜仁市成为贵州省 6 个市（州）第一批试点地区（贵阳、遵义、六盘水、黔南、黔西南、铜仁）之一。

二、做法和成效

（一）突出政治优势，着力推进体制机制现代化

1. 强化党委统筹，构建"纵横经纬"组织体系

一是"一把手"亲自抓，注重顶层设计。市县两级党委常委会、

政府常务会专题研究平安建设经费和重大事项，确保试点工作强力推进，制定印发《关于坚持共建共治共享市域社会治理现代化的实施意见》等"1+7"系列文件，按照"一年打基础、二年见成效、三年成功创建"的目标要求制定了时间表，精准设定了智慧治理等四种社会治理模式，分类施治、分类指导，推进政治、法治、自治、德治、智治"五治"融合，实施强基、固本、增智、清源、细胞、筑桥六项补齐短板工程。二是"一盘棋"统筹到底，做到协作联动。市县两级同步组建网格化、智能化等29个专项组，实行组长单位负责制，赋予29个组长单位对成员单位市域社会治理的考核权，统筹54个部门参与市域社会治理的各项工作。三是"一中心"统抓到底，坚持权责贯通。厘清市、县、乡和村四级权责关系。坚持组织机构建设与功能建设两手抓，将平安办和综治中心作为乡镇"六办六中心"常设机构之一设置，纵向推进市、县、乡、村四级"一办一中心"阵地、功能、机制和队伍全覆盖建设。

2. 强化制度建设，构建"奖罚分明"责任体系

一是突出正向激励。将市域社会治理现代化工作纳入各级党委规划、考评、重要工作内容，对全市10个区县和117个单位按"优、良、合格、不合格"四级评定，对评定合格等次以上的按人按等次发放一次性工资奖励。二是突出负向约束。对在社会治安、命案防控等方面排名落后的乡镇，采取提示、约谈、挂牌等方式进行追责问责，对排名后两位的区（县）分别扣缴平安建设保证金100万元，并对主要负责同志进行约谈。对工作推进不力、问题特别突出的实行"一票否决"、追责问责，建立考评实绩档案，并出台《党政领导干部平安建设实绩考评办法（暂行）》，实行负面清单管理，按季度推送考核结果。

3. 强化基础保障，构建"直达基底"治理体系

一是推动队伍保障"全过程"。推行"五有四必三纳入"（培训有

计划、教学有方案、实训有基地、授课有师资、线上有平台；新录人员必学、教育培训必考、干部晋升必核、调研督导必查和纳入干部教育培训总体规划、纳入平安建设考核内容、纳入干部评价体系）的工作方法，对新任"四员两长"（政法委员、村支"两委"成员、网格员、网格长、联户长）开展培训，其做法获中央政法委肯定，被《政法动态——市域社会治理现代化专刊》刊发。二是推动经费保障"全方位"。坚持把市域社会治理经费纳入同级财政预算，实行动态增长制度，并落实工作经费和平安考核奖金，确保各项工作有序开展。

（二）聚焦突出问题，着力推进治理布局现代化

1. 诉源治理突出"化"

发挥诉前调解作用，整合法院、检察院、公安、司法、信访等部门资源，推动建立完善司法、行政、人民矛盾纠纷"三调联动"机制，聚焦邻里纠纷、征地拆迁、欠薪欠资、涉法涉诉、企业改制、劳资等纠纷，依托"1+6+N"多元化解纷实战平台阵地（"1"即一个综治指挥中心；"6"即网格化服务中心、矛盾纠纷多元化解中心、群众工作中心、公共法律服务中心、法律援助中心、诉调对接中心；"N"即 N 个社会力量参与），积极开展诉前调解。

2. 精准分析突出"治"

一是持续搭建"党小组+网格员+十联户"机制。在市域社会治理现代化推进过程中，铜仁精准突出"治"，充分发挥党组织的领导作用，将党小组覆盖到全市各个网格上、联户中，特别是激发基层网格、联户单元内的党员积极主动地承担"政治引航员、邻里守望者、社区啄木鸟"等重要角色。二是"一分析三报告"机制精准制导。全面推行"一分析三报告"工作机制（"一分析"即定期对辖区内的"警情、案情、舆情、社情"进行分析研判，"三报告"即报同级党委政府和政法综治部门，"三考核"即平安建设年度考核、党政领导干部

平安建设实绩考评和行业部门业务指标考核），创新搭建"平安洞见"系统，积极采取"1+N"问题信息收集模式（"1"即公安职责范围内的各类问题信息，"N"包括道路交通、环境、卫生、教育、城建等民生领域的各类问题信息），与市域社会治理平台信息共享联用，对属地内警情、案情、舆情、社情分析积极上报。三是"警务两会"机制精准祛灶。铜仁创新运行模式，通过"1+1+1+N"（网格长+社区、驻村民警或警务助理+网格员+N个群团或联户长）有效化解矛盾和隐患。其主要做法就是坚持每月召开1~2次"警民议事会"、每月召开一次"警务联席会"。

3. 风险防范突出"防"

一是建强未警预动阵地，源头创稳更加有力。在全省率先成立市重大风险防控中心，作为全市摸排核查风险隐患、收集报送情报信息、分析研判问题线索、化解稳控矛盾风险的专门机构并实体化运行。二是织密情报信息网络，预警预测更加精准。健全"情报信息库"、挂单管理，依托大数据手段全面收集具有内幕性、行动性、预警性的情报信息，推动形成全方位、无死角的风险隐患收集网络。三是完善科学决策机制，联动处置更加及时。积极依托"警务两会"等平台，及时预警、联动处置，为风险隐患化解提供了坚强的保障。

（三）创新手段方式，着力推进治理能力现代化

1. 推进"三网"建设，提升基层核心治理力

一是建强组织"中网"。搭建治理大动脉、指令直达"零延误"。畅通治理微循环、工作感知"零延时"。建立专项组联络员制度和联席会议制度，坚持以"做实乡村、做优县级、健全行业"人民调解委员会为切入点，全面加强农村人民调解委员会和群防群治队伍、农村法律明白人队伍建设。二是织细治理"地网"。推动城管、环卫、公安、司法、住建、食药监"六员入网"，将人员管理、案事件、隐患

点、其他事项 4 类 22 小项网格任务纳入"一张网"管理，建立入网清单，实现全市行业领域"一张网"治理，切实解决政出多门问题。坚持明确网格员联系，推举联户长具体负责推动"十联户"工作落地生根。积极探索联户长"活三权（参与权、建议权、监督权）、突三励（政治激励、精神鼓励、物质奖励）"释权赋能工作机制。三是织密数据"天网"。推动大数据和市域社会治理深度融合，整合各个部门的数据，统一为一个平台，平台共享发布应急、反诈、灾害等各类预警信息，消除安全隐患，且将这一做法延伸到乡村。

2. 推进"三治"融合，推进基层治理现代化

一是强化政治功能、充分引导自治。持续完善村（居）民主议事、民主决策、民主管理制度，不断创新基层自治实现形式，推动当地基层治理形成了民事民议、民事民办、民事民管的良好局面，得到社会的广泛认可。二是在法治领域不断强化工作。近年来，铜仁相继制定出台了《铜仁市中心城区烟花爆竹管理条例》《铜仁市梵净山保护条例》《铜仁市电动摩托车管理条例》《铜仁市住宅物业管理条例》等地方性法规和政策，市域社会治理法规体系不断完善。三是在德治方面下足功夫。铜仁近年除了普遍加强社会、职业、家庭、个人四德建设，构建社会、家庭、学校"三位一体"的德育网络，还特别注重农村精神文明建设，对于农村存在的陈规陋习从教育方面强化引导。

3. 推进群团三变，提升基层治理助推力

一是党委引领强化"聚"。建立党委领导、政法统筹、工青妇等群团参与、各方联动的"1+1+N+X"市域社会治理群团组织参与机制。铜仁市火车站疫情防控志愿服务站通过积极参与社会治理，被评为"第六批全国学雷锋活动示范点"。这一经验做法在第二次全国市域社会治理现代化试点工作经验交流会上作书面发言，并全国推广。二是多管齐下强化"合"。按照不同群团组织的职能职责和专业特点，细化工作分工，明确目标任务，推动在问题处置、困难帮扶、教育引

导、服务管理上同向发力，探索建立"暖心大姐——三代三建三访"服务机制、阡城木兰等典型做法。三是协作联动强化"融"。构建"群团+"社会治理工作格局，扭转了社会治理中命案防控、重大风险防范化解、特殊人群服务管理等工作滞后局面。

（四）突出区域特色，着力推进治理方式现代化

1. 四方共议和合共治，移民安置"定居安心"

紧盯144个易地扶贫搬迁安置点后续扶持工作，以"新市民·追梦桥"工程为抓手，探索创新易地扶贫搬迁安置区党建引领公众参与机制，以党建带群建促社建，推进"社区党组织+居委会+业委会+物业公司"四方共议，"全市144个安置点29.36万名搬迁群众携手共治"经验做法在第九次全国市域社会治理现代化试点工作经验交流会上作书面交流发言。

2. 构建源头防范机制，命案防控"定乱止祸"

一是建立"三种机制"构建防控新格局。在命案防控和社会稳定方面，铜仁十分重视，不断创新体制机制。比如，针对婚恋纠纷，铜仁创新用好"1+1+3+N"机制，"定分止争"，即以综治中心为阵地，以妇联为先锋，将民政、公安、法院和社会其他力量统筹起来，共同化解婚恋纠纷，具体是妇联和社区工作人员（包括网格员和联户长等群体）逐户上门调查，将调查报告送到综治中心，综治中心进行分析和研判，然后再由综治中心将相关情况分流到民政、公安等相关单位进行协调处理，有效防止了"民转刑""刑转命"案件的发生。二是聚焦重点、排除隐患。铜仁针对节假日、深夜等命案高发重点时段，以及围绕婚恋家庭等重点矛盾、偏远农村等重点部位、管制刀具等重要物资开展命案隐患全方面排查，尽全力早发现风险，早化解矛盾。

三、经验与启示

（一）坚持党的领导，充分体现新型政党制度的强大优势

坚持党对市域社会治理现代化推进工作的绝对领导，在深入推进市域社会治理现代化进程中坚决深入系统地学习贯彻习近平同志关于完善国家治理体系的重要论述，坚持党建引领基层社会治理，统筹抓好抓实各项工作。例如，党的领导始终贯穿于脱贫攻坚和移民搬迁治理中，特别是在党建引领下的"四安家园"品牌建设，降低了行政治理的成本。

（二）坚持问题导向，充分展现治理主体的责任担当

落实好政治责任、领导责任和主体责任，针对在开展市域社会治理中暴露出来的问题，坚持深入调研、分析原因、找准症结，精准细化措施，狠抓制度建设、机制运行、示范创建、夯实基层基础等难点问题，推动社会治理取得更大进展。构建培训机制，创建实训基地，汇编专用教材，从政策中"定标准"、从负面案例中"戒教训"、从正面案例中"借经验"。

（三）坚持创新机制，充分再现治理结构的提升优化

铜仁创新的"六防六化"（防守如城、化危为机，防患未然、化隐为显，防微杜渐、化整为零，以防万一、化繁为简，以防不测、化难为易，严防勇战、化险为夷），率先在全省成立重大风险防控中心，打造社会稳定风险评估"升级版"，建立风险防控红橙黄蓝"分色"预警机制、"四项运行"机制，探索疫情防控"十个三"铜仁战法、

防贫预警等系列做法，畅通情报信息收集渠道，滚动排查政治、经济、社会等领域的重大风险隐患，解决群众房产办证难、欠薪欠资等风险问题，实现风险不外溢、矛盾不上行。

（四）坚持区域特色，充分彰显铜仁治理的内涵特征

一是以自治为基。扎实推进"一中心一张网十联户"的治理机制，选优配强基层党组织书记，配齐网格员，优先推选"五类人员"担任联户长，健全党员、党小组发挥作用机制，通过"活三权突三励"激励联户长成长和十联户比学赶超，推动形成民事民议、民事民办、民事民管，促进网格自治效能提升。二是以德治为先。出台《铜仁市奖励、礼遇和帮扶道德模范、文明家庭实施办法》，全力构建社会、家庭、学校"三位一体"的德育网络。三是以法治为本。用好地方立法权，制定地方性法规；多层次开展法治创建，创建民主法治示范村。

（五）坚持主体多元，充分显现治理参与的方式新颖

市域社会治理的成功因素是治理主体广泛参与，形成强大的合力。一是采取党政四维（市、县、乡、村）积极参与，形成一体化公共治理体系；二是政法系统、群团组织等共同参与，形成多元一体化主体治理体系；三是企业、群众等市场主体的参与，形成一体化民主治理体系；四是"社区党组织+居委会+业委会+物业公司"为主体的参与，形成了全方位、多主体、多渠道的现代化市域社会治理的新形态、新方式。

（六）坚持从严治警，充分彰显政法队伍的新风貌

全市广大政法干警闻令而动、主动担当，持续奋战在抗疫抗灾第一线，为战贫战疫战灾作出了重要贡献。一是坚持从严治警与政法队

伍教育整顿，全面推进政法队伍革命化、正规化、专业化、职业化建设，政法队伍的凝聚力、战斗力持续提升，涌现出了全国法治人物杨宗麟、全国优秀法官张永琴等一大批英雄模范和先进集体；二是坚持从严治警与市域社会治理相结合，推动市域社会突出问题化整为零，2021 年获平安中国示范市称号；三是坚持从严治警与抗疫抗灾相结合，用行动守护 450 万人民群众的身心健康；四是坚持从严治警与脱贫攻坚、乡村振兴、经济社会高质量发展结合，全市生产总值从 2016 年的 856.97 亿元增加到 2022 年的 1477.19 亿元，在武陵山片区 6 个中心城市中经济总量居第二位。

作者信息：

安　平　铜仁市委党校常务副校长

黄廷安　铜仁市委党校科研与校刊编辑处负责人、经管教研部教授

罗川勇　铜仁市委党校科研与校刊编辑处编辑、基础教研部讲师

田　刚　铜仁市委政法委综治中心社会治理一科副科长

从江县创新省际接边地区社会治理促进民族团结的实践经验研究

近年来，从江县在省际接边地区不断加强和创新基层社会治理工作，打造了民族和睦相处、共存共荣、和谐发展的良好格局，形成了具有一定特色的创新省际接边地区社会治理促进民族团结的实践经验。

一、从江县创新省际接边地区社会治理促进民族团结的背景

（一）时代背景

党的十八大以来，以习近平同志为核心的党中央准确把握国内外发展的新形势，不断推进社会治理制度和实践创新，为推动社会治理现代化建设指明了方向。

2013 年，党的十八届三中全会提出"加快形成科学有效的社会治理体制"的任务。2022 年，党的二十大报告指出"完善社会治理体系。健全共建共治共享的社会治理制度，提升社会治理效能"。

（二）地域背景

省际接边地区是指省界相互毗邻有着各种来往关系，分属不同行政管理主体的一定区域。

从江县位于贵州省黔东南苗族侗族自治州东南部，地处黔桂两省区交界处，与省会贵阳相距450千米，同州府凯里相距252千米，主要居住着苗族、侗族、壮族、瑶族、水族等少数民族群众。全县有斗里镇、翠里乡、刚边乡、秀塘乡、加榜乡等12个乡镇63个行政村与广西壮族自治区的三江、融水、环江三县接边，省际边界线长达360多千米。

由于受历史、地理环境等诸多因素的影响，从江县在省际接边地区曾经主要存在基层党组织薄弱、历史遗留问题多、社会治理难度大等社会问题。

二、从江县创新省际接边地区社会治理促进民族团结的举措和成效

（一）支部跨界联建筑牢基层堡垒，促民族团结

基层党组织是党全部工作和战斗力的基础。按规定，省际接边地区基层党组织设置主要是按行政区域划分，分属不同省份管辖。因受限于地域及行政区划，沟通和协调机制不畅。针对省际接边地区基层党组织按行政区域划分设置难以领导解决因地域交错而产生的各类生产生活问题。近年来，从江县通过与邻省（区）接边地区探索建立跨界联合党支部，实现了支部联建共管，筑牢了基层党组织的基层壁垒，促进了民族团结。

如从江县与广西壮族自治区融水县在"乌英苗寨"共同探索组建的"黔桂乌英联合党支部"。乌英苗寨有600多年的历史，位于贵州省从江县翠里瑶族壮族乡和广西壮族自治区融水苗族自治县杆洞乡交接地带，贵州和广西两省（区）群众世代杂居。全寨辖7个村民小组，其中贵州2个、广西5个。过去，乌英苗寨因地跨黔桂两省（区）

而难以实现村务统一管理。2017 年 6 月 13 日，两乡党委根据地域相邻、习俗相近、产业相连、利益相关等特点，协商成立了黔桂跨省（区）乌英联合党支部，由两边所属党委共同管理。"黔桂乌英联合党支部"的建立，有效地整合了两地的党建资源、政策优势，打破了区域界线，使党组织与党员的先锋带动作用突破了行政区域的局限，为省际接边地区群众发展生产、搞活经济增强了合力，形成了一盘棋、一条心，资源共享、产业共兴，优势互补、共谋发展的良好局面。近年来，不管是广西籍还是贵州籍，从江县翠里乡为乌英苗寨落实了串户路硬化、组干道硬化、危房改造、室内电线路改造、农村灶改等民生工程，融水县杆洞乡为乌英苗寨落实了自来水、进寨路硬化、进寨公路桥等民生工程。从江县翠里乡与融水县杆洞乡双方经过协商，共同建设了学校、通村水泥路等民心工程。黔桂乌英联合党支部通过组织开展生产技能培训、协调产业发展项目、帮助农村创业致富能人解决实际困难等工作，不断激发群众对发展产业的积极性，带动群众积极发展特色产业，增加了村民收入。在联合党支部的带领下，乌英苗寨先后获得了"中国传统村落""广西特色民族村寨""柳州市民族团结进步示范屯"和"贵州黔东南州民族团结进步示范村"等称号。

（二）民族文化资源融入社会治理，助民族团结

从江县省际接边地区多处在偏远、落后地带，同区域中心远离，情况复杂。因历史原因引发的不安定因素相对较多，因"争生存"而导致的利益冲突时有发生，社会治理难度大。如一些省际接边地区农村的森林、土地等自然资源相互穿插在一起，且大多没有证书或明确的图纸，在归属上难以界定。这类问题一般牵涉的人数比较多，因地、林、水、矿等自然资源的争夺而产生的纠纷与摩擦不时发生，有的还导致了群体性事件，给维护稳定增加了较大的压力。

近年来，从江县深挖巧用当地独特的民族文化资源，将其融入到

基层社会治理中，进一步提升了社会治理效能，助力了民族团结。从江县根据省际接边地区少数民族群众聚居的现实特点，充分利用当地的民族文化资源，把党的惠民、民族团结、科技信息等方针政策，以及国家的法律法规等编成脍炙人口的"苗歌""侗歌""侗戏"等形式。在戏台上、凉亭中、鼓楼下等公共娱乐场所广为表演和传唱，激发了少数民族群众的爱党爱国之心，引导了群众知法、信法、守法，提高了群众自治意识，营造了良好的基层社会治理氛围。历史上，在从江县一些民族地区建立有以"椰规""款约"为主的民间治理体系，从江县与时俱进，因势利导，将"椰规""款约"等中的"礼治"与依法治国的"法治"有机结合起来，打造了村规民约的升级版，发挥了村规民约在基层社会治理中的积极作用，维系了社会稳定和谐。从江县加强与广西、湖南接边地区对接，在省际接边地区开展了"富禄花炮节""党横芦笙坡会""乌英亮布节""马安闹鱼节"等民族节庆活动，以及"黔桂两省（区）三县毗邻乡镇民族团结进步创建活动联谊会""斗里马安黔桂两省（区）接边地区苗族文化研讨交流暨民族团结进步创建联谊活动""铸牢中华民族共同体意识'唱响三省坡'桂湘黔民歌联赛""乌英苗寨新禾节民族团结暨传统文化交流联谊活动"等联谊活动。这些活动，使省际接边地区的群众齐聚一堂，既加强了沟通交流，又增进了友情互信，成为了群众共同团结进步的"助力器"，为实现信息资源共享、加强省际接边地区社会治理作出了巨大贡献。

（三）建立"六联"机制化解矛盾纠纷，推民族团结

近年来，从江县切实把维护接边地区和谐稳定作为基层社会治理的重点来抓，以加强沟通、增进交流、维护稳定、促进团结、助推发展为根本出发点，加强与接边地区各级党委、政府携手联合，探索建立"工作联动、机制联建、感情联谊、风险联防、纠纷联调、应急联

处"的"六联"机制，化解接边地区的矛盾纠纷。在工作联动方面，为与接边乡镇、村开展日常联动工作，从江县成立了接边地区县、乡、村"三级"矛盾纠纷联防联调联动工作领导小组和联合调解委员会。在机制联建方面，从江县先后与广西壮族自治区三江侗族自治县、融水苗族自治县签订和建立了《"普法沿边行"接边地区和谐长效机制协议》《接边地区"三调联动"工作机制协议》《维稳应急工作联席会议制度》等协议和制度。在感情联谊方面，从江县充分利用民族节日开展联谊活动，变"打架"为"打球"，变"结仇"为"结亲"，增强了群众感情。在风险联防方面，从江县通过建立健全矛盾纠纷动态排查、矛盾隐患通报等制度，切实从源头上、多层面防控接边地区矛盾纠纷，将调解工作前移，由事后处置变为事前预防，增强了工作的主动性和预防性。在纠纷联调方面，充分发挥接边地区双（多）方乡镇、村级法律顾问、人民调解员、寨老等的作用，多渠道、多形式化解矛盾纠纷。在应急联处方面，最先接到省际接边地区突发事件信息报告的部门，第一时间实现同级、逐级通报信息，并根据事件性质启动联合应急预案，省际接边地区双（多）方迅速派员赶赴现场，主动相互协调两（多）地有关部门及时采取稳控措施，防止事态扩大。通过"六联"机制，从江县与有关省际接边县在省际接边地区营造了互信、互助、和谐、共荣的社会氛围，形成了手牵手搞建设、心连心谋发展的生动局面，促进了省际接边地区群众和谐共处，维护了省际边界的稳定，推动了民族团结。

三、从江县创新省际接边地区社会治理促进民族团结的经验启示

（一）加强基层党建，筑牢民族团结之基

省际接边地区加强基层党建筑牢民族团结之基要以党的二十大精

神及习近平同志的重要论述为指导。习近平在党的二十大报告中指出"增强党组织的政治功能和组织功能。严密的组织体系是党的优势所在、力量所在。各级党组织要履行党章赋予的各项职责，把党的路线方针政策和党中央决策部署贯彻落实好，把各领域广大群众组织凝聚好。坚持大抓基层的鲜明导向，抓党建促乡村振兴，加强城市社区党建工作，推进以党建引领基层治理，持续整顿软弱涣散基层党组织，把基层党组织建设成为有效实现党的领导的坚强战斗堡垒"。为此，省际接边地区基层党支部要以提升组织力为重点，把基层党支部建设成为宣传党的主张、贯彻党的决定、领导基层社会治理、团结动员群众、推动改革发展的坚强战斗壁垒，要担负好教育、管理、监督党员和组织、宣传、凝聚、服务群众的职责，引导广大党员发挥先锋模范作用，推进基层党支部活动方式的创新，全面提高广大党员的政治素质和思想素质，切实加强基层党支部带头人队伍建设和党员队伍建设，不断优化为民服务质量，筑牢民族团结之基。

长期以来，省际接边地区双（多）方矛盾纠纷多，加上因行政区划所造成的工作上没有关联、互不往来的工作壁垒，社会治理、经济发展、民族团结等方面面临的很多问题难以单方面解决。从从江县在省际接边地区乌英组建跨省际联合党支部的经验来看，省际接边地区组建联合党支部，符合省际接边地区实际，打破了基层党支部设立按行政区划设置的传统，在联合党支部的带领下，省际接边地区在社会治理、经济发展、民族团结等方面单方难以解决的问题，通过双（多）方合作得到了有效解决。联合党支部在推动省际接边地区社会经济发展中起到了十分重要的作用，是化解省际接边地区矛盾纠纷的关键力量，是省际接边地区维护和谐稳定与民族团结的核心和基础。省际接边地区双（多）方通过联合党支部连接了起来，群众之间有了有效的沟通渠道，打破了以前双（多）方鸡犬相闻、老死不相往来的局面。因此，在省际接边地区，建议因地制宜组建"跨省际联合党支部"，加强社会治理建设，推动社会经济发展和维护和谐稳定与民族团结。

（二）建协调合作机制，用好本土资源维护民族团结

省（区）州县乡（镇）党委政府及其职能部门对省际接边地区社会治理的指导和协调，是省际接边地区基层党支部有效开展工作的重要保障。省际接边地区社会治理、和谐稳定、民族团结等中的一些问题在村级是无力解决的，涉及省（区）州县乡（镇）党委政府，需要双（多）方建立相应的协调合作机制给予协调指导。建立和完善双（多）边工作协作制度，不断加强对省际接边地区各项工作的协作与指导，建立省际接边地区省际协调合作机制要在"联"上下功夫，在省际接边地区大力开展联创、联防、联动、联调、联帮、联谊、联议、联兴、联享、联治等工作，推动省际接边地区社会治理，维护和谐稳定与民族团结。

省际接边地区本土资源对推动省际接边地区社会治理、社会经济发展和维护和谐稳定与民族团结具有重要的价值。如在省际接边地区，当地民族民俗文化资源丰富，基层党支部要发挥好引领作用，高度重视利用民族文化资源推动社会治理。比如在基层党支部的领导下，以"民间节日"为载体举办活动可以加强省级接边地区群众之间的交流与沟通，利用"寨佬""村老"等村寨中德高望重之人调解村寨纠纷有时可以使很多复杂问题迎刃而解等。这会对维护和巩固省级接边地区的和谐稳定与团结起到非常重要的作用。

（三）依靠群众同心共绘民族团结，携手共建和美家园

党的二十大报告指出，"发展壮大群防群治力量，营造见义勇为社会氛围，建设人人有责、人人尽责、人人享有的社会治理共同体"。

在省际接边地区，要坚持走群众路线，充分依靠群众参与社会治理，同心共绘民族团结，携手共建和美家园。要相信群众、发动群众、依靠群众、维护群众的切身利益、尊重群众的意愿，要让群众话有处说、冤有处诉、问题有处反映，以便掌控省际接边地区的热点、难点、焦点等问题。只有依靠群众，团结群众，凝聚民心，才能形成社会治理人人参与、人人尽责的良好局面。依靠群众力量构建社会治理群众参与的共建共治共享格局，同心共绘民族团结进步画卷，实现群众手足相守、守望相助，像石榴籽一样紧抱在一起，携手共建和美家园，共创美好生活。

作者信息：

刘超祥　贵州民族大学副教授

罗超群　贵阳市花溪区第九小学

杨高棠　从江县委编办副科级干部

杨　竹　贵州民族大学副教授

国家"区中"党建文化引领高质量发展实践路径研究

——以北京积水潭医院贵州医院为例

北京积水潭医院贵州医院是贵州第一家落地运营的国家区域医疗中心，依托母体为原贵州省骨科医院，输出单位为北京积水潭医院。医院以高质量党建为引领，以医疗业务体系建设为抓手，探索出一条与贵州经济社会发展相适应的党建引领业务发展的骨科专科医疗服务体系建设模式。欲分析国家治理现代化的贵州实践，作为贵州首家落地运营的"区中心"，探析国家"区中"党建文化引领高质量发展实践路径，以其为研究对象和观察中国式现代化贵州实践的窗口，力求以小见大、见微知著，显得很有必要，对推动习近平新时代中国特色社会主义思想在贵州走深走实走细有特殊价值，为新时代推动公立医院党建引领高质量发展提供了有益参考。

一、北京积水潭医院贵州医院"区中"党建文化的形成背景

北京积水潭医院贵州医院历史文化底蕴深厚，系 1969 年为落实党中央"备战、备荒、为人民"的战略方针，在贵州贵定盘江镇罗木冲沟建设的"2394 工程"暨"总后勤部第八职工医院"，建院初恰逢

"三线建设"如火如荼，骨科先辈们"上山下乡"，响应号召，自力更生、苦干实干，在偏僻的荒山沟用手搬肩扛，抬石搬砖、运泥挖土、平地修道，充分发扬井冈山精神和延安作风的光荣传统建设军工医院。此时，医院党建文化具备雏形，既继承了优秀传统医学文化的"大医精诚"，又坚持社会主义救死扶伤、全心全意为人民服务的理念，并发扬着艰苦奋斗的光荣传统。

20世纪80年代中后期为适应市场竞争的需要，"三线"工厂开始由山沟向城市实施战略转移，医院向总后军需部争取了贵阳市沙冲南路的14亩地，在沙冲南路123号建立了窗口。改革开放以后，医院面向市场，广大干部职工的潜在积极性得以调动。2000年移交地方属地管辖，2004年5月18日更名为贵州省骨科医院，由省人民医院代为管理，医院文化开始融入贵州省人民医院模式。进入21世纪，医院管理发展模式的观点被普遍认可，日益深化的卫健体制改革为医院党建文化建设提供了更多丰富的载体和实践机会，在贵州省人民医院的领导下，贵州省骨科医院开始迎来了短暂的发展春天。

2022年1月18日国发2号文件支持贵州在新时代西部大开发上闯新路，2022年3月31日国家发展改革委、卫健委、中医药局、国务院医改小组秘书处会同有关部门推广区域医疗中心建设试点经验，加快推动优质医疗资源扩容和区域均衡布局的方案。为解决贵州医疗资源薄弱、患者就医流出多的问题，满足群众就近享有公平、优质、方便的医疗服务，缓解优质医疗资源发展不平衡不充分的矛盾，北京积水潭医院贵州医院应运而生。"区中"建设以来，加快取得大病不出省、就医流向改善、人才队伍扩容、改革稳步推进的阶段性成效，积累了党建引领医疗发展的重要经验。

二、国家"区中"党建文化引领高质量发展的主要做法

（一）扎实抓好党建，加强党的全面领导

1. 加强政治建设，突出思想武装

落实意识形态"一岗双责"，加强对自媒体、重点部门和薄弱环节的监管，提高意识形态领域的主导权与话语权，做好对敏感性、苗头性、倾向性舆情的监察、研判、处置。深化强化理论学习，结合党建工作做到理论学习"三进（进支部、进科室、进头脑）""三化（学习常态化、制度化、实效化）"，提高政治站位，武装头脑思想。慎初及远，巩固主题教育成效，健全经常性调查研究问题和整改落实机制，把"不忘初心、牢记使命"作为医院党建的永恒课题和全体党员的终身课题。

2. 加强组织建设，带动业务发展

落实党委领导院长负责制，完善议事规则，明确议事决策范围，重点解决党委会、院长办公会"议什么、怎么议、如何干"问题，抓好议定事项监督执行；加强党支部建设，执行"三会一课"、主题党日、组织生活会，创建"医心向党·患者至上"的党建品牌，推进支部标准化建设，打造星级支部和示范支部。强化党员干部培训，按照学懂、弄通、做实要求，组织党员、党务干部以走出去、请进来的形式开展集中培训、轮训。引导党员增强组织观念，遵守组织纪律，凝心聚力谋发展。

3. 坚持党管干部，培养高素质人才

党建引领群工团，抓好统战，引领工会、团委团结青年、民主党派及党外高知，调动主观能动性，增强对院文化的认同，形成爱院情

怀、价值取向，凝心聚力、团结发展。坚持政治标准放首位，树立德才兼备、以德为先、任人唯贤的用人导向，执行"凡提四必"制度，启用优秀的年轻干部，落实对高层次人才的定期考核和党委委员联系制度，加大重点学科人才队伍建设。加大"双培养"力度，切实抓好发展党员工作，把医疗专家、学科带头人、优秀骨干培养成党员，把党员培养成业务骨干。

4. 加强文化建设，激发文化创新活力

推进医院文化建设，树立起质量文化、安全文化、以人为本文化、精细化管理文化、爱岗敬业文化、效益成本文化、敬业奉献文化。开展系列红色文化活动，打造独具特色的党建品牌文化。利用五四青年节、中国医师节、国际护士节等节日，开展丰富多彩的文体活动，提升文化氛围。重视宣传品牌效应，建立崇尚实干、带动担当、加油鼓劲的激励机制，抓住重大节庆时间节点开展主题宣传，选树典型，展示亮点，体现特点，丰富主题，提升格局。推进自媒体党建，打造精品栏目。

（二）强化纪律保障，党风廉政纵深开展

1. 组织专题学习，营造时刻警醒的严基调氛围

认真学习领会习近平总书记在历届中央纪委全会上的重要讲话精神，紧紧围绕党的二十大提出的战略部署，时刻保持全面从严治党永远在路上的执着，坚持刀刃向内，勇于自我革命，以严的基调推进党风廉政建设和反腐败工作向纵深发展。各支部、各科室认真组织学习专题会精神，不断发扬彻底的自我革命精神，把严的基调、严的措施、严的氛围长期坚持下去，以坚定的政治定力，一刻不停地推进全面从严治党、党风廉政建设和反腐败斗争向纵深发展，为医院的医疗救治服务工作提供坚强的政治保障。

2. 加强政治监督，确保各项方针政策落地见效

加强政治监督，医院聚焦监督重点精准发力，不断推进政治监督具体化、精准化、常态化。要深刻把握"两个确立"，坚决做到"两个维护"。增强政治觉悟，坚定政治方向，不折不扣落实中央、省委、省卫健委党组的要求，高度重视政治建设，锤炼党性修养，切实把管党治党责任记在心上、扛在肩上、抓在手上、落实在行动上，严格制约监督权利的运行。

3. 推进日常监督，形成抓在日常、严在经常格局

掌握吃透有关监督事项的行业标准、目标任务、最新政策、有关案例、群众反响等情况，对症下药，靶向治疗，实现日常监督的精准有效。紧盯支部科室"一把手"、年轻干部及人财物等重点敏感岗位和关键环节，有针对性地开展重点监督和专项监督，做到方向明确、目标明确。充分运用好监督结果，增强日常监督的威慑力，防止日常监督失之于软、失之于宽。做好党务公开、院务公开，尊重干部职工的知情权、参与权、决策权和监督权。

4. 巩固作风建设，充盈清正廉洁的新风正气

坚持正确选人用人导向、严格党组织生活制度，增强党内政治生活的政治性、时代性、原则性、战斗性。落实中央的八项规定及其实施细则，密切关注"四风"的苗头性、倾向性、隐蔽性问题，坚决纠治侵害群众利益的形式主义、官僚主义。紧盯工作中麻痹松懈、不担当不作为慢作为等问题，及时提醒批评教育。充分利用警示教育基地、典型案例组织开展警示教育和廉政谈话，筑牢干部职工的底线思维，让党员干部知敬畏、存戒惧。加强新时代廉洁文化建设，筑牢廉洁文化阵地，营造廉洁文化氛围，让求真务实、清正廉洁的新风正气在医院蔚然成风。

5. 不断提升素质，锻造忠诚干净党务纪检队伍

打铁必须自身硬，作为推动医院党风廉政和反腐败工作向纵深发

展的"主力军",党务、纪检干部带头加强党的政治建设,弘扬伟大的建党精神,坚定践行"三个务必",在全面从严治党的革命性锻造中接受考验。坚决防止和纠治"灯下黑",完善内控机制,强化自我监督,确保党务、纪检队伍建设专业化、标准化、规范化。抓好纪律教育这个基础,把严明纪律体现在日常管理监督中,准确运用监督执纪问责的"四种形态",及时提醒,抓早抓小、防微杜渐。深化分类处置,强化分析研究,增强监督执纪的效果。用足用好问责利器,敢于较真碰硬,从严从紧问责。

6. 完善监督体系,推进医德医风廉政文化建设

建立三级齐抓共管的医德医风建设机制,实行医德"一票否决"制,将九项准则贯穿到医务活动的全过程。健全廉政风险防控机制,严抓内部管理提升,深入排查廉政风险点,评估划分风险等级,制定严实管用的廉政风险防控措施,做到廉政风险底子清、情况明、措施硬、监控严、管得住,强化纪律制度管理,做到用制度管人管事。领导干部带头转变作风,身体力行、以上率下,形成"头雁效应"。着力对干部和重点岗位进行管控,努力打造干净的担当队伍,营造风清气正氛围,优化治病救人就医的环境,力争患者满意度达98%以上。

(三) 主攻健康帮扶,持续赋能乡村振兴

通过精准落实省委省政府和省卫健委的健康帮扶和乡村振兴政策,加大对专科联盟医院和对口支援医院的帮扶,强化提升援助医院的医疗服务能力和远程医疗运用能力,开展健康帮扶义诊活动。深入帮扶村调研,为群众精准破解每一道难题、办好每一件实事,积极与相关部门对接并争取政策资金支持,做好乡村振兴医疗健康政策宣传和党建作风问题专项治理、健康政策宣传和学术帮扶。全面加大对驻村扶贫点的支持力度,强化村党支部建设,提升组织力,增强政治功能,落实"双联双促"实施方案,选派得力干将到三穗县白家村和榕江县

水尾乡高望村任驻村第一书记。院党委班子成员亲赴三穗县白家村开展"双联双促"活动的工作，走访慰问帮扶对象，了解实际困难，送去生活用品。深入推进主题教育走深走实，投资 357 万元修建白家大桥，为群众解决"急难愁盼"问题 10 个。

三、国家"区中"党建文化引领高质量发展的主要成效

（一）推进改革强深化

实施"依法治院、人才强院、科技兴院、质量立院、文化荣院"战略，坚持"以人为本，患者至上"的服务理念，坚持"省内领先、西南一流、国内知名"的发展目标，坚持"因病施治、精心护卫、守护健康为宗旨"的办院宗旨，坚持"自力更生，凝心聚力，精业奋进，创新发展"的精神，外强能力，内强素质，建成"骨科人"文化品牌，建成特色医疗服务、丰富文化设施、以人民为中心内涵的发展文化，形成了独具匠心的"骨医品牌"。在文化与改革的融合中迈向管理的现代化，医疗护理技术稳步提升，人力资源优势充分发挥，薪酬体系不断优化，学科建设持续进步，科研创新不断突破，信息化建设迈上新台阶，形成了物质文化、行为文化、制度文化、精神文化协同融合发展的格局，推动医院成为改革成功的"排头兵"。

（二）运营机制切实际

建立"京黔"共担双主任、"京黔"人员定期"点对点"交流、"京招黔用"人才选用、专家下沉基层机制，设置博士流动站，专家定期巡诊，与总院同步"大查房"，严格派驻专家"京黔"双向监管，派驻专家党员参与主题教育、院办公会、院周会、科务会等重要会议。

推动科学研究创新高，推进"医工企"结合，省科技厅立项 2 个，纵向横向课题落地 6 项，院级"青年创新基金"20 项，申报"国自然"6 项，科研项目伦理 65 项，重点学科建设 7 个，获批省级一类继教项目 6 个、省级二类项目 11 个，参与粤港澳大湾区骨科联合教育课程 6 次，举办骨科局部解剖学提高班 3 期，新增硕导 3 人，接收实习生 2227 人，选派进修培训 44 人，公费"国际研修—博士项目"1 人，千层次人才 3 人，举办"京黔"联合查房会、党委书记查房会。

（三）区域辐射大跃升

先后获全国"思想政治工作先进党委""工会职工书屋示范点""医院报刊与新闻宣传先进集体""星耀中华——最具成长力中国医院"，省级"民族团结先进集体""文明单位""学习型党组织""职工书屋""模范职工之家""青年文明号""三八红旗集体""抗疫先进集体"等荣誉。党委书记获"中国优秀医院院长""中国好医生"和"改善医疗服务突出贡献工作者"称号，医院品牌得到了业界认可和社会的广泛赞誉。积极促进北京的优质资源下沉扩容，助力贵州区域整体医疗水平提升，接收省内医务人员进修学习，"区中"挂牌以来累计派驻专家 72 人次，义诊巡诊 13 次，培训教学 1048 次，实施手术三四级占比 92.8%，吸引全国 31 个省份的 2.7 万名省外患者门诊就诊。

（四）业务成绩出新彩

2011 年至今，北京积水潭医院贵州医院探索出一条适合自身发展的高质量路线。经过 10 余年的成长，医教研不断进步，成功创建了"三甲医院"，建成省级公立医院，花园智慧医院投用，成功创建了国家区域医疗中心，省级重点专科突破 7 个，年业务收入增长 10 倍。鲜明亮眼的数字和巨大的建设成绩表明，文化建设助推医院迈向"一流医院"行列，进入发展的"黄金期"。"区中"挂牌以来，开设特需门诊9个，培训教学333次；引进新技术49项，填补国内省内及西南地区空白14项；专家开展手术648台，三四级手术占比93.68%，减少贵州医保资金外流近2000万元。

四、国家"区中"党建文化引领高质量发展的经验启示

"它山之石，可以攻玉。"北京积水潭医院贵州医院通过"5个注重"方面的医者仁心仁术，为公立医院党建文化引领发展建设提供了价值参考。

（一）注重精神价值凝练

依靠价值和精神形成了服务理念、发展目标、办院宗旨、医院精神，凝练了职工的共同价值追求，推动了党建引领文化的传承进步。职工既是医院价值的创造者，也是践行的传播者，通过践行服务价值扩大党建文化品牌的影响。

（二）注重领导带头引领

院领导和中层干部作为党建文化推动的主体，主动推动医院党建文化建设，主动参与医院党建文化活动，有利于推动职工融入医院党建文化氛围，激发出"爱院如家、院兴我荣"的情怀，增强了自我认同和对医院的自觉认同。

（三）注重文化教育引导

潜移默化融入党建文化教育，引导职工广泛参与，依靠管理执行和党建文化活动的开展，传递精神价值和文化理念，推动内化于心做

到遵守、外化于行付诸医疗实践活动，形成了自觉遵循和全方位提高的高质量党建文化。

（四）注重吸收优秀文化

医院党建文化的传承创新是动态的，会随着社会发展、科技进步和人的价值观念发生改变。注重从党建文化发展中传承创新，积极与行业交流合作，吸收借鉴同行业优秀的党建文化案例，推动医院党建文化内涵外延的延伸。

（五）重视凝聚团队力量

党建文化是团队文化、群体文化、业务文化的最大公约数，追求高质量、精细化、跨越式发展，团队分工协作尤为重要，引导全体职工参与其中，推动主体性、能动性的发挥，党建文化的多元发展引领促进了医疗服务的提升。

作者信息：

李龙庆　北京积水潭医院贵州医院党委办公室工作人员

王　敏　北京积水潭医院贵州医院党委办公室主任

张敞发　北京积水潭医院贵州医院院长办公室主任

黄希鑫　北京积水潭医院贵州医院党委办公室副主任

编后语

　　本书是在贵州省社会科学院党委、行政的领导下，在贵州省新型特色智库建设经费的支持下，由国家治理体系和治理能力现代化地方实践高端智库（以下简称高端智库）组织实施的"国家治理现代化的贵州实践"优秀调研报告征集评选活动的基础上形成的。征集评选活动自 2023 年 6 月初启动以来，得到了党政机关和社会各界的广泛关注和大力支持，在短短的 2 个月里，就完成了征集评选工作。本次征集评选工作体现出以下几个特点：

　　一是聚焦主题。结合省委主要领导对中国式现代化贵州实践的相关要求和高端智库的定位，经反复研究，我们把本次调研报告的征集主题定为国家治理现代化的贵州实践。试图通过本次调研报告的征集工作，把全省各地区各领域在探索国家治理现代化中的好做法、好经验总结好、提炼好，宣传好。从征集效果来看，调研报告涉及党的建设、政治治理、经济治理、乡村治理、社区治理、城市治理、数字治理等诸多方面，但都聚焦在国家治理这个大的主题之下。

　　二是面向全省。打破高端智库以往主要面向本院科研人员的惯例，本次调研报告征集工作，不但把高校、科研院所、其他高端智库纳入征集范围，而且把省直机关、各级党委政府及其组成部门等也作为征集对象。从征集效果来看，申报单位有贵州大学、贵州民族大学、贵州财经大学、贵阳人文科技学院，有省直机关工委、北京积水潭医院贵州医院、开阳县人民检察院、遵义市汇川区板桥镇人民政府等，贵州省社科院的申报数量仅占申报总数的20%。

三是突出调研。结合主题教育的要求，我们把调查研究作为调研报告撰写的"必选项"，在时间安排上，调查研究的时间为1个月，占了整个征集时间的一半。在征集公告中明确要求，调研报告必须体现鲜活的案例、翔实的数据，体现各地各部门的特色做法、创新做法。从征集效果来看，绝大部分调研报告反映了各地各部门特别是基层的好做法、好经验，体现了报告撰写者真正深入到一线、基层开展调查研究。

四是强化管理。因本次征集出版工作时间紧任务重，我们倒排工期，明确了选题申报、预立项、调查研究、正式立项、修改、评选优秀、出版发行等几个环节及时间节点，环环相扣，每个环节都严格按照时间节点推进。从征集效果来看，预立项的50个选题，最终按时提交了48个，其他环节大家都能按期完成。在2个月内完成从立项到结项的所有环节，大家都觉得不可能做到的事情，我们做到了。

贵州省社会科学院院长张学立教授，原党委书记、高端智库首席专家吴大华研究员自始至终指导本次征集评选工作，审读了书稿，副院长索晓霞、陈应武、黄勇也给予了大力支持。贵州省直机关工委委员、工会主席李天波，人民日报社贵州分社采编中心主任汪志球，贵州省民族研究院副院长周真刚等全程指导把关。贵州省社会科学院智库工作处处长、高端智库日常工作负责人许峰研究员，智库工作处副处长白雪冰、科长潘虹、工作人员秦治遥承担了本次征集评选活动的管理服务工作。经济管理出版社在时间紧任务重的情况下促成了本书的尽快面世。借此机会，一并表示感谢！

本次征集评选出版工作，是高端智库的一次全新尝试。在这一过程中，不足之处在所难免，敬请作者和读者批评指正。

贵州省社会科学院国家治理体系和治理能力现代化
地方实践高端智库
2023年8月8日